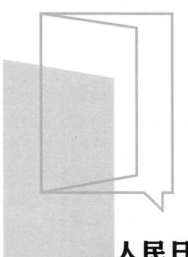

人民日报 传媒书系 SERIES OF THE BEST MEDIA BOOKS

人民日报记者说

新闻可以这样写

费伟伟　主编

人民日报出版社
北京

图书在版编目（CIP）数据

人民日报记者说. 新闻可以这样写 / 费伟伟主编. 北京：
人民日报出版社, 2025. 5. -- ISBN 978-7-5115-8612-4

Ⅰ. G21

中国国家版本馆 CIP 数据核字第 2025EP8535 号

书　　名：人民日报记者说：新闻可以这样写
　　　　　RENMINRIBAO JIZHE SHUO：XINWEN KEYI ZHEYANGXIE
主　　编：费伟伟

出 版 人：刘华新
责任编辑：梁雪云
特约编辑：林　薇
版式设计：九章文化

出版发行：人民日报 出版社
社　　址：北京金台西路2号
邮政编码：100733
发行热线：（010）65369509　65369527　65369846　65369512
邮购热线：（010）65363531　65369530　65363527
编辑热线：（010）65369526
网　　址：www.peopledailypress.com
经　　销：新华书店
印　　刷：大厂回族自治县彩虹印刷有限公司
法律顾问：北京科宇律师事务所　010-83622312

开　　本：710mm×1000mm　1/16
字　　数：252千字
印　　张：20
版次印次：2025年5月第1版　　2025年5月第1次印刷

书　　号：ISBN 978-7-5115-8612-4
定　　价：58.00元

如有印装质量问题，请与本社调换，电话（010）65369463

序　言

"数智"来了，但记者不会离开

米博华

人民日报社原副总编辑 | 复旦大学新闻学院原院长

读费伟伟主编的《人民日报记者说：新闻可以这样写》，心情是复杂的。置身于"百年变局"和人工智能时代，这部书稿，更像是一首传唱久远的老歌，旋律是怀旧的，音符是纯真的，曲式是经典的，仿佛诉说着我们这代新闻人白首不移的新闻理想。

在经典与新锐、传统与时尚之间，我们或有些许困惑——从20世纪90年代开始的互联互通，到今天人工智能的大数据、算力和算法，新闻媒体和舆论生态发生如此大的变化：我们已经很久没有拿起纸笔写一封像样的家书了；很久没有走进图书馆一嗅油墨的书香了，也许有几个星期没有收看"新闻联播"、收听"中国之声"了——如果不是与《人民日报》特殊的关系，还会不会翻看《人民日报》呢？似未可知。当一切信息都可以通过智能手机完整呈现时，传统媒体是不是显得太不方便了？

更加不可索解的是，面对日益多元多样的舆论环境，我们长期奉为圭臬的新闻理念、信条、操守等，以及采写编评的工作经验，似乎也在发生动摇。流量为王，使有些媒体和平台已经把"主义"当成"生意"。新闻真实性原则正在被破坏，胡编乱造的假新闻，着实不少；新闻的客观性规则正在被消解，主观臆断的妄说，不在少数；新闻的公正性追求正在被扭曲，极端情绪宣泄往往迎来一片喝彩……每当有重要新闻事件的报道，朋友或学生们常问："这事是真的吗？""这篇评论啥来头？"其实，我也处在亦真亦幻的懵懂之中。通常会以简单和直接的方式回答："求证新闻真实性，请看新华社通稿；确认评论的权威性，请参看《人民日报》。"

我心里有底——能够守住新闻真实、客观、公正底线的还是主流官方媒体。它未必能够及时回答读者的所有关切，但所说确实，所言不虚，是比较可靠的信源。因为，我懂得主流媒体特别是央媒的责任和使命，熟悉新闻报道采写的全部流程，更深知新闻工作者对职业道德和职业纪律还有起码的敬畏。从这个意义上说，我特别推崇"人民日报记者说"所提供的堪称经典的新闻采访学范式。这既是对历史的致敬，也是对有些被扭曲了的新闻理念来一次小小的拨乱吧。

至今，我仍然完整地保存着20世纪80年代由新华出版社再版的《新闻通讯特写选》。相信那时绝大多数新闻院校师生及广大新闻爱好者都读过这本书。其中《县委书记的榜样——焦裕禄》《登上地球之巅》《"一厘钱"精神》等，都是新中国新闻史上的经典作品。而《人民日报记者说：新闻可以这样写》，则是从"体验""观察""思考""表达"四个方面，完整地复刻并展现了中国新闻界一以贯之的优良传统。在我看来，这是新闻工作的"四维"，四维不彰，新闻无光。

从20世纪90年代开始，由于交通和通信手段更加便利，我们不再坚持"不到现场不作新闻"的信条。但这不意味着可以忽视记者深入基层、深入群众。即使在信息化高度发达的今天，还是要强调深入一线调查研究。我们面对的，是有血有肉有情感的人的世界，不是网络和人工智能的虚拟世界。再丰富的信息，也不能道出人与人见面的独特感受；再高超的文笔，也很难精准展现人的心灵细节。记者是一种独特的职业，有机会体验许多不同的人生场景。这样的体验也许一生只有一次，因而，我们应该格外珍惜每一次采访经历。

发现源于观察。正如本书第二辑导读所说："好选题考验观察、发现、辨别的功力。"所以，优秀新闻记者应该有一双明察秋毫的新闻眼。新闻眼不同于一般意义上的视觉器官。记者采访，所遇之事多矣，所见之人广矣，但遇到、看到与观察到毕竟不是一回事。记者之观，是有想法的，对各种社会现象绝不会麻木不仁；记者之察，是有目的的，尝鼎一脔，见微知著，于平常中发现问题、看懂趋势，是更高水平的认知活动。当年，报道广西南丹矿难事件的三位记者，在采访体会中谈到的其中的妙处，读者不妨细读。这是职业训练中必不可少的能力。有时，这种能力可以决定记者成就的上限。

体验和观察犹如收集新鲜"食材"，收集"食材"的过程也是加工过程。很多记者都谈到，采访往往伴随着思考，思考既是发现问题，也是解决问题连续不断的创作过程。思考是没有动笔的写作，写作是思考的文本呈现，而文本呈现体现为一种表达能力。深邃立意与独到见解、严谨细密与生动活泼，都必须借由文字显示出来。读这本书时，我脑子里常常浮现出分社同事的亲切面庞，更心折于他们长袖善舞的表达才华。写平常人物、平常故事，居然能让我读得满含泪水，佩服！

费伟伟同志退休前后，已经主编并出版了多部新闻采访实战著作，有作品案例，有编辑点评，他的很多观点和见解让人眼前一亮。我之所以在这里狗尾续貂又谈一点个人感受，意在说明这样一个观点：我们必须正视与接受"数智"时代给新闻记者和新闻媒体带来的变化。也许，在不久的将来，"数智"不仅是我们的工具，甚至可能是伙伴，深度参与到新闻采写编评的工作中来，从而彻底改变新闻的制作和传播方式。但我们依然坚信，"人工智能"说到底是电能驱动的物理运动，不会分泌使人心潮澎湃的多巴胺，不会产生希望抑或是失望，不会产生激情或者梦想，不会有意识反思或无意识行动，压根也无法体会什么是悲欣交集。而对国家、社会、人民的责任担当和追求文明进步的职业理想，恰恰是作为记者独一无二、无法取代的永不枯竭的生命力。

　　"数智"来了，记者不曾、也不会离开。

目录
Contents

第一辑　体验：平凡的人给我更多感动

好新闻都是"走出来"的。好新闻贵在走，更贵在走得实、走得远、走得久。去底层感受小人物的心跳和脉搏，去一线倾听来自大地最深处的颤动。在路上心里才有时代，在基层心里才有群众，在群众中才能发现真问题。离基层越近，离新闻越近。实践和基层是最好的课堂，人民群众是最好的老师。心中沉淀的情感有多深，笔下的故事就有多少。走进基层，是去发现，也是去获得。好记者，永远在路上。

第二辑　观察：借一双明察秋毫的"新闻眼"

好选题考验观察、发现、辨别的功力。观察要睁开锐眼去观察火热实践、斗争风云、国家大局、世界大势；新闻同样需要发现，即使在经济落后地区也可以发现不少新闻；辨别就是要分清何为当代中国最重要的主题，何为百姓利益最根本的诉求，从而保持足够定力和清醒认识。调查研究是发现好选题的重要方法和路径，要通过调查研究让观察渐精、辨别渐明。

第三辑　思考：问题是思想的火种

　　问题是时代的声音，做报道就要树立"问题意识"，坚持问题导向，弄清问题本质。要根据时代特征和要求，察觉发展中的新问题。把握问题要有"过程意识"，要以建设性态度观察与思考，集聚推动发展正能量。工作性报道是讲好中国故事的日常表达，同样要树立"问题意识"。要在全党工作的中心和改革开放的全局下辨析判断问题，自觉服务服从于大局。多想必须多学，多学方能深思。思考越深，思路越清。

第四辑　表达：在报道里打开一根血管

　　"要少一些结论和概念，多一些事实和分析；少一些空泛说教，多一些真情实感；少一些抽象道理，多一些鲜活事例。"用事实带着读者逼近真相，用百姓视角传递有温度的新闻，用原汁原味为故事保鲜。宣传先进人物不能只强调"有意义"而忽略"有意思"。讲好故事既要"全景式"，又要"细节化"，现场着眼，小处用力。好稿靠改，特色、特质、特点要磨。新媒体时代要学会以多种呈现方式全方位满足受众需求。

第一辑
体验：平凡的人给我更多感动

好新闻都是"走出来"的。好新闻贵在走，更贵在走得实、走得远、走得久。去底层感受小人物的心跳和脉搏，去一线倾听来自大地最深处的颤动。在路上心里才有时代，在基层心里才有群众，在群众中才能发现真问题。离基层越近，离新闻越近。实践和基层是最好的课堂，人民群众是最好的老师。心中沉淀的情感有多深，笔下的故事就有多少。走进基层，是去发现，也是去获得。好记者，永远在路上。

走基层必须"沉下去"

王慧敏

新春走基层，我选择了浙西淳安县枫树岭镇的下姜村。

反映浙江农村的变化，下姜村很有代表性：一、它曾是远近闻名的贫困村；二、它是张德江、习近平、赵洪祝、夏宝龙连续四任省委书记的"帮扶村"。

此前，我曾随赵洪祝书记三次到过这个小山村。浙西多山，群山逶迤，下姜村就躲在山的皱褶里。前几次去，印象最深的是行路难：搓板一样的山道沿着溪流绕来绕去，颠得你的五脏六腑都要跳出来。尽管距县城才100多里，但每次都要折腾上几个小时……

说实在的，如果图省事，凭以往对这个村的了解，看看资料，在村里走马观花地转转，听听村干部介绍一番村里情况，也能写出一篇可交差的稿子。但那样的东西肯定生动不起来。

这次，事先没有和村干部联系，我一头扎进了村里，一条一条街巷信步转悠，随意跨进一个一个院落和农户促膝攀谈，问农民怎样调整种植业结构，烧火的问题怎样解决，卖难问题如何处理，"农家乐"客源问题如何保证，文化生活怎样满足……

掌握基本情况后，我并没有就此满足——耳听为虚、眼见为实嘛。

我扮作游客走进了"枫林农家乐"，一间间客房察看，摸进灶间饶有兴致地打量房梁上挂的一串串腊味，并和店主姜海根及几位住店游客天南地北聊起了家常。有了这番实地的勘察，结论出来了："'农家乐'富农家"，果真不虚！

"观光农业"到底有没有吸引力？为了找到答案，我又爬上山梁逐一察看水蜜桃园、紫葡萄园、草莓园……用脚步在田埂上丈量，那山那水便有了质感。当村支书杨红马介绍"从春天到深秋，山坡上的花一茬接一茬开，水果一茬接一茬摘，整个村子就是一个大花园、大果园"时，我有了立体的感受，似乎看到春日里蜂飞蝶闹、姹紫嫣红的盛景，闻到了瓜果成熟时沁人心脾的芳香。

入夜，为了拍一张除夕夜的下姜村全景，顾不上吃饭，我和村支书杨红马又深一脚浅一脚爬上了村里的制高点。夜幕四合，又没有带三脚架，为了拍到一张满意的照片，我采用慢曝光的方式趴在地上将机子架在土块上等待。效果不行，就删掉接着来。如是者再三。那张见报的照片，整整用去了一个半小时。到农户姜祖海家吃年夜饭时，我看看墙上的时钟，已8点40分，匆匆扒了几口饭，便回到村招待所赶稿子。

"脚上沾有多少泥土，心中便有多少真情。"这次采访，使我对这句话有了更深刻的理解：走遍了村子，聊遍了农户，吃透了村里角角落落的情况，下姜村这些年的发展变化如放电影般在脑海里一幕幕跃动起来。是那样的清晰可触！

有了真情，有了鲜活的素材，笔下也便有了"温度"。姜祖海"多一个广场，少一个赌场；多看名角，少些口角"这些伴有泥土气息的话语，村文化礼堂前的广场上那个额头上挂着汗珠的虎背熊腰的舞龙青年形象，在我的笔下生动地流泻出来。

夜里12点左右，我终于将稿子发回报社。刚想躺一会儿，时任社长杨振武就打来电话，提出了一些修改意见：能否将视角更多地对准群众、对准变化？这样更能突出主题。

我的原文重点写了四任书记的帮扶工作。于是，我重新打开了电脑。

等文章写完，已是凌晨4点多。窗外，报春的鞭炮已噼噼啪啪响了起来。山里的冬夜，阴冷阴冷的。村招待所，没有取暖设备，被子潮乎乎、重乎乎的。和衣躺在床上，我度过了一个不眠之夜。这次采访，除了带给我"抓活鱼""接地气"的快感外，也给我上了一堂生动的新闻采写课：对比前后两稿，我明白了什么是大局，明白了怎样去提升新闻"生产力"。

采访归来，感慨良多：尽管新闻从业已经20多年，但自己还有很多很多的不足……业务学习永远在路上。新时期，新闻采访条件、新闻业态均发生了很大变化，对新闻从业者提出了新的要求，怎样才能当好记者？

刚参加工作时，我在经济部农村组工作，老编辑给我们上的第一课就是剪报纸，建立自己的资料库。每个人办公桌旁的柜子里都放满了剪贴的发脆发黄的报纸。记得第一次去河北灵寿县油盆村采访，坐的是手扶拖拉机，其中很长一段山路靠的是步行。那时候还没有传真，发篇急稿要打电报回报社……"新闻要靠脚板走出来，靠田间地头聊出来"——当时的记者哪个不视此为基本常识？！

现在，不少记者走出校门便跨进了现代化设施齐全的编采大楼，风刮不着雨淋不着，了解社会靠的是网络。即使下去采访，也是星级宾馆听汇报，隔着玻璃看庄稼，围着饭桌话桑麻。如此，笔下的新闻，难免与现实有距离。距离推开了受众，群众有怨言也就在所难免。

反躬自问：当年的劲头是不是也有所弱化？如果弱化了该怎么办？"走基层"，是打通这段距离的有效手段：只有到基层，才能把握社会脉搏的律动；只有到基层，观察、思考问题才能深入；只有到基层，写出的新闻作品才有吸引力、感染力和生命力。

媒体竞争，说到底，是传播内容的竞争。也就是说，内容永远是核心。无论是什么样的传播形式，离开了吸引受众的传播内容，恐怕都不可能有持久的生命力。因此，传统媒体欲在竞争中占领先机，必须在传播内容上下功夫，将自己的优势充分发挥出来：以精对新，以深对快。

而要做到精、深，就必须"沉下去"。

从下姜村采访回来后，我对自己提出了这样的要求：把"走基层"作为常态，只要当一天记者，就要坚持一天！

（作者系光明日报社社长兼总编辑，时任人民日报社浙江分社社长）

附：

农民日子好红火

下姜村里过除夕

王慧敏

乡村的除夕，年味浓得似乎要溢出来：太阳这才刚刚偏西，吃年夜饭的鞭炮声便此起彼伏。踏着鞭炮碎屑，迎着满街的红灯笼，记者走进了下姜村。

下姜，隶属浙江省淳安县枫树岭镇。在浙西，下姜一直很有名。过去出名，是因为"穷"——有这样一句民谣："土墙房、半年粮，有女不嫁下姜郎。"

下姜"穷",与交通环境有关。山里的货物卖不出,山外的货物进不来,村民的日子怎能不枯焦?

不过,这早成老皇历了!现在的下姜依然有名:村名前常被人们冠以"最美""最富"这样的形容词。在这次探访中,一条平展展的水泥路把记者从淳安径直送到了村口。再看眼前的村容:一栋栋崭新的三层楼房依山势而建,街巷一律由平展展的青石铺就,路两旁的行道树或红梅怒放,或玉兰乍绽……

村支书杨红马黧黑精瘦。介绍起村里的情况,如数家珍:"下姜村能有今天,得益于我们营造出了绿水青山,而绿水青山,又变成了金山银山。"

杨支书带记者登上了村里的观景台。夕阳下,远山近水尽收眼底。杨红马说,以前村里的山几乎全是瘌痢头,树还没长成材,就被砍来卖掉或被砍去烧饭。后来,在政府引导下,村里进行了种植业结构调整,种上了经济林木和各种果树。"溪边那片是150亩水蜜桃园;远处山坳里那片是500亩中药材黄栀花;山坡上那片是220亩紫葡萄园;脚底下那片带塑料棚的是60亩草莓园。从春天到深秋,山坡上的花一茬接一茬开,水果一茬接一茬摘,整个村子就是一个大花园、大果园。"杨红马自豪地指着前方介绍。

没等记者提出问题,他接着介绍:"当然,光有生态还不够,大家兜里还得有钱。有了好风景,有了花果山,其实就等于栽下了'摇钱树'。你瞧,来村里旅游的人越来越多,上海、南京、苏州、杭州,甚至东北、内蒙古的游客都慕名跑来了。村里许多人家靠办农家乐发了财。这都过年了,游客还不断档。大年初一,光'凤林农家乐'一家就要接待50多个上海游客。"

"目前,村民的日子到底怎样?"记者问。"2001年以前,村里224

户人家，221户是土坯房。现在，家家都是一砖到顶的楼房，村上有一多半人家买了小汽车呢。"杨红马回答。

在村头的"望溪农家乐"，主人姜祖海正在收拾一桌子的鸡鸭鱼肉。谈起这些年的变化，这位村里有名的"文化人"分析起来有条有理："贫困村脱贫，离不开上级的帮扶。不过，帮扶要讲科学，'授人以鱼不如授人以渔'。关键是要帮农民找对致富的路子。政府在帮扶我们村时，每一个动作都抓住了'牛鼻子'。譬如保护生态，先给家家建起沼气池。这样做，一举三得：消除了污染，解决烧的问题，植被自然而然就保护了下来。再譬如，这些年，有了钱之后，有些人不安耽了。政府又引导大家'由里往外美'，争取每个人都能'物质富裕、精神富有'。你去看看，我们村的文化礼堂红火得很。多一个广场，少一个赌场；多看名角，少些口角。"

不知不觉，夜幕已经降临。横跨溪涧的廊桥桥头响起了欢快的音乐声，一群农家妇女正随着乐声跳排舞。而村文化礼堂前的广场上，一群年轻人正在练习舞龙，个个额头上都挂着汗珠。一位虎背熊腰的小伙子揩去额角的汗水告诉记者："一会儿就要看'春晚'了，得抓紧再练一下。明天就是村里的'春晚'了，我们是主角。记者，你要来看噢！"

（原载《人民日报》2015年2月20日）

倾听来自大地最深处的颤动

赵 鹏

作为一名记者，行走基层、深入基层是我们的家常便饭。为什么"走转改"首先要强调"走"？很多部门、很多单位也在强调"深入基层"，身为媒体人的"深入基层"又与他们有何不同？除了完成采访报道任务外，驻地记者的"下基层"，还应该有哪些不同的收获呢？

2015年4月至2016年2月，不到一年时间，我先后三次赴宁德采访报道闽东扶贫工作。三次采访，两篇记者调查、一篇3000字的长篇通讯，总报道量超过2万字。从未有过的经历——主题不能变更、内容不能重复、视角不能散乱，每一次都"要把这一次写成在同一领域，（至少是近期内）别人无法超越的"。

特别是2016年1月初那次，陪同王一彪副总编辑到宁德赤溪村采访，接到任务后我说能不能等我先去踩踩点、摸摸情况之后再定。因为尽管我对赤溪村并不陌生，但这是一个只有1500多人、在这两年内已经被多家媒体广泛报道、2015年年初登过《人民日报》头版头条的村，实在是心里没底。

在村里住了6天5夜，一切都释然了。在这个中国社会最基层的地方、在这片大地的最深处，我听到了一丝丝的颤动。虽然遥远却一直不间断，虽然细微却同样强烈，虽然有杂音，但却与我们每个人的心一样，澎湃而火热。我想，这应该就是一名媒体人、一名党报人获取基层能量的能力。

到基层去寻找时代答案

在转型期内、在新常态下，世界既让人眼前丰富多彩，也令人内心充满困惑。多元声音、多元视角给人带来更多的欲望，这种欲望激起欢欣，也引来更多痛苦。困惑与痛苦中，我们最大的失落是方向感，似乎都对，又似乎都不对。

我们如此，读者也如此。世界需要一个答案，读者也需要一个答案，而这个答案就"埋"在基层。

风起于青蘋之末。社会变革起源于基层，时代变迁涌动于基层，同样，展现在表层的矛盾聚集于基层，而破解矛盾的方法也发轫于基层。正因如此，我在福建工作20多年来，把每一次下乡采访不仅仅看成是一项报道任务，更当成一场社会调研。越是深入，越是觉得基层蕴藏着无穷的故事，给人以无尽的思考。越是深入，越是觉得基层于我，还有很多未解之谜。

同样的主题，不同的视角、人物、经历，都会让我找到不同的答案。就像三次闽东扶贫报道。特别是赤溪村的报道，6天5夜采访了30多名不同人物。后来王总再问我报道的事时，我给他画了一张人物图表：兄弟、父子、前后任、同事、同学、股东合伙人、夫妻……复杂的人物关系，"织"出了这个长篇记者调查报道的逻辑联系。每一个人的经历，都是时代节点的折射；每一个人的喜怒哀乐，都是改革开放历史长河中的一朵浪花。

这个时代需要答案，这个社会需要答案。我们笔下的世界就是读者眼前的世界。党报媒体人更应该肩负起自身使命，到充满答案的基层中去。

到基层去提升自身能力

看过《舌尖上的中国2》的观众，不知是否还记得捕捉跳跳鱼（也叫弹涂鱼）的一段画面：捕捞者手抛长丝，一甩一钓，潇洒好看，田园之趣，扑面而至。其实真实生活中捕捉跳跳鱼，根本不是这个样子。这就好像在诗人的眼中农村是田园，在打工者的眼中农村是故乡，在一些城市人的眼中农村是蒙昧落后，在一些理论工作者的眼中农村是狡黠智慧。而在我眼中，这些都是，也都不是。

我出生成长在城市，基层对我来说是陌生的。刚工作时，觉得什么都不懂，后来觉得不过了了，再后来，又觉得什么都不懂……如今想来，每一次对基层的重新认识，其实也恰恰是我自己对中国社会又一次更新认识和加深理解。而这种更新与加深，反映到报道上，正是提升自身业务能力的有效途径。

在同一地域工作了20多年，不论初心如何，总有能量耗尽、厌烦倦怠的时候。想来想去，只有像大树一样，把双脚扎进大地深处，才能源源不断地获取能量和营养。对于做思想舆论工作的党报媒体人来说，更是如此。人的思想不是无源之水、不是无本之木，源和本有两个，一处来自理论建设，一处就来自基层大地。

扶贫是个老话题，我到福建就开始接触。原来一直以为"老题自有老路走"，其实事实并非如此。且不论时代的发展引发的新问题，即使是老问题在新时代也会给每个人带来新的思考。赤溪村作为一个典型，大量媒体关注的是她的变化和成就，但却并不知道，这个村曾历经10年的停滞与混乱；很多人羡慕她曾经被高层高度关注并给予一些特殊政策，但却不知道，在这种光环和厚爱下新的利益争夺又催化出新的矛盾；外界视她为标杆与奇迹，但却不知道，佳话背后一样充满尴尬与困窘。

清醒与冷静，是我们作为媒体人不得不坚守的品格。对基层，不能是简单诗化，必须要有发自内心的善意；不能是简单抨击，更要有深于别人的透彻剖析；不能是简单归类，而要有谦逊学习的敬畏。每完成一次这样的深度报道，基层同志常常表示感谢我的辛苦，我更感谢他们对我的充分信任以及给予我的毫无保留的信息。在这样的互取中，业务能力才能不断进步。

（作者系人民日报社海南分社社长，时任福建分社采编中心主任）

附：

听农民吐心声，与干部聊出路，和返乡创业大学生探未来

驻村三日

赵　鹏

记者随福建省宁德市委书记深入福安市，驻村3天开展基层调查：当下农村是个啥状态？未来农村建设、农业发展、农民增收的希望在哪里？

13村农民
最发愁的是人走光、村很穷、钱难挣

这3天，我们一共走访了13个村，分别住过溪潭镇的蹯溪村、穆云乡的燕坑村和社口镇的坦洋村，都是山区村，经济不算富裕。村里

人最发愁3个问题：人走光、村很穷、钱难挣。

踏溪村人口2300多，其中700多人外出打工。村里没什么企业，村集体收入就靠两个小店铺，一年2000元。耕地有1000来亩，山地9000多亩，一直以种茶为主。这几年又先后种了太子参、脐橙、杨梅等。

燕坑村是个纯畲族村，位于闽东第一高峰白山麓，海拔近600米。全村640多人，外出打工最多时只剩下100多人。耕地500多亩，林地3800多亩。同样一直以种茶为主，另外发展了些太子参、水蜜桃、葡萄产业，村集体几乎无收入。

比较起来，这些山区村很多地方相似："土里刨食"村难富，都没什么企业。

"土里刨食"，并且大多跟风种、缺技术，面临市场与自然双重风险：茶叶种的普遍是福云6号、7号等传统品种，种植已久，价格虽平稳，但收入不高。今年气候不错，行情还算好，每斤三四十元；太子参是近年引入，由于数量大增，行情也如"过山车"般波动很大。去年一担（100斤）还能达800多元，今年就一下子跌到300多元。由于太子参更适于海拔500~800米，像溪潭镇的地理环境种植并不太理想，病害较重，打药、上肥频繁，成本上升。一年仅药、肥投入就高达每亩7000多元，利润几无。政府引导推广一个新品种不易，同样，政府引导不搞同一品种也不易。

村里无财，万事都难：地里挣不到钱，青壮劳力就都外出打工。而村集体没钱，别说引导农民搞设施农业，就是村里的公益事业都难以开展。路灯、自来水、道路甚至是垃圾桶等，也是刚刚才有。

两位村干部
最主要工作是讨到钱、保稳定、做任务

踏溪和燕坑两个村还有个共同特点：村干部老化。前者支书叫王

绍璋，64岁，去年第二次被选上。后者支书叫雷六弟，54岁，支书也做了几任。两人其实都不想再做，但没人愿干，只好硬撑着。为什么呢？

事太多，钱太少。村里每年必须完成的任务非常杂，计生、征兵、殡改、综治等一样不能少。以前一个月只有840元工资，现在每月1000零几块。村里穷，做啥事都得去求人。

王绍璋说他上任后最得意的是为村里完成了"一个半"项目："一个"是自来水，花了30多万元，靠的是福安市"一事一议"项目。但这种项目，每年最多一村一个。福安在福建算是比较发达的县级市，年自有财政能达20亿元左右，可村多（480个村）人也多，财政也无力全盘包下。"半个"是盖了一座三层的村卫生所，封顶了，但没钱装修。2004年时，他们还做过村里的公路，因为刚好是省道，从省里还讨到每公里19万元补贴。

近年来，随着中央、省里对农村各项工作扶持力度加大，各类水、电、路、桥、基本农田等建设内容，均有各种扶持补贴政策。在基层村、镇、县，但凡想建什么，就看谁能比对政策，谁更有办法讨到相关补助。

兴村关键要"造血"。这正是福建省"下派干部，挂村扶贫"工作的最终目的，可也是下派干部最头痛的地方。张恒华2011年时被下派至燕坑村担当第一村支书。想推广复种小花生，可没地，只好借农民的地里套种；想推广刺葡萄，又没地，就干脆在从村口到村部的路上搭建了500米棚架，在棚架上栽葡萄。也正靠此，到2012年年底，燕坑村村容村貌脱胎换骨，村集体和村民收入分别达到2.2万元和7000元，比扶贫开发前分别增长79.5%和214%！而如何能长期保持发展势头，还是一道难题。

俩回乡大学生
带新观念，有新技术，欲在乡土展身手

"初生牛犊、朝气蓬勃"，这是记者见到林恩辉、谢思惠时的第一印象。

林恩辉25岁，2008年毕业于福建省农业大学。2011年春，拿着父亲借给她的50万元，小林只身来到海拔700多米的晓阳镇，成立恩辉农博园，准备在这片高山上发展生态、观光等新型农业。但现实却泼了她一瓢冷水。先是租地难。十几亩平地就会涉及几十户甚至上百户农民；再是人心难齐。租下的地，种下桃树不到半年，反悔的村民偷偷洒下除草剂毁了桃园。

但小林是个很坚强的女孩子。大哭了一场、父母又劝她别干，她不仅没放弃反倒干脆又拖着老爸，两人一起上山自己动手盖了座二层板房，板子自己锯、水电自己拉，又当办公室又做宿舍楼，算是彻底扎下根儿来。

小林的诚意最终让农民接纳了她，同意与她合作栽种新品种，收益对半分。一季下来，成效立见——以往当地栽种的葡萄一斤收购价最多3元，亩均毛收益6000元；而用她的办法下来的，当季一斤就卖到7.8元，亩收益达到1.5万元！

另一位大学生谢思惠，主动放弃保研机会，从山东农大带着七八万元资金回乡创业。同样是种生姜，他种的一亩收益是农民的3倍；同样是种土豆，他发展了全套产业链，收益则是别人的10倍！

记者手记：

"当今中国城市、工业早已发生翻天覆地的变化，数以亿计的普通农民所从事的农业却仍多停留于传统方式。要用工业化理念发展农

业时，实地调查、规模生产、科技含量、推广新品、市场导向、绿色生产……最终需要体现在生产者身上的诸多新观念、新方法、新模式，返乡创业大学生式的新型农民堪此担当。"调研结束时，记者和市委书记攀谈起此行收获时，他这么说。

驻村前一周，宁德市委正式出台《关于进一步扶持高校毕业生自主创业暂行办法》新策，内含从生活到生产各环节相当含金量的扶持返乡大学生的内容。"知晓率、落实率，建立返乡学生情况调查台账统计率，这'三率'须在下月前达到三个100%！制定了好政策，就不能让政策睡大觉！"结束调查前，市委书记专门叮嘱随行市委办主任马上回去落实。

7月福建，酷暑依旧。驻村3日，笔记记得心头沉甸甸，在炎热中感受到不少凉意……

（原载《人民日报》2013年7月23日，获2013年中国新闻奖）

去现场发现那些打动人心的细节

郝迎灿

采访王炳益是我 2013 年到贵州分社后接到的第一个任务。如今参加工作已十多年，但回头望望，总是一眼就会瞥到王炳益和他抄表巡线跋涉所在的月亮山。

王炳益是南方电网当时力推的典型人物，行前就已接触到他大量的事迹材料，贵州电网公司组织采访就计划一天，上午去，下午回。

同行的还有几位同行，有的已在贵州工作多年，对王炳益也早已熟悉，在制定采访计划时，表示手头资料已很丰富，就到供电所和他家里聊一聊，没必要进山。但我和经济日报一位记者还是决定要和王炳益一起爬爬山、蹚蹚水，亲身体验一下巡线工作。

因为不论是入社培训还是日常业务研讨，我们这群刚刚参加工作的年轻懵懂记者，被灌输最多的一个理念就是"脚底板下出新闻""好新闻是跑出来的，好记者是苦出来的"。

王炳益朴实，问一句答一句，惜字如金。路上和同事老乡聊高兴了，不是方言就是苗语水音，语言是一道坎，求助于翻译却是家长里短、工作琐事，两边渐渐都没了耐心。

翻译虽"不称职"，却有兴致把他听说的王炳益的故事娓娓道来。

初稿中部分内容即来源于此，譬如王炳益之前是修家电的、中午喝醉了酒工具落了一路被老乡捡回、媳妇也是抄表抄来的。

和采访对象无法速热，只好小火慢炖。捕捉细节，成为我能抓住的唯一稻草。山路崎岖，腰间的铃铛响不停；河水冰凉，蹚过一道又一道；进村了，他给谁家送去什么东西，谁又拉他到家吃饭……甚至"一条大黄狗不知从哪里窜出来，摇着尾巴绕着他的双腿转来转去"，这些场景一一记录。

慢慢熟悉了，王炳益对记者不再抗拒，山里苹果、三星手机都没信号，他会得意地炫耀自己的国产机功率大。休息时无聊，他给记者看手机里下载的《特种部队》，讲儿子喜欢看的《熊出没》，米酒上头了也会即兴来一荤段子。

夜宿深山小寨，酒后和王炳益几个人一同挤地铺，趁着酒意，他讲了两次想当逃兵的事情，讲他的父母兄弟。诸般细节，使得王炳益不再只是停留在一个书面上的人物典型，而是一个活生生的人，有他的七情六欲、喜怒哀乐。

写初稿时，心中有万般言语却难下笔。贵州分社时任社长万秀斌搜集掌握了大量材料，指导我定下稿子的大体框架。初稿完成，他又指出，应突出王炳益走路难而不是单纯强调自然条件险恶，细节的选择要紧贴报道主题。

回来再改，这次注重再现自己跟随王炳益爬山涉水的情景，同时将个人感受融入其中，而非单纯强调山如何险峻、水如何湍急。细节上面再三斟酌取舍，王炳益妻儿状况等一概舍去，笔墨集中人物本身。

稿子见报后，地方部领导在评报时给予了肯定：

> 《"货郎电工"王炳益》一稿可以清晰看出主人公在多个地方活动的身影，先是供电所，中午前后在苗寨摆乔村，"傍晚落脚上

下午村"。故事的主角一直处于不断变换的场景中,从一个地方到另一个地方,从一个时间到一个时间,从这一件事到另一件事,显然,记者一直跟随着这位"货郎电工"串乡走寨查线路,整个故事也就在这一天中"动"了起来。

初出茅庐,我深知这篇报道并无特别高明和可取之处,不过是把自己跟着王炳益巡线的一些场景进行了还原,让读者知道记者没有偷懒。但这"第一次"能得到领导的肯定,也令我愈发明白了一点,没有实地采访,没有亲身体验,是很难获得打动人心的细节的。后来在采访中,坚持到现场,坚持面对面,成为我做采访的一个信条。

2021年新春走基层,我时任黑龙江分社采编中心主任,打算选一个读者平时较少关注的铁路工人给铁轨做探伤作业的话题。这个话题专业性较强,我此前也从未接触过,提出先开个座谈会。哈尔滨工务段探伤车间的工人们在会上介绍得很详细,我边听边记,不懂就问,工人们耐心解答不厌其烦。"铁轨探伤其实也挺简单,就是把探伤仪器放铁轨上慢慢推着往前走。"一位老工人笑着说,"只要警报嘀嘀一响,就说明这块可能有问题,需要停下来仔细查看确认。"

座谈会气氛热烈,交流深入,负责宣传的同志看没我问题了,便说:"外面天寒地冻,积雪没脚脖子,你也都整明白了,就没必要去现场了吧。"但我还是坚持一定要实地去看,"纸上谈兵"跟亲身体验难免温差太大。

正是由于"到现场"的坚持,后来的报道(《踏雪巡路检测铁轨》,2021年2月23日)对铁轨探伤的现场工作环境才有了生动、准确的描写——"执机手张泽山和王志南各扶定一台机器,顺着铁轨缓慢匀速前行。他俩瞪大眼睛,紧盯机器屏幕上的波形变化;竖起耳朵,捕捉机器不时发出的'滴—答—嘟'的报警声。另外两个执机手孙稼木和李京，则走在机器前面做辅助工作，扒开积雪探查铁轨焊缝。"

"不停地蹲下、起身，哈气将围脖覆上了一层白霜""车上的乘客隔着窗子看着我们，仿佛在给我们行注目礼"，这样的细节，不到现场亲身体验，在座谈交流中是不可能捕捉到的。

在基层，才会发现新闻；在现场，心中才有感动。也只有身在现场，才有可能将自己代入到受访对象的工作生活情景中，去捕捉那些在俯视或仰视位置难以察觉的细节，捕捉那些能够打动人心的细节。就像那句老话说的："脚底的泥土有多少，笔下的故事就有多少，心中沉淀的感情就有多深。"

（作者系人民日报社辽宁分社采编中心主任，时为人民日报社贵州分社记者。）

附：

"货郎电工"王炳益

万秀斌[①]　郝迎灿

13年走了5个长征路

车到贵州省榕江县兴华供电所，一群人西装革履迎出门，人群后扎眼地立着个黄色工作服——脸色黝黑，身材敦实，脚穿一双解放鞋。"是王炳益大哥吗？"记者问。那人生涩地握住记者的手，咧开嘴来笑，

---

① 作者系人民日报社河北分社社长，时任贵州分社社长。

半天只答了一个："哎！"

榕江是个"像凤凰羽毛一样"美丽的地方，但是，"上坡登上天，下坡到河边"，王炳益是兴华供电所抢修班班长，分管月亮山区摆乔、上下午等几个村寨线路的抄表和维护工作，地图上原本22公里的主线路，实际翻山涉水要走50多公里。工作13年，走了6万多公里，相当于5个长征。

"我走的这条路，要蹚过109道河水。"这个数字王炳益不知数了多少回。秋来水位回落，艳阳还高照着，记者挽起裤管探脚入水，凉意顿时沁入肌骨。

山里来了"货郎电工"

除了随身的电工包，王炳益还背一个土布袋袋，里面装着洗衣粉、食盐、感冒药等，拎一拎有20多斤重。"这都是给老乡带的，年轻人到外地打工，老人出来一趟不容易。"村民吴忠亮说。

每月3日，摆乔村的苗族冷老各老人都会守在门口等王炳益。"老两口生活全靠低保，我自己节约一点帮他们交上电费，顺路砍些柴火，带些药啊、肉啊给他们。"王炳益说。

这次王炳益不期而至，70多岁的冷老各格外高兴，见了他就喊："冬，木老冬！"翻译成汉语就是"儿子，你来啦"。

中午匆匆扒拉几口饭，王炳益提起袋子去给各户送托他买的东西，到最后一家的时候屋里没人，他将一袋味精放在门口。

"他们都叫我'货郎电工'，每次进寨都热情跟我打招呼，老乡们的尊重和需要让我很幸福。"王炳益说。

从想当逃兵到难舍乡情

傍晚落脚上下午村，村民石洪亮远远看到王炳益，提来一大串从山上采来的野菌子要送给他。"他到我们这里送电，还帮忙修电视。"石洪亮对记者说。王炳益做电工前干过家电维修，现在也没丢老本行。

"以前赶场摆摊修电器一天就可以赚几百块钱，干了电工后刚开始一个月工资才60块，现在也才1300多，又这么辛苦，不觉得亏吗？"晚上同宿一铺，记者给王炳益算账。

"说不辛苦是假的，才开始的时候也想过当逃兵。"王炳益略作思量，"对我来说，钱不是第一位的，我家也在山里，这里的老百姓需要我，我也离不开他们。"

（原载《人民日报》2013年10月28日）

写好人物要有"工程意识"

刘雨瑞

《邮政"天路"上的信使》讲述了中国邮政集团格尔木市分公司投递员葛军十年如一日坚守在青藏公路沿线，为官兵、群众贴心服务的感人故事。稿件是2022年8月刊发的，但采访早在2021年年末便启动了。

2021年，我们关注到当地媒体关于葛军的报道。仔细查阅后发现，他一直是位焦点人物，近年来关注度颇高，但这些文章只讲了他的无私奉献、默默坚守，并没有解释他做出如此选择的原因。我们敏锐地意识到，这背后一定有料可挖。

报道好一个典型人物，好比做一项工程。我们认为这种"工程意识"的首个要点，即要有丰富翔实的素材作支撑，它们是建造人物形象之塔的"砖块"，多了可精选、舍弃，少了就难"封顶"。

那年冬天，在青藏高原自然环境最恶劣的时节，我们做了一件此前从未有记者尝试的事——跟着邮政车跑了一趟"天路"。这个选择甚至让葛军有些惊讶，因为此行不仅要翻过被称为万山之祖的昆仑山，还要穿过杳无人烟的可可西里无人区，经历严寒、狂风、缺氧等种种考验。但为了掌握更多细节，积攒更多"砖块"，这趟行程是必需的。正是这个"破天荒"的决定，让葛军与我们有了"共患难"的情愫，自然敞开心扉，采访也顺畅了许多。

有人说，不到西北，不知天地之辽阔。在自然的磅礴伟力面前，邮政车如同戈壁瀚海中的一叶扁舟，似乎一阵强风袭来就能将它轻易吹翻，恶劣的环境衬托出葛军坚守的不易，我们对他更加敬重，这也铸就了本文的情感底色。

在路上，记者与他共同劳动，精彩的细节尽收眼底：在青藏铁路全线第一高桥三岔河大桥，他攀爬坡度近70度的楼梯，为守桥部队送邮件，累得气喘吁吁，不得不停下来喘几口气；他夜宿唐古拉山镇，与其他坚守在当地的铁路养护职工、基层干部等互诉衷肠，谈起家人时泪水在眼眶里打转……

在生命这条漫漫长河里，与采访对象的交流只是时空一瞬，我们无法完全获知河流在与我们相遇前历经了多少曲折，只有投身进去，尽全力延长感受它的时间，和采访对象产生深层次的共鸣。

采访结束后，我们在人民日报客户端连续4天刊发新媒体文章，收获众多好评。正是这组报道，让我们喜获报社发来的约稿函，希望我们在《人民日报》上对葛军的动人事迹作一次报道。得益于此前的扎实采访，我们信心满满地接下了任务。

尽管对葛军的情况已十分了解，我们仍丝毫不敢放松，又约葛军深聊。在采访中，我们发现他习惯左手持笔拿筷子，他道是为了锻炼大脑，"防止常年生活在缺氧地带导致反应迟钝，开车会变得危险"。了解到他当兵时曾参与执行爆破黄河冰坝、疏凌防汛的任务，原来"敢于冲锋在前"的精神品质一直葆有。有趣、有料的细节和故事，丰富了人物形象，让人物更立体。

可以说，这次任务，并不是一次"倚马可待"的采写经历，而是在前期充分准备的基础上，进行的"工程化"写作的探索。

积攒好了"砖块"，下一步便是确定"建筑风格"，即打算把葛军塑造成什么样的人物形象？这事关素材的选择、结构的布置，是一件基础性的工作，所有后续的"建筑工作"都要围绕这条主线展开。

人物形象就是采访对象的行为、语言等，经过记者的价值判断在记者内心形成的投射。不同的记者，与相同的采访对象交流，往往会有不一样的感受，这是难以回避的个体差异。有没有摆脱个人价值判断的标准呢？那就要寻找典型人物体现的时代精神，看他鲜明地彰显了什么样的时代风貌。

我们深入思索，最终确定：葛军体现了平凡人的价值，即只要有坚定的理想信念、不懈的奋斗精神，脚踏实地把每件平凡的事做好，一切平凡的人都可以获得不平凡的人生，一切平凡的工作都可以创造不平凡的成就。

围绕这条主线，葛军的乐于助人、无私奉献、甘于寂寞、恪尽职守等品格都有了依附点。这些美好的品格，都可以为"平凡人实现不凡的价值"这条主线服务。我们写作时也始终牢记，葛军作为典型人物的价值就体现在踏踏实实干，或许没有惊天动地，只有日复一日的坚持，但平凡的坚守最动人。

确定了"建筑风格"，下一步便要"施工"了。我们对葛军的经历熟稔于心，开始琢磨文章结构。

比如，按照时间顺序，从他父亲做投递员写起，讲他继承良好家风，从祁连山下一位普通的投递员做起，最后来到"天路"，坚守至今。这种写法节奏太慢，而且不便体现采访现场。此外，葛军的某一类品格在他人生经历的多个阶段都有体现。我们希望，一段故事就能彰显某一种人物品格，而不是重复、交织叙述，人物陷入复杂，难以被理解。简单来说，要以"人物品格"区分段落，而不是时间。比如文章第二节就着重介绍他"退伍不褪色"的价值追求，第三节重在体现他乐于助人、兢兢业业的价值取向。

深思熟虑后，我们选择了插叙，即以采访行程为主，在重要的时间节点作结，从此闪回，串起他此前的经历，读者读来，一体感更强，对人物的认识也更明朗。

此外，在报道开头，文章巧设悬念。"天路"邮递员，大多干几年就申请调换，为什么葛军一直坚守？在文章第一节的最后，我们抛出这个问题，吸引读者在阅读中揭秘。

不止于此，在"施工"过程中，还需要往"建筑物"里放"加强筋"，以增强文章的可读性，即用矛盾串联全文。矛盾无非有三种，即人与人之间、人与环境之间和人与其内心之间。

对葛军来说，最大的矛盾在人与环境之间。海拔高，气温低，环境恶劣，他的头发掉光了，牙齿也松动了，身体一日比一日差，但却坚守了11年，写作时突出讲述这一矛盾，意在让读者感同身受，从而油然而生对葛军的敬佩之情。

在人与人的矛盾方面，葛军的妻子抱怨他不顾家，记者给他拍照时，他怕家人知道工作危险而不同意拍摄。这类细节频频出现，时刻调动读者兴趣。

在人与其内心的矛盾方面，文章最后一节探索了他的精神世界。记者帮他计算11年来跑过的路程，相当于绕了地球4圈多，而他的回复只是一句简单的"是吗"。他并不是为了完成某一项纪录在工作，反而这就是他的工作方式——像老黄牛一样地坚持，平和，泰然处之。在采访时，如果能更多地挖掘到一些他内心的纠结和矛盾，或许本篇报道会更完整。

最后要谈的是"装修"。在文风方面，我们尽量按照"说话"的方式来写，尽全力达到笔随意到、一气呵成的写作状态。得益于结构的帮助，本文写作的时间线可以浓缩在一天之内，文章流畅感大大增强。在句式选择上，多用短句，如"'葛班长'不是白叫的""这样的故事，葛军装满一肚子""格尔木终究还是到了"等，让文章更有节奏感。

在此次采写中，我们把这篇稿子当成一个工程做，夯基垒台，立柱架梁，采访、写作全程用力，精心谋划，使文章达到了编排但不留痕、顺着情势走的良好效果。而印象最深刻的，还是前期的充分准备，我们做了一件之前记者都没尝试的事，在冬天，跟着葛军的邮政车跑了一趟"天路"。

（作者系人民日报社青海分社记者）

附：

邮政"天路"上的信使

姜　峰　刘雨瑞

眼前这汉子，个头一米八，魁梧壮实的身材，把墨绿色的邮政服撑得紧绷绷；爱笑，性格爽朗，一咧嘴，门牙已掉了——这些都是多年奔波高原留给他的印记。

坐上他的邮车，奔赴青藏线：从格尔木出发，翻越莽莽昆仑山，再穿过可可西里无人区，最终到达"雄鹰都无法飞过"的唐古拉山镇。这条邮政"天路"，中国邮政集团格尔木市分公司投递员葛军独自跑了11年。

一

东方渐晓，一早驶出格尔木市区，南行40公里后，"南山口"几个大字赫然入目。从这里开始，我们的邮车驶离了广袤的柴达木盆地，横亘眼前的便是千峰壁立、万仞雄峙的昆仑山脉。

"横空出世，莽昆仑，阅尽人间春色。"这座"万山之祖"，留下过多少千古咏叹——

上世纪50年代，慕生忠将军率领筑路队，就是从格尔木出发，以每公里倒下10峰骆驼的代价，一寸一寸征服了莽莽昆仑，将砂石路铺到千万年来无人涉足的可可西里深处，将红旗插上唐古拉山口。

长天流云、群山飞渡，如今脚下是已经柏油化的青藏公路。"路好了，沿线群众对通信的需求也越来越强烈"，葛军如数家珍：2009年，中国邮政集团格尔木市分公司就正式开通了格尔木市至唐古拉山镇的汽车投递邮路，"沿途共有23个交接点，单程419公里，平均海拔超4500米，为沿线单位、群众提供邮件寄递、物资运送等服务"。

然而，邮政"天路"绝不轻松。短短一年后，首任投递员就因身体不堪重负而退出。彼时，正在邮局做柜台营业员、"风吹不着日晒不着"的葛军，无意中得知"格唐邮路"急需人员递补，那一刻的他，"耳朵嗡嗡响，血液往上涌"，拔腿就往总经理办公室跑。"我是党员，是退伍军人，在部队时就熟悉车辆驾驶和维修，进入系统后也干过邮递员，知道咋跟牧民群众打交道，爱往基层跑，不怕吃苦，我报名，跑'天路'！"葛军一番"连珠炮"，很快心愿得偿——此后11年，每周一趟，来回两天，往返千里，风雪无阻。

可是我们心中却不禁打起问号：这条被常人视为畏途的邮路，葛军为何甘愿"自讨苦吃"？

二

突来的颠簸，打断了思绪。

邮车驶出柏油路，在砂石"搓板路"上扬起一阵沙尘，"三岔河大桥交接点到了。"停车，从驾驶舱往下一跳，顿觉天旋地转——一问海拔，"4050米，干啥都悠着点。"

这里是青藏铁路全线第一高桥，大桥桥面距谷底54.1米。汽车在桥下走，火车在桥上过，形成了青藏公路和青藏铁路交会的奇观。某执勤部队常年驻守在这里，这里也是"格唐邮路"的投递点之一。

上桥，有两条路线：一是开车走盘山"搓板路"，路远难行还危险；二是徒步爬一条直通桥上的水泥台阶，150级，坡度近70度，被执勤部队官兵形容为"天梯"。高海拔下，二十来岁的年轻战士，走"天梯"都会头晕目眩，而1976年生人的葛军，为节省时间，每次都选择扛着邮包往上爬。

只见他跳下车，将两个20斤重的邮包系在一起，做成褡裢，搭到肩上，再弓起身，左手紧握栏杆——他有意锻炼左手，吃饭时也是左手执筷，"常年工作在高海拔，反应都迟钝了，这样好刺激一下脑细胞"——右手则小心翼翼地扶着胸前的邮包，头往下深埋，像极了耕地的老黄牛。

三岔河大桥位于昆仑山腹地小南川和野牛沟的汇合处，是个风口。葛军呼哧呼哧喘着粗气，用力按了按太阳穴，继续攀爬。突然，一阵狂风吹来，葛军赶忙两只手抓稳栏杆，稍顿，又继续往前，用了快20分钟，才爬完这150级台阶。

"葛班长！葛班长！"营区里的战士们跑出来，纷纷抢过沉重的邮包，扶他坐进营房。葛军神神秘秘："轻点拿！里面有好东西。"战士们已喜上眉梢——打开一看，是一块精心包装的生日蛋糕！

"葛班长"不是白叫的。18岁时，葛军去陕西做了汽车修理兵，部队驻地在渭南市大荔县，浩浩汤汤的黄河水从县城东部流过，浇灌着关中沃野上的"白菜心"。有一年冬季，黄河龙门至潼关段河道壅冰，严重威胁着防洪堤坝。"大堤外面就是村庄和农田，保障群众生命财产安全，咱军人义不容辞！"飞机破空，投下炸弹击碎厚重的冰层，葛军和战友们一声令下就往河道里冲，任凭数九寒天冰冻刺骨的河水浸透了棉袄，一个个肩挑背扛清理浮冰。"在坝上干了半个月，抢险大军没有一个官兵叫苦叫累，冲在前面的永远是连队领导，发馍馍时他们却是最后一个吃。"葛军再不复方才的疲惫神态，眼里仿佛射出光："那种情感，一辈子都忘不了，当兵改变了我一生。"

军营四年寒暑，急难险重冲在前的昂扬斗志，是葛军"退伍不褪色"的价值追求——我们豁然开朗：主动选择"格唐邮路"，葛军并非一时冲动，而是精神基底的光芒闪现。

每周一次，他帮年轻战士们送信、寄信，交流多了，渐渐知道了战士们的需求。这块蛋糕，是给战士们本月过集体生日用的，葛军每月一送，已是无声的约定。

战士们集体"啪"的一声，站得笔直，向"葛班长"敬了军礼。而他起身，拍拍小伙子们的肩膀，扭头就往外走。

"葛班长，跟我们一起吹蜡烛吧。"战士们挽留。

"还有邮件要送呢，下次一定参加。"

大伙不答应，这"借口"想必葛军已用了不少遍。而"葛班长"说一不二，背上空邮包，裹紧大衣，挥手就出了门。

三

从三岔河南行，经一小时跋涉，我们到达了海拔4768米的昆仑山口。路旁，索南达杰烈士雕像巍峨矗立，身后那片广阔苍茫的大地，就是可可西里。

行邮至此，对葛军而言，还有一番"家风传承"的意味。

原来，上世纪50年代，葛军的爷爷响应国家建设大西北的号召，从上海来到青海，进入邮政系统，服务青藏公路建设，公路建成后就把家安在了格尔木。70年代，葛军的父亲顶了班，曾被派驻到唐古拉山镇邮政所，一待就是5年——算起来，葛军已是这个"邮政世家"的第三代。

不冻泉、索南达杰保护站、楚玛尔河大桥……行驶在可可西里，葛军仿佛看到了父亲在青藏线上奔波的身影：记忆中的父亲，戴着深绿色邮政大檐帽，穿着板正体面的制服，清瘦、干练。"那个年代，谁家生活都紧巴，但经父亲之手寄出去的米、面、油，从来没有短过一两半钱。"踏踏实实做人、兢兢业业做事，是葛军从父亲身上学到的理。

一路畅聊，我们对葛军选择邮政"天路"多了一分理解，也平添一分敬重：也许父辈的坚守，早已在他心底扎下了根。

而他比父辈走得更远：昆仑山、唐古拉山、祁连山，这三条横亘青海72万平方公里土地上的巨大山系，都留下过葛军的足迹。

1998年，葛军从部队退伍，如愿考上青海邮电学校，毕业后被分配到海北藏族自治州工作。领导问起工作意愿，葛军不假思索："我想去基层锻炼！"

他被分配到了祁连县邮政局，每天骑着自行车，负责县城周边15公里范围内的邮件寄递，做好本职工作之外，也学到了与基层牧民打交道的本领。这不，邮车开到可可西里五道梁，葛军马上想起那场"生死救助"——

2014年的一个冬日，寒风呼啸，大雪漫天，临近五道梁的一处居住点，牧民扎娅1岁的孩子突患急病。扎娅忧心如焚，用棉被裹紧孩子，几乎站到了马路中间，只想拦下一辆车，救救孩子。就在这时，一束灯光刺破风雪重雾，照到了她们身上，来人正是葛军！

得知情况后，葛军立即让扎娅和孩子上了车，一路顶风冒雪、艰难前行，等把孩子送到格尔木市的医院时，东边天空已然露出了鱼肚白。孩子得救了，扎娅激动得不知如何是好，当面跪下感谢恩人，葛军急忙扶起她，又买了些水果放到孩子床头，便离开了。

"我还忘不了，2012年夏天的一个傍晚，把特快邮件送到巴珠手中时的情景。"巴珠家住唐古拉山镇拉智村，十年前就在自家院子里开了民宿。有一次，一位来自广东的摄影师住在她家，而葛军送来的那封特快邮件，就是摄影师为巴珠拍下的照片——在数码产品还未普及的十年前，这些照片在天遥地远的唐古拉山，该是何等珍贵……

这样的故事，葛军装满一肚子。"每次见到乡亲们接过邮件的眼神，我就觉得，在这条路上，还可以再坚持坚持。"

不知不觉间，夕阳将邮政车的倒影在路上拉得很长，经过10个小时的跋涉，我们驶过沱沱河大桥，邮路的终点——唐古拉山镇已在眼前。

四

长江水东流，青藏线纵贯——依水而居、因路而兴，这里是青藏公路在青海境内的最后一个重镇。这座镇，非常大，足足4.75万平方公里，雪山、冰川、草原、湖泊无数，而最少的是人。即便镇区所在的位置，也接近海拔4600米。往南，翻过唐古拉山口，便是西藏。

到镇上时，工作人员已经下班。每到一个投递点，葛军都要将邮包挨个整齐地码放在各个单位门口，等全部卸完，天已全黑，时间也到了晚上8点半。

疲惫的葛军走进一家川菜馆，小小的集镇，迎面便是熟人——一位面庞黝黑的中年人惊喜地向葛军招手，拉他坐到桌前，接着倒满一杯酒："来得早不如来得巧，解解乏，晚上睡个好觉，回头再帮我送个水样呗。"

葛军也不客气，一饮而尽："明天一早找你拿！"

这个中年人叫叶虎林，是青海省水文水资源测报中心沱沱河水文站，也是万里长江第一站的站长，正和同事在餐馆吃饭。每年5月到10月，他们都要在唐古拉山镇驻站，对沱沱河进行实时监测，并定期将采集的水样送回格尔木检测，如果存放时间过长，水的化学特性就会发生改变。

有一年，正值河流主汛期，水文站人手紧张，采集的水样一时之间送不下山。正巧，叶虎林撞见葛军在镇上派送邮件，便抱着试一试的心情，希望葛军帮忙把这来自长江源头的水送回格尔木。没有丝毫犹豫，葛军爽快地答应下来。

葛军明白，水文工作者常年驻守野外，远离家人，工作十分不易。只要条件允许，他就会帮水文站的工作人员带一些生活用品。几年下来，这些工作、行走在大江源头的人们，惺惺相惜间已是无话不谈的朋友。

看着他们重逢之时的亲热熟络，再想起这一路上邮包寄送的站点，那些坚守在青藏线上的执勤官兵，还有铁路养护职工，唐古拉山镇基层干部……我们突然觉得，这条邮政"天路"，葛军并非独行。

大家坐在一起，话题愈聊愈多。"今天拍了不少好照片，回头发给你，让嫂子和娃也看看。"他立马摆手："可别，我不爱拍工作照，拍了也删掉，就怕让家人看到这一路的艰险。"可不，翻看葛军的朋友圈：偶有"进山"或"平安返回"的照片，而中间的时段从来都是空白。

葛军的妻子和女儿，生活在格尔木。父亲的经历，孩子未必都知晓，但妻子不会不懂丈夫。有一次，葛军从邮路返回，途中突遇暴雪，气温骤降，他身体受寒，引发严重的肩周炎，左半身疼痛不已，硬撑着把邮车开回了格尔木。他不愿惊动妻女，拖着僵硬的身躯，自己来到社区卫生院。开完药，走进输液室时，一个熟悉的身影让他心疼："那是我媳妇啊！"原来，在他跑车的时候，妻子患上了重感冒，同样不想让他担心，独自来输液。"报喜不报忧"的夫妻二人，那一刻相对无言，而泪已千行。

晚上回家，妻子把憋在心里的委屈倾吐了不少。而次日一早，葛军去单位时，换洗衣服已摆在门前。"姑娘也大了，小时候总怪我没时间陪她玩，现在上了初中，也知道帮妈妈做家务了，我荣获的铜制奖章给挂在家里醒目位置，孩子总擦得很亮。"

全国五一劳动奖章、中国青年五四奖章……相比这些荣誉，将来若有机会，我们更想把葛军行进在"天路"的照片，送给他的女儿作纪念——那是父亲一路洒下的青春与汗水。

夜云流转，月朗星疏。与水文站的朋友道别后，我们找到唐古拉山镇一家招待所休息。半睡半醒间，脑中闪回这沱沱河畔的一夜，恍然如梦，只觉，葛军和朋友们的身影，好像比唐古拉山还要高。

五

迷迷糊糊中爬起床，窗外，地平线最东端，一束炙热的光芒从红绸帷幕似的天边刺出来，像是熊熊燃烧的火焰。高原的日出，无比壮美。

迎着朝阳，葛军再次开上车，驶入当地驻军某部——此行，他还有一个特殊的"任务"：接"救命恩人"下山。营区门口，笔直站着两队战士，一个留着板寸的高个儿肃立其间。不一会儿，鞭炮、锣鼓声响起，高个儿站得挺拔，缓缓举起右手，庄重地向战士们敬了一个军礼，随后扭头登上邮车。车外爆发出热烈掌声，战士们高喊："退伍不褪色，退役不退志，欢送老兵！"高个儿不停向窗外挥手，扭回头，泪水已奔涌而出。

老兵姓胡，吉林人，一脸英气。20多岁来青海当兵，在唐古拉山镇驻扎了12年，结婚后一直没有条件要娃娃。"也该考虑家庭了，这次转业回老家，以后回来机会就少了。"老胡的最后一句话拖得很长，车厢里陷入了安静。

"这也是我最后一次跑这条邮路啦,今天咱是'退伍专车'。"葛军安慰老胡说。

相识多年,老胡明白葛军的苦处——11年来,高海拔、高寒、缺氧的恶劣环境,对葛军的身体造成了不可逆的伤害,头发掉了不少也白了不少,门牙也掉了,每次夜宿唐古拉山镇,头疼到必须抵着床头硬木板才能睡着,艰苦的工作环境,让他看起来比同龄人老了十几岁。

"之后要跑从格尔木到茫崖的邮路了,距离一样,400多公里,沿途都是大漠戈壁,但海拔能低不少。"葛军顿了顿,"话说回来,第一次上山你救我,最后一次下山我送你,算是有始有终!"

原来,葛军初次踏上这条邮路,快到唐古拉山镇时,遇到修路,因着急赶路,他开着邮车改走青藏公路边的滩地。正值夏季,车子一不小心陷入烂泥中动弹不得。葛军先从车厢中找出一个防水编织袋,将全部邮件都装了进去,然后再在烂泥中锹挖手扒,鞋袜都陷在泥里,腿也被碎石划伤了,但庞大沉重的邮车却纹丝不动。无奈,葛军只好赤脚跑到附近部队驻地求援。当天,正是老胡带着战士们,跳入泥水中奋力挖车,经过一个多小时的忙碌,才将邮车拖上了公路,而葛军、老胡和战士们早已变成了"泥人"……

下山之路,开得并不快。驾驶舱里,葛军和老胡却格外沉默。我们不经意间成为见证者:这对在"天路"上相识11年的老友,此行都是他们在青藏线上的最后一程。平速行驶的邮车,仿佛是一场艰难的告别。

我们主动打破驾驶舱里的沉默,给葛军算了一笔账:11年来,他在格尔木市和唐古拉山镇之间已经往返了17.5万公里,"相当于绕了地球4圈多"。

"是吗?"葛军和老胡倒没显出格外的惊讶。高原上待久了的人,似乎早已收获一种心理上的质朴感。对艰苦的感受、对生活的理解、对幸福的认知，有一种磨砺过后的踏实、淡然和从容。

格尔木终究还是到了。进了邮局，归还车辆，钥匙交到贺生元手中。这位入职不久的邮递员，是葛军的"接班人"，接下来他将成为邮政"天路"上新的信使。葛军拍拍他的肩膀，将小贺略显宽大的邮政工作服整理板正。"以后交给你了。"语毕，两个大男人不自觉地拥抱在一起，大大咧咧的葛军，像老胡一样，哭了。

走在格尔木清冷的夜色里，仰望繁星如缀，回想两日的"天路"之旅，如梦似幻。老胡第二天就要飞往长春，葛军也将在一周后踏上新的邮路，我们彼此互道保重。"一定再来格尔木看我啊。我带你们跑跑茫崖，戈壁也很美！"葛军一句话，把大家又逗笑了。

邮政"天路"依旧，老兵永不"退伍"。

（原载《人民日报》2022年8月24日，获2022年中国新闻奖）

（姜峰系人民日报社重庆分社采编中心主任，时任青海分社采编中心主任）

从代入到"跳脱"，在行进中深入

乔 栋

我老家是山西吕梁。在我们那个小县城里，"养"货车，一直是吃苦但能挣钱的营生。从小到大，印象最深的就是从早到晚不绝于耳的两种声音——货车在过省道减速带刹车的撕裂声，轮胎和减速带碰撞的"哐当"声。吕梁较早发布了"地域特色"交通法规——货车不准占左道，违者罚2000元。直到现在回老家，排队达数十公里的货车"长龙"依然是常态。

采访《同行1800多公里，跟着货车司机跑长途》这篇稿件时，我在山西分社工作。接到"货车司机权益调查"这个选题很兴奋，经验直觉告诉我，山西太适合了。报社地方部明确，可以自己选司机和线路作行进式深入采访，这种方式我以前体验较少。但做案头工作时，又陷入了困惑：论货车司机数量和货车保有量，山西远不如河南、河北等省；论经济活跃度、货运密集度，山西也比不上广东等发达省份。

与交通部门初步座谈时，我似乎找到了一些答案：山西货车的半程空载率居全国前列，山西的过境货车数量靠前。前者意味着货车司机权益中最重要的收入环节，山西省更具典型性，后者意味着更重要的产业关联度。而货车司机权益保障这个话题关注度日渐高涨，如果能扎实采访，一定能取得不错的社会效果。

2021年12月17日下午2点，我从兴荣物流园的二楼窗户看到那辆静静待在院子里的晋LD8577半挂车。一个小时后，兴奋、懵懂的我和司机王勇平登车出发。

那是一趟我毕生难忘的采访旅程。

找"对象"既要"按图索骥"，也要"火眼金睛"

寻找王勇平，我花了不少工夫。

"人物"的选择至关重要，尤其要能满足整版稿件、单一主人公的要求。一旦选定，意味着很难再推倒重来——这是一趟线性行程，更改司机成本极高。

在座谈后，我把目标运输公司从5家缩减到2家。其中一家，主营互联网货运平台，与文章内容关联性较强，但没自有司机；另外一家兴荣运输公司是行业典型，获得过交通部门不少奖励——规范性、政治性过关。

到两家公司座谈后，我让他们推荐了6位司机，预采访之后，均感觉不踏实。他们当中有的当货车司机时间较短，有的多年只跑一条线路，有的则是挂靠车、负担较重。

案头工作特别重要。根据采访主题，把案头工作做好，就可以提前把握采访对象的要素选择：货车司机身上的"标签"越多越好，从业时间越长越好，这意味着有更多的感悟、更多的经历，能采访到的"料"也就越多。

和王勇平的相遇也属偶然。作为"替补人员"，兴荣公司经理吉兴荣在被我持续"骚扰"后，想起了王勇平：他自己跑过车、现在在车队干；拉过煤，还干过快递；从业20多年了，现在还兼临汾市物流行业协会副会长。

我立马赶到临汾见王勇平。初次见面，他像个社会人：挂着明晃晃的链子，烟一根接一根。一开口说话，则让人顿生好感，"这是一个典型的吕梁山汉子"。他说话不快，而且很用力，碰到麻烦事，挠挠后脑勺、嘿嘿一笑。憨厚，实在，"故事性强"。我感觉就是他了。

选采访对象时，有时细节很有说服力。王勇平有两个细节让我印象很深：一个是在吉兴荣办公室喝茶时，他给我倒上茶后，把茶杯的把手一侧推向我；一个是还没出发，怕我饿着肚子，跑到门口的小超市买了一大堆零食。后面的共处时光也充分印证了，他是一个懂得照顾人、舍得付出的人。这样的采访对象，不仅交流起来没有保留，往往也让人更觉得舒服，有助于采访的顺利开展。

扔进去、"找罪受"，体验越深，故事越多

在平顶山西高速服务区，我睡上铺，王勇平睡下铺。上铺更逼仄，半夜被冻醒。把羽绒服都套上，才对付过艰难的第一夜。

在湖南斜坡堰服务区，刚下车，就有人过来"吓唬"：不交管理费，你们就等着被偷油吧！

在湖南某服务区，也碰到人"找茬"：你们的反光条贴得不规范，北斗导航也有超4小时不停车的记录，罚款！

同样在这个服务区，汽车维修店的老板过来"商量"：我们也不愿意补一条胎300元，可是我们的成本租金高啊，你多体谅！

在河南省境内，货车在正常行驶时突然"趴窝"，我战战兢兢帮王勇平设置路障，身旁高速行驶的车一辆辆长摁喇叭呼啸而过，卷起的风让人心惊肉跳……

虽然当时这些挺"遭罪"，但回过头看，就觉得满满都是"回忆"，也满满都是素材。有两句话刻在人民日报人心底："不到现场不写稿"，

"田间地头找感觉"。这些"痛苦"体验，不正是一个新闻人梦寐以求的经历吗？

体验式报道，不缺的就是这样的经历。随后的采访中，我会有意识地把"体验"放在突出位置，甚至"找罪受"。比如在一次"新春走基层"报道中，只是1000字的稿件，探访煤矿保产能的情况。材料、现场的情况都掌握，但我不顾工作人员百般阻拦，坚持要下井。

下到500米矿井，与在地面看视频的体验截然不同：

"挎上！"记者顿时感觉腰间处一沉，起码有10斤重！没错，不是垂直下井，也没有传说中的猴车，而是一辆普通卡车模样的无轨胶轮防爆车。坐在铁皮车厢内，煤灰的味道好似机油一般，弥漫在周围。

步步前行，风声在耳畔响起，这是井下的通风系统在运转。寒冬腊月，井下却并不觉得冷。据李华介绍，大部分时间，靠近工作面的温度是比较高的。

雨靴不时在几厘米的积水中，和着煤泥发出踩踏声。一个人走？记者仿佛想起了什么，转过身回头望了望。此时，路程过半。来时走过的路，一片漆黑，伸手不见五指。唯有风。

在巷道步行半个小时后，我们终于来到了采煤面。在巨大的液压支架中间穿行，右侧高3米多的煤壁黑得发亮。支架左侧，是许多斜撑的顶板。记者小心地在支架间挪动身体，突然传来"哗啦"垮塌声，紧接着又是沉重的砸击声……

这些现场细节，如果不是身临其境，怎么写得出来？而文字的爆发和张力，往往就从这些"苦"中喷涌而出。

找"地标"、切场景，"转场"转得更自然

转场转得自然"圆润"，也是个技术活。

> 不一会儿，天已黑透，对面车灯在高速公路隔离护栏上方形成淡淡的光带。
>
> 过舞钢、走泌阳，穿过伏牛山，由河南进入湖北随州境内，道路两边的灌木由黄变绿，人的心情也随之轻快许多。
>
> 一路行驶至湖南衡阳斜坡堰服务区，天色已暗，王勇平拿出锅，连上车载电源，将大米倒进锅里，"现在焖上，到下个服务区就能吃，今晚我们做蛋炒饭。"
>
> 12月20日上午，从厦蓉高速公路转到二广高速公路，我们从湖南永州蓝山县进入广东清远连州市境内。一路上，山脉连绵逶迤，时而可见山谷间云雾缭绕，高速公路两旁的绿植也更加茂密。

全文的主人公，除了王勇平，就剩下"观察者"——我。如果代入感太强，全程聚焦微观，则背景框架、政策全局的内容就会弱化。必须适当"跳脱"，我的办法，就是采用地理场景"航拍"模式进行"背景播报"。

我喜欢研究地理。平日采访，不管是汽车、火车，还是飞机，我都会打开地图，看看旁边这座山叫什么、附近有什么河流。跟货车的时候，我保留了不少截屏——三次过湘江、伏牛山在右手、萌渚岭长什么样、海拔有多高……每经过一个较有标志性的地方，我都会记录一下。

这些地理"标志物"，成为文章"转场"中最合适的元素——尤其

是这种行进体验式报道。一方面，地理环境的描述是文章"行进"的风向标，让"行进"的轨迹更加清晰，有助于理顺文章脉络；同时，也能帮助架构文章，让报道不同板块间的切换更加自然。

巧代入、列对话，"幕后"转"第一视角"

出于"客观性"考量，多数报道都用"上帝视角"行文，记者则躲在"隐秘"的角落，观点"隐藏"得较深。

但适当带入，不仅更有"代入感"，方便流畅行文，同时也能通过交流对话，让只言片语产生强力的"共情"效果。

记者在距车辆150米开外的地方设置了警示标识，王勇平打开货车前机盖，拿着手电筒检查相关部件。

12月18日下午，途经山西襄汾西服务区时，记者走进这里的"司机之家"。

王勇平想让记者睡稍微宽敞一些的下铺。"您早起还要跑车，休息好了更重要。"见记者婉拒，他又帮着整理好上铺的被褥，"车里很安全，踏实睡！"

"长时间在外，倘若赶上车辆年检年审怎么办？"记者问。

"对这种不合规的行为，能不能举报？"记者问。"4年前，我在路上碰到件别的事儿，打过投诉电话，没用。"王勇平说。"再试试呢？"

代入笔者视角，不能滥用，但偶一使用，效果"拉满"。

我曾写过一篇通讯《相守太宽河》，在结尾代入了自己：

"后悔吗？"这个问题问出后，记者自己倒有些后悔。

　　李晓娜双手捂住了脸，肩膀有些颤抖，张晨光在旁轻轻地拍着妻子的背。

　　快到中午，浓雾即将散去，太阳穿过密林，照在太宽河上。

　　顿了顿，张晨光说："你看这风景多好，不是吗？"

　　这篇稿件的结尾，受到报社评报老师表扬，称之为"升华的点睛之笔"。自己分析原因，无非有二：将"事"与"情"融合，带出了悠长的效果；将"实"与"正"结合，写真实的人，做守正的事。而这两者效果的兼具，是通过"代入"撕掉了其间隔着的那层"膜"。

　　货车司机稿获奖后，好多同事发来祝福和表扬："同吃同住，你付出了很多艰辛，吃了很多苦。"但实际上，至今回想起来，这趟行程不仅难忘，更让我觉得充实、快乐。和货车司机的日常比，我区区一周的体验不足为道；更重要的是，我收获了真实而独特的体验，做到了触角的真正下延。

　　"文章合为时而著"。这篇稿件是王勇平的经历，也是三千万货车司机的经历，这让我更加懂得了"铁肩担道义"的实际内涵。到佛山后，我自费请王勇平住了个舒服的大床房，吃了一顿顺德特色菜，喝了一顿经典的广式早茶。对王勇平而言，所谓的疾苦痛乐，大概也只在平安抵达后的那壶酒中吧。

　　（作者系人民日报社青海分社采编中心主任，时任山西分社记者）

附：

同行 1800 多公里，跟着货车司机跑长途

乔　栋

引子

"出发！"踢踢轮胎，拍拍车门，围着白色东风牌半挂牵引车转了一圈，王勇平完成出车前的例行检查，招呼记者上车。

记者抬手看了一眼表，时间为 2021 年 12 月 18 日下午 3 点。这辆车牌号为"晋 LD8577"的货车，驶出山西临汾兴荣物流园，向着目的地广东佛山启程。

"一车染料，加上货车自重，整车不到 50 吨，符合限载要求。"43 岁的王勇平供职于临汾经济技术开发区兴荣供应链有限公司车队，专跑山西到广东的货物运输。

长期以来，广大货车司机以车为家、与路为伴，奔波在物流运输一线。2021 年 11 月 3 日国务院新闻办举行的加强货车司机权益保障工作新闻发布会介绍，2020 年，全行业 1728 万名货车司机完成 74% 的全社会货运量和 31% 的周转量，为支撑经济社会发展、保障和改善民生作出重要贡献。

2020 年 11 月，习近平总书记在全国劳动模范和先进工作者表彰大会上指出，要适应新技术新业态新模式的迅猛发展，采取多种手段，维护好快递员、网约工、货车司机等就业群体的合法权益。

聚焦广大货车司机反映的停车休息难等"烦心事"、城市通行难等"操心事"、路面执法不规范等"揪心事"，2021 年 10 月，交通

运输部等16个部门联合印发《关于加强货车司机权益保障工作的意见》，坚持远近结合、标本兼治、协同联动、综合治理，重点围绕推动严格规范公正文明执法、畅通货车司机投诉举报渠道、简化货车司机办事办证手续、优化调整货车禁限行政策、改善货车司机停车休息条件等9个方面，切实维护货车司机合法权益。

历时46个小时，记者跟随王勇平驱车1800多公里，抵达南海之滨的佛山。一路同吃同住，感受着货车司机以车为家、与路为伴的辛勤奔波，以及多部门共同发力加强货车司机权益保障，让他们切实感受到的关心关爱。

出行更安全

道路交通信息实时提示，超限超载严密监管，疲劳驾驶、安全驾驶等实时监控预警

2021年12月18日下午6点多，货车沿济洛高速途经河南黄河小浪底风景区时，车内对讲机传出公司货运车队其他司机发来的提示："一辆货车在驶经湖北黄石境内大广高速与沪渝高速花湖互通枢纽时发生侧翻事故，请提前绕行。"

"改走许广高速，避开事故路段。"王勇平随即调整行车路线，"公司给我们车队司机配备了蓝牙对讲耳机，可以实时获取道路信息，保障顺畅出行。"

"前些年，一些货车超载问题较突出，我就因为超载发生过一次交通事故，之后再不敢超载了。"近年来，王勇平亲身感到货运出行规范多了，"货运车辆出发前就要过磅，载重数据直接传送到交管部门，在省界、县界国道的治超站以及高速公路入口的治超点，又需过一遍磅，超限超载车辆上不了高速。"

不一会儿，天已黑透，对面车灯在高速公路隔离护栏上方形成淡

淡的光带。"前面就是洛阳孟津服务区，咱们休息一会儿。"王勇平指了指车内安装的北斗监测仪，"超过4个小时属于疲劳驾驶，过会儿它就要报警了。"

车停孟津服务区休整时，从业21年的王勇平打开了话匣子："刚跑货运那几年，车里冬天冷、夏天热，一天下来海绵坐垫硬得像块石头。现在车里有空调，还有简易的热水装置。"

"如今不仅行车条件比过去好多了，行车记录也更加全面。"王勇平向记者逐一展示，车辆驾驶舱仪表盘右侧安装了监控设备，车头、车尾、车身两侧还安装了5G数字车辆视频监控主动安全预警系统。"2016年春天，我在货运途中与一辆小轿车发生剐蹭，当时说不清是谁的责任。现在有了更加全面的行车记录，类似的问题就容易解决了。"

车辆安全行驶监测也在同步跟进。休整后我们驶离孟津服务区，没多久便听到货车"喘起了粗气"，发动机发出的轰鸣声沉闷有杂音。经验老到的王勇平很快意识到："可能是货车涡轮增压发动机出现漏气。"

低速行驶一段时间后，货车在路边停车区域停靠，记者在距车辆150米开外的地方设置了警示标识，王勇平打开货车前机盖，拿着手电筒检查相关部件。"果然是涡轮增压发动机的问题。掉了一个栓，造成涡轮增压发动机排气不畅，480马力的发动机白白少了80马力，成了小马拉大车。"他拿出车内的修理工具箱，很快处理好了故障。

修车的工夫，王勇平接到来自河南省公安厅高速公路交通警察总队的电话："我们监测到您的车辆尾气排放过高，长时间低速行驶，请尽快驶离高速。如需救援，请拨打'12328'交通运输服务监督电话……"

王勇平告诉记者，车内北斗GPS双模车载终端可以实时分析发动机运行数据,评估车辆行驶状态,并将监测到的故障信息实时反馈到交管部门后台。"现在路面执法更有力度、更有温度。"他说。

在国务院新闻办2021年11月3日举行的加强货车司机权益保障工作新闻发布会上,交通运输部运输服务司司长、新闻发言人蔡团结介绍,坚持"生命至上、安全第一",贯彻以人民为中心的发展思想,交通运输部门积极会同有关部门紧盯货车事故暴露出的主要问题,有针对性地采取了提升货运驾驶员的应急处置能力和车辆安全性能、加强对货车司机动态驾驶行为的监控等措施,全面提升安全发展水平。

据新闻发布会信息,近年来相关部门加大了对超限超载、非法改装、疲劳驾驶等严重交通违法行为的集中整治和查纠力度,货车的违法行为得到一定遏制。2020年,因货车肇事导致的交通事故死亡人数同比减少了近1000人。

停车更便利

公路服务区货车停车位多了,"司机之家"建设持续推进,着力让货车司机"有地停""放心停""舒心停"

12月18日晚11点,车辆驶入河南平顶山西高速服务区。一辆辆货车按地面标注的大车车位引导线有序停放。

"该休息了。"王勇平保持着良好的职业习惯,"晚上11点多休息,早上8点跑车,保证充足的睡眠时间。"

"过去,到了晚上,服务区里水泄不通,停车难、休息难是常事。"常年在货运途中,这些年的变化王勇平看在眼里,"这一路,不少地方新建、扩建了停车位,大的服务区能停上百辆货车,一些服务区还划定了停车引导线,停车秩序比过去好了很多。"

停车休息难曾是货车司机反映比较集中的问题。《关于加强货车司机权益保障工作的意见》提出"改善货车司机停车休息条件",要求

"适度增加货车停车位数量""加快推进'司机之家'建设，为货车司机停车、休息、就餐、洗漱、淋浴、如厕等提供便利"。

出发前，山西省运输事业发展中心副主任肖为民向记者介绍，针对公路服务区停车难的问题，近年来山西持续挖潜，科学调整客货车位比例，改扩建停车位，有效增加货车停车位供给，同时积极推进建设一批功能实用、经济实惠、舒适便捷的"司机之家"。"不仅保障货车'有地停'，还要让货车司机'放心停''舒心停'。"肖为民说。

12月18日下午，途经山西襄汾西服务区时，记者走进这里的"司机之家"。只见100多平方米的公共区域内，设置了打水间和两个独立的洗澡间，并放置有床铺、洗衣机等。"我们免费提供服务，让司机师傅来到这里可以睡个好觉、喝口热水、洗个热水澡。"服务区"司机之家"负责人许顺喜说。

"司机之家"给广大货车司机带来家的温暖。常年吃住在车上，王勇平过去头疼的就是洗澡、洗衣不方便，"别看这小小的'司机之家'，可帮我们解决了大问题。"

11月3日的新闻发布会介绍，全国高速公路服务区和停车区已设置近23万个货车停车位。同时，交通运输部连续4年将"司机之家"建设列为民生实事，会同全国总工会在全国推进建设"司机之家"700余个，为货车司机提供休息、淋浴、洗衣、热水等服务。

12月18日当晚，记者和王勇平在平顶山西高速服务区留宿，"宿舍"就是货车驾驶舱后排——如同火车卧铺车厢一样的上下铺。王勇平想让记者睡稍微宽敞一些的下铺。"您早起还要跑车，休息好了更重要。"见记者婉拒，他又帮着整理好上铺的被褥，"车里很安全，踏实睡！"

刚熄火的车内，温度如常。王勇平感慨道，过去想要睡个安稳觉可不容易。多年前的一天夜里，王勇平在一个服务区停车场留宿，半夜感到不对劲：一辆摩托车在货车附近来回转悠，迷迷糊糊中听到油箱盖"叭"的一声被打开，抬头看了一眼后视镜，只见抽油软管已经塞进了货车油箱。他立即翻身来到前排驾驶室，迅速打开货车大灯，这才驱离了偷油的人。

"过去，我们晚上睡不踏实，怕有人偷油、偷货。一般货车油箱最多可装800升柴油，值5000多元。"王勇平说，"现在，服务区周边安装了停车监控，还有专人负责巡查巡逻。"

据11月3日新闻发布会介绍，保障服务区车、货停放安全，让货车司机放心停车，不少地方都在探索。比如，甘肃省交通运输部门面向货车司机推出了"车货无忧"公众责任保险，保费全部由交通运输部门承担，货车司机一旦在甘肃的联网收费高速公路服务区发生财物被盗，由保险公司赔偿。"我们将在总结甘肃经验的基础上，指导地方结合当地实际有序推广，给货车司机提供更多、更安全的服务保障。"蔡团结表示。

办事更便捷

车辆跨省异地检验、"三检合一"改革落地见效，服务监督电话确保"打得通""问不倒""办得好"

12月19日上午8点，新一天的行程开始了。

过舞钢、走泌阳，穿过伏牛山，由河南进入湖北随州境内，道路两边的灌木由黄变绿，人的心情也随之轻快许多。路过随州均川服务区时，王勇平回忆起2020年初他和司机朋友在这里过元宵节时的情形。

"那年正月初三，湖北正在抗击新冠肺炎疫情，我从临汾运送捐赠物资到武汉。之后一个多月里，我加入湖北当地组织的货车志愿服务队，奔波湖北各地运送抗疫物资。"王勇平说，"元宵节就是在这个服务区过的。那天晚上，我和几名来自不同省份的司机朋友拿出家乡特产，一起分享品尝。"

"长时间在外，倘若赶上车辆年检年审怎么办？"记者问。

王勇平笑着摆摆手："我就吃过这方面的亏。"

2017年2月，王勇平跑了一趟到江西的货运长途，行至河南境内时，才想起到了车辆年审的时间。"折回去吧，好几百公里路白跑了，我想还是跑完这趟长途再说。结果刚进江西，就碰到交警查车，被扣了6分，还被罚款，那趟长途算是白跑了。"王勇平说。

2018年5月，国务院常务会议对进一步降低实体经济物流成本作出部署，明确提出"实现货车年审、年检和尾气排放检验'三检合一'""对货运车辆推行跨省异地检验"等一系列措施。当年9月1日起，小型汽车、货车和中型客车跨省异地检验全面推行，申请人可以直接在机动车登记地以外的省份检验，申领检验合格标志，无需办理委托检验手续。同时，交通运输部会同公安部、市场监管总局、生态环境部等全力推动"三检合一"改革落地见效。

"过去，车辆尾气排放检验在一个地方，车辆年审、年检又各在一个地方，全跑下来，得3天时间。现在可以异地办理，而且只需进一个门、上一次检测线，一个上午就能办完。"王勇平说。

据11月3日新闻发布会介绍，31个省份和新疆生产建设兵团全部实现了货车"三检合一"和检测数据的跨省互联，累计向部级系统上传检测信息2300余万辆次，累计检测车辆1100余万辆，占营运货车总数的98%。

一路行驶至湖南衡阳斜坡堰服务区，天色已暗，王勇平拿出锅，连上车载电源，将大米倒进锅里，"现在焖上，到下个服务区就能吃，今晚我们做蛋炒饭。"

40分钟后，驶入下一个服务区。车刚停下，便有人来敲车门，说道："为防止有人偷油偷货，交20元，我们帮忙看车。"王勇平冲车外摆摆手，升起了车窗。

"对这种不合规的行为，能不能举报？"记者问。

"4年前，我在路上碰到件别的事儿，打过投诉电话，没用。"王勇平说。

"再试试呢？"

"那就再试试。"说话间，王勇平拨通"12328"交通运输服务监督电话，反映了情况。

打完电话，继续赶路。刚驶离服务区不久，车载蓝牙电话响起，一接，对方是这个服务区的负责人："对于您在我们服务区遇到的问题，我非常抱歉，一定查明情况，及时向您反馈，并在今后加强人员管理，杜绝类似情况发生。"

当晚11点，我们抵达湖南常宁服务区，电话再次响起。这次是湖南省公安厅交通警察总队交通安全综合服务管理平台的工作人员打来电话："请问您对我们的处理结果满意吗，还有什么建议？"

通完电话，王勇平擦擦手，拿出几枚鸡蛋，放在炒锅边沿磕开，再把焖好的米饭倒进炒锅。"刺啦"一声，蛋炒饭的热气和香味升腾起来。"确实不一样了。过去投诉有时不见回音，现在是'有问必答'。"王勇平说。

"为了更好倾听货车司机心声，有效解决货车司机的利益诉求，我们强化'12328'交通运输服务监督电话的作用，进一步畅通投诉举报渠道，提升服务的监督质量，切实维护好广大货车司机的合法权益。"蔡团结在11月3日新闻发布会上表示，确保电话"打得通""问不倒""办得好"，"12328"总体运行顺畅。2021年前三季度，全国"12328"热线信息咨询类即时答复率达98.7%，限时办结率达96.8%，回访满意率达97.6%，电话运行的服务质量和群众满意度稳步提高。

利益更有保障

持续加强货运互联网平台监管，提升物流运输行业组织化程度，推进货车司机参加社会保险

12月20日上午，从厦蓉高速公路转到二广高速公路，我们从湖南永州蓝山县进入广东清远连州市境内。一路上，山脉连绵逶迤，时而可见山谷间云雾缭绕，高速公路两旁的绿植也更加茂密。

"你们那儿是不是有一车货要运往山西，运费怎么算？"在服务区休息时，王勇平滑动手机屏幕，开始在货运互联网平台寻找返程货运订单。有价格合适的，便打电话询问。

记者在服务区和一些货车司机交流得知，他们中的不少人都使用货运互联网平台找货运订单。山西省交通运输厅相关调研数据显示：山西籍使用过货运互联网平台的货车司机占比达76.49%，其中经常使用的占比为47.97%，主要用于寻找回程货源的占比为19.35%。

"我最早跑货运的时候，找货源用的是公用电话，翻开电话本，挨家挨户地问。现在打开手机应用程序，输入出发地、目的地，周边的推送信息就来了。"王勇平说，找货比过去方便了，但也有苦恼，"有的平台诱导货主不合理压价、司机低价竞争。"

"据不完全统计，现在有七成的货运司机使用货运平台实现找货相关的服务。"蔡团结在11月3日新闻发布会上表示，货运平台在促进物流资源集约整合、带动物流降本增效的同时，也存在压价竞争、损害司机合法权益、扰乱行业公平竞争市场秩序的问题。

对此，交通运输部会同相关部门，以交通运输新业态协同监管部际联席会议的名义约谈典型的货运平台企业，要求其不得诱导货主不合理压价，不得诱导司机低价竞争、超时劳动。"下一步，我们将坚持监管规范和促进发展并重，更好地统筹发展和安全，明确规则、划清底线、加强监管、规范秩序，促进互联网道路货运平台健康、规范、有序发展。"蔡团结说。

"走哪了？吃的啥？返程订单找好了吗？"一路上，兴荣供应链有限公司董事长吉兴荣和王勇平通了好几次电话。"他是我们的老大哥，从出行安全到车辆检修，平日里没少叮嘱。"王勇平直言很暖心，"按临汾市的相关要求，公司还要给我们车队的司机购买社会保险。过去挂靠公司的车辆多，司机的养老保险都是自己缴纳。"

"市里还成立了物流（联盟）协会，我们公司是牵头单位之一。前段时间，有个同行要不回运费，协会发函协调，帮他要回了辛苦钱。"王勇平说。

"过去散车多、专业运输车队少，导致货运行业低价竞争激烈。"山西省运输事业发展中心货运物流部主任王仁豪说，"我们探索提升物流运输行业组织化程度，提高货车司机议价能力，保障司机货运收入。"

多措并举，改变正在发生。"返程订单在货运平台找到了，运一车家具回临汾，运费1.1万元。"王勇平高兴地和记者算了笔账：这趟货运长途单程1800多公里，来时运费1.37万元，路上油费约5000元、过路费4000元，扣除吃饭、轮胎磨损等费用，能挣约3500元。返程订单过去多是保本接活儿，这次能挣1000元左右。

12月20日下午1点，货车抵达终点——广东佛山市南海区狮岭村桂兴围工业区。"月收入5000到8000元，好的时候上万元。沿途道路环境、配套服务也比过去好很多，虽然跑长途辛苦，但钱赚得踏实又舒心！"倒车进入仓库，王勇平长长地伸了个懒腰，脸上露出笑容。

（原载《人民日报》2022年2月7日，获2022年中国新闻奖）

扎进去，乡村有最好的课堂

王汉超

我关注郝堂已经三年了。

2012年年底，我去采访郝堂，内心对"农村"还没有太多期待。但郝堂革新了我对农村的许多观念，从此只要相关，我逢人便说郝堂，建议去看看。那篇《郝堂 画家画出的小村》刊于2013年1月4日，被作为"寻找最美乡村"的开栏之作。

从那时起，郝堂走进了公众视野，成了美丽乡村的代名词。其实郝堂实验，远不止美丽那么简单。从那篇文章起，郝堂被认识了，也被误解了。各色参与其中的人，各有理解，各自表述，郝堂面目难辨。

我一直想写出更多内容，那比美丽乡村更重要。越想写，越觉得复杂和沉重。

在同年年底的中央城镇化工作会上，习近平总书记"望得见山、看得见水、记得住乡愁""保留村庄原始风貌，慎砍树、不填湖、少拆房，尽可能在原有村庄形态上改善居民生活条件"等表述，几乎是郝堂理念的写照。他在湖北考察，还讲过"即使将来城镇化达到70%以上，还有四五亿人在农村""农村绝不能成为荒芜的农村、留守的农村、记忆中的故园"。

这些话顺乎人心，合乎情理。然而与此同时，一个个村庄古宅被强推，一片片粗滥崭新的农村社区被引为政绩，一笔笔本该助力美丽乡村的资金被支取，然后大水漫灌式的建设，成为另一种破坏。农民身处其中并不幸福，采访中直观感受便知。但农民是被动的，没有备选的道路。

农村很多题都需要更优的答案。郝堂恰恰能提供多元答案。可农村太庞杂，郝堂又太多元。经济的社会的，理念的方法的，政府的资本的，主动的被动的，千头万绪起着化学反应。

修复的过程中，农村已不只是第一产业，不只有过剩的人口，不只要素流失，民生凋敝，农村更被视为我们民族的精神根系，是预留给未来的退避之地。

熊培云的《一个村庄里的中国》这么说：在每一个村庄里都有一个中国，有一个被时代影响又被时代忽略了的国度，一个在大历史中气若游丝的小局部。

村庄确实全息折射时代家国，更何况郝堂是一支试管。所有的观念，所有的方法，所有对既成的反省与扭转，都放进试管，与农业、农村、农民当下和未来的问题起反应，交锋、争论，最终找到一条最可行的路径。

郝堂项目的大理念，已是对主流惯性的纠偏，他们内部又在激烈地争鸣。有时每听一种角度，都令人耳目一新。对我们自己的既有观念，也一次又一次提出再思考。内容广泛涉及公平、工业文明的模式和农村政策、历史、基层治理，涉及经济结构、群众主体地位、文化根源、国内外新村运动、价值判断、工作方法等，包罗万象。

所针对的问题叠加在一起，就是今天的农村。只有把这些观念条分缕析，放入新闻叙事，才能够告诉人这里发生的一切。

老实说，我不懂农村，对农村的接触不过是跟随父母反反复复回过的老家。祖辈生于泥土，又化归泥土。很多人愿意一遍遍看郝堂，情感与农村的联系，说不清道不明。郝堂把这个东西找到了。

和郝堂相识三年，其间采访过若干次，这次写稿又采访整整8天。我像海绵一样去吸收，写得"呕心沥血"。但是，这个过程给了我巨大的回报。

几年下来，我们一直在学习。每接手一件事，对方都拿出最优质的资源供我们吸收，我们得以在最短的时间，获得最有价值的信息。

比如郝堂。假如在大学学"三农"，经年上课，卷帙浩繁，不知云山几何。但郝堂提供了8天最优质的课程，他们积累了多年专家讲课的理念，所有关于"三农"的碰撞交锋，实践中检验出来的可与不可，农村的实际情况，中央的政策指向……全是硬货，全是前沿，全有案例，每个采访对象轮流授课，纷至沓来，应接不暇。

学然后知不足。第一次听到一些名字，董时进、晏阳初，我惭愧，几乎一无所知。三年间我去过若干次，碰到过国内外学者、设计师、农业方面的专家、普通的工匠。历史上、国内外的一些新村运动也有所涉猎。其间阅读厚厚的大事记、资料汇编、专家记述，找来《一个村庄里的中国》《中国在梁庄》等书看……

更重要的是，记者比一般听众收获更大。因为记者需要消化、整合，然后组织出一篇文章，让更多人看懂、理解。

正像梁启超所讲：青年学生"斐然当述作之誉"，是鞭策学问的一种妙用。抱着写一本书的态度读一本书，读书事半功倍。记者带着写一篇稿的态度深耕一题，理解自然比泛泛去看更深更透。

再没有比记者更便利的职业去这样攻读，再没有哪个机构比我们占有更广泛而优质的资源。

敷衍对待一篇有价值的稿子，就放弃了一次深度学习的机会。我们驾驭素材，需要在里面深思、明辨，最后还要取舍整合，梳理成文、顺理成章。这是对思维的锤炼、锻造。经年淬炼，哪有不精进的道理？

新闻是诸多文体中最累的一种。胡乔木有篇文章《人人要学会写新闻》，讲新闻促使你观察，促使你准确，促使你从实际中找答案，促使你迅速，促使你言简意赅、有效表达。所以我觉得写新闻像踢正步，散文像漫步。正步踢久了，走路或许一板一眼，但必然有规矩，讲章法。平时快走，也相应走得轻松。

三年中，我为郝堂写过两篇稿子，郝堂在我身上留下了很深的印记。我们心中都有一个农村，郝堂厚赠，教会我深度地看到我们的故乡。

（作者系人民日报社江苏分社采编中心主任，时任河南分社记者）

附：

郝堂　留住乡愁

龚金星　禹伟良　王汉超

郝堂村，河南信阳市平桥区一个曾再普通不过的村庄，发展却有点"另类"。

4年前，郝堂还是大别山革命老区一个凋敝村落，"静得吓人"。而如今，村里的年轻人大都回来了，迁出的户口又迁回来；远远近近的城里人纷至沓来，堵车竟成家常便饭。人气惊人逆袭。

很多村，生怕像农村，撤村并居、大拆大建，"去农村化"毫不含糊，越变越像缩小版的城市。

郝堂，就怕不像农村。坚持不扒房，只修复，留下时间的痕迹。

敬畏村庄原有肌理，大树不砍，河塘不填，邻居还是原来的邻居。守住村子原有的魂儿，改造成一个升级版的农村。

别的村，追求把房屋建得很漂亮，恨不得成为又一个"周庄"，旅游立村，"是让外面人来看的"。郝堂，则是围绕让村里人的小日子过好来建的，"说白了就不是让外面人来看的"。改水、改厕、改厨、改房，建学校、卫生室、图书馆，不粗制滥造，不短视功利，现代的也现代，传统的也传统。头顶"中国最美休闲乡村"的光环，郝堂建的是家园、共同体，老百姓过的是小日子，"被旅游"只是意外收获。

别的村，去一次未必再去，可郝堂来过还想来。比不得水乡小镇，比不得黛瓦古村，郝堂让人看到了什么？

"前三十年看小岗，后三十年看郝堂。"虽是一家之言，却也一语破的："最美"郝堂，美在"村"，美在激活乡村价值、尊严、自信，美在一种"既有疼痛，也有憧憬，蕴含着未来和希望"的感动。

缘起——
不能消失的农村怎么办

几年前，郝堂同很多村庄一样，几近空心，只留下空巢老人，山上板栗熟了都无人摘。但凡有点能力、头脑、出息的，都出去了。人们常说，走吧，过不了10年，村就没了。

村里种稻种茶，都不多，没什么像样的资源。入冬就烧炭，满山沟冒黑烟。"穷到挑柴卖草，山里跑兔子都看得见。"垃圾遍地，塞满河道。老人得病，累及打工的儿女，有的甚至寻了短见。

61岁的胡静17岁嫁到郝堂，当了30多年的村干部，今年接任村支书。提起农村，她苦恼："相比30年前，日子是好过了，可农民为啥连在农村生活的自信都没有了？"随便问村里的小孩，长大了，他肯定说要进城。

2012年年底记者到郝堂的时候，一路雨雪，村子却很"抖擞"。不只岗上的植被、塘里的莲蓬抖擞，人也很抖擞。进了郝堂的地界，便再看不见垃圾。数九寒天，堰坝下溪声琅琅，农户似紧似慢忙着"庭院革命"。

那时，郝堂村正破茧成蝶。

村部周围200余亩水田返租倒包给村集体，"摇曳"成百亩荷塘，既是景观，也能增收，还是生活污水经过农家三级化粪自然净化的最后归宿。

破败的村小学，搬到了风景独好的半山腰，引来城里重点小学的名师当校长。硬件软件焕然一新，学生人数从最初的60多名留守儿童，一下回流到200多人。

村里的年轻人陆续回来了，不再是一副随时拔腿走人的样子，快要废弃的老房子翻修了，回归到当地原汁原味的狗头门楼、清水墙。村庄人气、生气在集聚。

普普通通的郝堂，似乎是村庄发展的一种例外。其时，在全国各地，村庄每天以惊人的速度在消失——或者成为土地"增减挂钩"的指标被推平，或者被一片片或粗或精的高楼社区所取代。俨然，那便是未来农村。

"现在很多人到郝堂大谈旅游，但郝堂开建时，我们就没有想过要在这个地方弄个旅游点，而是在中央精神指导下，着眼农村价值和农民幸福，打造一个人们心目中的中国农村升级版。"信阳市委书记郭瑞民始终关注着郝堂，念兹在兹的是"不能让它走偏了"。

发展郝堂也遇到了尖锐的争论："一个挣扎的村庄迟早将衰落、拆掉，为它花钱，值吗？50万元架电线，只为收50元电费？"

平桥区委书记王继军，时任区长，他坚信自己的认识："农村是有价值的，农民是有尊严的，农业是有前途的。"即使将来城镇化达到

70%以上，还有四五亿人在农村，"不能消失的农村怎么办？不能变成市民的农民怎么办？农村不能成为生产粮食的人的'工棚'！发展不只有经济账，还有社会账，发展共享是公平账！"

为什么选郝堂作为全区农村可持续发展项目试点村，胡静听过很多解释。有人说，郝堂再穷也没砍村里仅剩的十余棵大树，这个村有敬畏心。有人说，一位专家在平桥职业学校看到平民教育家晏阳初的塑像，有感于心。

其实有偶然也有必然。郝堂距市区20来分钟车程，不近不远。村两委班子想干事也能干事。最重要的是，郝堂太普通，普通到没有特点，没有资源，这样的村庄，才有代表性。

有人劝胡静别折腾了，这位时任村委会主任的"铁娘子"却吃了秤砣铁了心："干了一大辈子，咱村干部被认为'不是要钱要粮，就是上环结扎'，难道我们就不会干点村民打心里欢迎的事？"

破题——
从小事里改变的村庄

早在2009年，胡静在多方帮助下筹办养老互助金，请村里老人入股，每人2000元，当年15人参加。年底，每位老人得到了300多元的分红。钱虽然少，红包发到手里时，台下老人哭了。

正是这件事，极大提高了村两委的凝聚力。政府曾号召过养鸡鸭，种板栗，喂獭兔，村民总习惯性怀疑。可这一次，钱是实实在在的。

2011年，政府陆续引来专家团队参与郝堂试验，其中最有代表性的一个叫孙君。孙君团队是做乡村建设项目的。他不避讳过去的失败。有的村做好了，专家一离开又退了回去。

专家经验与基层探索碰出了共通的理念，但对于郝堂不会有现成的路径。孙君本是画家，转投农村建设，还带着画家的率性。农民看他裤子有洞，估摸他穷，妇女看他画有人体，躲着怕是流氓。会上他感性，"改变郝堂，给我两个春天"；进村他朴实，虽不吸烟，有农民递，他接过来就抽。久了，全村人见他都恭恭敬敬："孙老师！"

接受平桥区的委托前，孙君给郝堂留了考题：3个月，全村能不能完成垃圾分类？"做大事一定先把小事做好。小事花钱不多，但可以把人凝聚在一起，让村民觉得，每人每家做一点事，一个村庄就有改变。"

孩子们最早被动员起来，去一家一户评比卫生。孩子一丝不苟，也不讲情面。谁家卫生好，孩子们就啪啪鼓掌。谁家差，主人脸上先挂不住。

3个月，大城市都喊难的垃圾分类，郝堂做到了。先得发脸盆、床单鼓励。接着，家里干净，门外垃圾就不顺眼，再后来，河沟都被捡了个干净，村民再见不得地上脏。

村庄建设，每一个环节都得精细。村施工队负责修垃圾池，返工了5次。孙君算过，村里平均15年建一次房，"从现在开始，注重建筑质量，郝堂的目标是建50年不落后的房子！"

不知道从什么时候起，农村似乎就可以粗制滥造。郝堂项目反对这样的"潜规则"，学校、图书馆、卫生室，都以让农民享受城乡均等化的公共服务为标准。平桥区长柳自强说，这是对农民最朴实的尊重，是认识导向。

尊重——
村庄是村里人的村庄

盖房子、娶媳妇、生孩子，是农民的大事。最具体可见的，就是房。政府深知，也只有房，能把农民吸引到村庄，吸引到脚下那片土地，吸引到集体的事上。

但村庄是村里人的村庄，他们才是主体。政府再强大，也替不了他们过日子。村庄改变，依靠的是群众。能走多远，要相信群众。

讲道理容易，做起来很难。都要到城里买房了，谁还愿意花钱去改造老宅子？农民有农民的精明，能挣的钱准挣。可他不愿改，你说他保守，那是他稳妥。

专家的眼光，群众也看不上。孙君说土的、旧的、当地原汁原味的房子好。村民摇头，还是新的好，像城里一样，水泥板，明晃晃贴着白瓷砖。

虽然村两委"唱主角"，可改房这事，村干部不能带头。每改造一平方米，财政补助130元，贷款可给两年贴息。胡静看得明白："群众吃肉，干部连汤都不喝，他才服你！"有利的事，村干部不占先。家家动员，孙君拿着手绘的一张张效果图，苦口婆心劝一个月，终于说动了党员张厚健。

张厚健对老屋不满意，儿子回来都不愿住家。改造预算得花七八万元。张厚健吓了一跳，太贵！孙君赶紧说，4万，4万就可以了。

没想到盖了拆，拆了盖，匠人只会钢筋水泥，早已不会门楼瓦片。"这是拿我家练手啊！"这回轮到张厚健着急了，赶紧吧，让我得有地儿住啊！可工匠认真，效果出不来，接着改。

最后算下来17万元，天文数字。坚决不接受的厕所进屋，进了；死活要留的院墙，拆了，山水尽收。在参观者的赞美里，半信半疑的张厚健也满意了，面积大了，功能全了，加固了，隔热了。别人来打听，他帮着隐瞒数字："别因为数大，吓得都不改了。"但农家乐帮他迅速回本，"要愿意做饭，你做吧，累死你都有人吃！"

这一来，累坏了孙君。2011年上半年，他家家动员都不干。下半年，只要进村，谁逮住他就说房子、"画"房子。

但政府画下了红线。尊重自然环境：不砍树，不填塘，不挖山，不扒房。尊重村庄肌理：改水、改厕、改厨、改房，让现代设施和功能进来，保留村庄形态，不大拆大建。

村庄最细微的美，都得到了尊重。没有一味用新代替旧，新旧在叠加。任何一个村，少说数百年，村路布局里是历史，是乡愁。片石砖木，都重新派上用场，成了化腐朽为神奇的宝贝。专家、村民、工匠在"慢"中投入，带着温度，带着敬畏，修复着村庄。

村里两处土坯房，久不住人，再过两三夏，也就塌了。村民说土坯房"住够了、住伤了"。可被精心修复出来，成了全村最高端的茶社。原村小学几处教师的旧瓦房，内部按星级宾馆装修，变身郝堂最安静雅致的院落。留旧不是为了矫枉过正，而是要唤起村民对农村的尊重与自豪。

郭瑞民、王继军这样的市、区领导也常出现在村里，他们不批项目，不下指示，只是随时关注着变化。王继军提醒村里，也提醒自己："政府习惯讲效率，可农民的事急不得。你急了他不搞了，他认为你在搞政绩、搞形象。结果就是，你花了很多钱却换来他一肚子怨气。"

尊重群众意愿是态度，更是方法。参与的各方观念、角度、见解各异，说不拢怎么办？当专家和领导意见不一致时，以专家意见为主；当专家与群众不一致时，以群众意见为主；当群众与农户不一致时，以农户意见为主。不以大多数的声音淹没少数人的声音。

村口路边有栋二层小楼，方盒子，白瓷砖，很另类，很扎眼。村里动员户主改，条件越谈越离谱。规矩不能坏，"山里猴，不能领头。"那就不改吧，最后反倒留下了当年的时空印记，增加了村庄的丰富性，歪打正着。户主如今想改，村里还得做工作：能否不改？

郝堂的村居改造风生水起，政府只动用了360万元的补贴，"四两拨千斤"，农民自己的钱占大头。政府的主业不是给群众盖房子，而是公共服务设施的配套。不粗制不滥造不糊弄，学校、卫生室、图书馆、居家养老中心、自来水、沼气、路桥，扎扎实实地建。钱哪里来？王继军说，号召相关部门向上跑项目，但绝非整合涉农资金，那会切走别村的蛋糕。鼓励去申请增量，"国家有这些项目，条件是谁干得好就给谁。"

蜕变——
社会修复，化育民风

董光辉在郑州本已是一家报社的高管。2013年他无意中来到郝堂。9天后，他把全家都搬了过来。

当时孩子还有十几天放假，他说"不等了，搬家"。辞了职，驱车4趟，彻底成了郝堂的居民。在城市，他每天深夜2点还在熬夜。在村里他晚上8点半睡觉，清晨6点半跑步。他理由很简单，这里能给孩子最好的童年。

村里孩子见人问好，知道把瓜子壳捏在手心，不随地乱丢。学校就在村旁小山上，钟声响彻山湾。学校是政府和社会投资，台湾设计师为孩子们做的干厕，生态环保，参观者一拨又一拨。干厕的肥料可以用在孩子们每人分到的那块小菜地上。自家的狗跟着孩子们上下学。学校拿大自然当教具，带学生认花认草，炒茶品茶。"如果农村的孩子都不喜欢自己的家乡了，长大了以后怎么会记得住乡愁？"校长杨文平坚持做理想中的乡村教育，不为"唯跳出农门论"而"自废武功"。

在郝堂，村民自扫门前屋后垃圾。反倒是城里来开店的不习惯，说门外不该他管。沿路丢垃圾，下塘折莲花的，往往是外来的游客，村里保洁老太太跟着一路捡。

吴凤超是80后，打工14年，现在带着家人回来，户口也从城市往回迁。他记得，过去村里偷个鸡摸个菜、拎个锅弄个油的事不少，现在夜不闭户。

如果仅复制郝堂的房，复制不了郝堂的神儿。很多内功，是看不见的。

在郝堂，所有的事情，必须跟老百姓商量着来。村庄能不能进车子？村里开村民会，一直开到夜里11点多，争吵的结果是：晚上游客少了可以进车，其余时间不能。

村规民约都是大伙这样吵出来的。村庄建设的"大事记"，厚厚一本，村里开的群众会数不胜数。有这样协商沟通的过程，村两委强了，群众也认他们。如此建起的，是家园，是共同体。

如果想看轰轰烈烈的经济效益，很难看出郝堂的名堂。郝堂项目强调不过度注资，甚至对外来资本保有警觉，"引入建设主体时，一定不能剥夺村民的权益，不能把农民挤出去。"小小一粒莲子，本村人采，本村人卖，荷塘也是集体的。这样，虽说规模做不大，效率不是最高，可制度设计就这样，哪怕有一丁点挣钱的机会，都要给村民。

郝堂项目协调人禹明善总结，表面看，郝堂修的是房，其实重建的是信心，凝聚的是要素，修复的是村里的小社会，重现的是集体的活力。集体有资产了，才能管起大家的事，就像蜂蜜，最能让蚂蚁抱在一起。

碰撞——
观念的争吵与和解

农民改自家的房，没怎么想过旅游。可郝堂还是触动了无数外来的客人。

很多人找到了记忆中的乡村。乡村是有生机的，长着大树，升着炊烟，水里有鱼有虾；村里人是和善的，打着招呼，让你去家里吃饭……中华民族的根、文化的魂在农村，人们和泥土有着天然的亲近。在郝堂，大人找到了回归，城里孩子来了不愿走。晚上大大的月亮升起来，曾有孩子兴奋地问："爸爸，那是什么灯？"

小小的郝堂，承载城市的差异，承载泥土根脉，承载故土乡愁。每到周末游客一两万人。问他们，看什么？往往是，不知道，就是想看。

每一种情愫，每一个细节，都映射着城乡的碰撞。譬如有人说："村口小摊的户外太阳伞，应换成油纸伞……"马上有人打断："农民不干！"

农民要什么？村里要有路灯。可是，农村宁静的夜晚不是它的美吗？过多的光线属于城市。最后路灯用了最节制的光。

有人说，房子是好看，就是电线杆乱，电线为什么不入地？有道理。可是，农村经常动土，碰断了，麻烦又浪费。

路、河，规划征地要截弯取直……慢着，这是农村，为什么不依照既有的山形水势？

美化绿化，规划的树种开始是百日红、樱花。可是，它们不是土生土长的，要全部清除。

为什么总碰撞？郝堂发现，原来总用城市思维，求解农村的问题；总沿城市走过的路，认知农村的方向。比如，城市污水集中处理，农村也学，但怎能让农民每家掏污水处理费呢？

郝堂是多解的。郝堂的意义，胡静看重"村庄新生，村业壮大"。孙德华是五里店办事处派驻郝堂的包村干部，他看重"农民对自身文化的尊重，并获得了自身建设、自我发展的能力"。五里店办事处党工委书记苏永华则说，郝堂的价值在于"美丽乡村要用实干精神去'慢慢'打造，用人文情怀去精心雕琢"。

也有疑虑："农村活了，农民富了，可农业还是没人干。"30出头的胡涛上海有厂，每年销售额达千万元。他回来种地，种原种稻。他说："村里种地的少，收益还是太低。"

还有更深的疑问："离了帮助谈郝堂复制，能够自主进行吗？""面对城镇化的大势，该引导农民走还是留？"郝堂已经触碰到了更深远的话题：我们需要一个什么样的城乡关系？

复制——
待到山花烂漫时

有人评价郝堂是农村优秀部分的复兴。然而复制郝堂，难在郝堂并无模式，因地制宜。但最大的难题，是人。都市的设计师、大腕们建不了，他们接不到农村的地气。有一些到农村开发的新锐，他们要的是乡间别墅，在乎的不是农民。农村，人才都在往外流，有几个愿意和农民一起打造一个"郝堂"？

别的不说，连身怀乡土建筑技艺的工匠都成了"稀世珍宝"。鲍国志做园林，李开良建房子，因为来到郝堂，各自改变了轨迹。孙君画张画，李开良们能比着建出来，"建的比画的还好"。孙君说，他们没有学历，没有职称。我们这些人，画家、专家、学者的光环掩盖了他们。

这两个人，带着郝堂的理念，把复制郝堂当成了事业。

郝堂管他俩，一个叫老李，一个叫老鲍。老李脾气怪，不爱说话。他今年住了一次院，郝堂村民一拨一拨去看他。他不吃房主的饭，让房主省钱买好料。料差，他二话不说给扔出去。盖得不满意他就拆了重来，费料费工，谁也不敢顶撞他。他离开郝堂时，他的狗赖在村里，说啥也不走。村里发现，只有叫老李，那狗才应。天天这么叫，好像老李真没走。

老鲍也较真。房子改出来，不见得顺，待他花木点缀，效果一下子就出来了。但他俩，整天争，面红耳赤。就是这俩人，像种子一样，从郝堂到了新集村。在平桥区，新集就是第二个郝堂。

有人说郝堂有茶山小河，是沾了旅游资源的光。新集是个平原村，啥也没有。新集的故事，源于老教师张立培。他放着明港二中的总务处副主任不当，自费30多万元，去新集村支教。村小学破败到只剩下17个留守孩子。但他不放弃，建食堂、修寝室，吸引众多家长把孩子送到这里寄宿就读。

"以恢复乡村教育功能引领文化复兴和村庄建设"，2014年平桥区改扩建了新集小学，一下子拥来几百名留守儿童入学。按郝堂的经验，政府在村庄倡导垃圾分类，按群众意愿鼓励村居改造。

老李和老鲍大显身手。得益于郝堂"练手"，新集的改造更加得心应手。一个几乎成为废墟的小院改造成了孩子们的绘本馆。一片老屋，成了雅致的茶社。

没有太多复杂的过程，新集活了。垃圾资源分类，比郝堂坚持得还好。走进处理中心，没什么异味，这个夸奖让垃圾工肖全珍很得意。从满村垃圾，到现在细致地回收，她觉得自己特有价值，满满自豪。说话间，从一片杂物中，拣出一枚细小的纽扣电池，"这个丢到地里，毒很大"。

为了回村专职做垃圾分类，她放弃了北京的保姆工作和几千元月薪。丈夫以前是"老上访"，如今一门心思收垃圾。

老鲍受邀远赴豫北，如今在黄河岸边河南孟州主持一个村庄的修复。那边有位90多岁的工匠，白须飘飘，感遇村庄复苏，重操技艺。

在郝堂的周边，没有补助，村民也在热火朝天改房子。自己设计，有模有样。这一带，人们再也不盖水泥板、白瓷砖的楼房了。农民就地取材，还搞出了雨污分流系统。

走在最前面的郝堂，却遇到了新的问题。郝堂因村庄而引人，可引人带来的发展冲动要占地，要扩张，却威胁了村庄。郝堂比两年前乱了，一些类似城市社区的管理问题露了苗头。有人对王继军说，郝堂建得越好，在商业化的大潮中破产得越快。王继军曾因占地砍树生过气，把手机都扔了，扔到了河里。但这一次，他很平静："郝堂的意义已经体现，一个村庄有它自己的发展，也有它自身的调适。"

　　的确，发展冲动之于郝堂还是太少，它今天还不仅是村民的郝堂。待到山花烂漫时，最好的郝堂，就是一个普普通通的村。

（原载《人民日报》2015年12月25日）

　　（龚金星，时任人民日报社河南分社社长；禹伟良，时任人民日报社地方部副主任）

面对灾情，记者要像抢险的战士一样

刘裕国

说实在的，活到现在最不愿意回忆的事情，就是"5·12"汶川大地震，因为太悲痛！最让我觉得无愧于心的事情，就是参加"5·12"抗震救灾报道，因为我尽心了！

做记者就得往前冲

5月12日下午，我正在乐山市新光多晶硅厂采访。二楼会议室突然一阵晃动，在场的人都意识到：地震了！

"做记者没什么说的，这个时候肯定要往前冲。"结束多晶硅厂的采访，我连夜赶回成都。我想，这个时候，记者的第一要务，是去灾区现场。于是给司机小黄发了短信，让他备好越野车，准备去汶川。小黄回电话说，去汶川的路塌方堵了，停越野车的地下室也被控制了，不让进。

晚上9点，我从乐山进入成都市区，看到满街都是车，二环路沿途两边很多群众打起了地铺。这是地震发生后的第一个夜晚，500多次余震把400多万成都市民逼上了街头。我的采访就从露宿的人群开始。凌晨2点，我写出第一篇反映地震的报道《成都震后第一夜》，从多角度反映地震当晚成都的社会状况和群众互助的情景，讲述了成都一个余震不断但却充满真情、温暖和关爱的特别之夜。

随后，我返回家中，通过拨号上网断断续续将稿子发回人民网。13日凌晨3点多人民网刊发，此稿迅速被新华网等多家大型网站转载，对鼓舞和稳定人心起到了积极作用。

13日凌晨，位于人民日报驻川记者站办公楼旁的星光宾馆510房间，已经是我们的前方指挥部了。会议很简短，动员、要求、布置，记者站兵分三路，我和司机小黄去北川。

作为记者要尽量靠前

成都到北川，需要4个多小时车程。到达北川时，天空阴沉，飘着小雨，快进入县城时公路已是一片废墟。这条盘山公路，被当地人称为"三道拐"，地震造成断裂，最大的地方有4米多高度差。一处山体垮塌，路面完全被大小岩石阻断。我们只好半路停车，徒步进去。我是人民日报社第一个赶到重灾区现场的记者。

由于道路坍塌无法进入北川县城，我立即前往距离县城3里路的北川中学采访。然而在那里，我见到了让我一辈子都不能忘记的场面：一个个血肉模糊的伤者被抬出来，死者的遗体摆成一大片。现场指挥员指着那一大堆废墟，用沙哑的声音告诉我，被埋的中学生有1000多人。我脑子里顿时一片空白！那都是些少年，祖国的花朵和希望，父母的心肝宝贝。一个头上流着血的女学生被抬到帐篷里，我蹲下来看她，她问我："叔叔你是干什么的？"我说："我是人民日报的记者，小妹妹你放心，党中央、国务院、全国人民都会来帮助你们的，只要活着出来就好。"听完这句话女学生流泪了，我的眼泪也止不住流出来。

从来没见过这么惊心动魄、让人震撼的场面。我的心一直在震颤，拍照片时我的手在不停地抖。第一天在北川中学救援现场，我拍了700

张照片。作为记者，就是要尽量靠前，到废墟中去，到伤员中去，到救援队伍中去，尽量把救援的英雄拍摄下来，把灾难的场面记录下来。

生动画面出自现场

14日清晨5点多，写稿后几乎一夜未睡，又前往北川。此时，余震依然不断，但我还是决定尽快赶赴县城的救援现场。

途中遇到垮塌的巨大土石方堵塞交通，我下车冒着山体在余震中再次滑坡的危险，从堆积如山的泥石上爬过去。泥石非常松散，上面悬着的石头又很多，随时可能出现垮塌，而左边就是悬崖，感觉像是在死亡线上爬行。

其实，这样的危险并不只是发生在地震后的头几天里，后来，不断发生余震，危险不断袭来。遇到危险，嘴里总会喊一声"冲过去"。"冲过去"三个字成了那段时间的口头语。

有一天，北川救援现场传说唐家山堰塞湖很快要决堤了，有的人群和车辆开始往外撤。我们怎么办？和司机商量后决定开车向里面冲，到指挥部看个究竟。结果是一场虚惊。当时唐家山堰塞湖还没有危险，水位在专家的密切监测中，我把这个真实情况第一时间发到人民网，编辑很高兴，说太及时了，网友正在问，这下起到了平息谣言、稳定人心的作用。

5月26日，绵阳召开唐家山堰塞湖疏散群众动员大会，当时群众心情很紧张。会议一结束，我和司机开着车就往擂鼓镇跑，到那里采访和拍摄了堰塞湖抢险的一些情况，发到报社和人民网。在唐家山堰塞湖抢险那段时间，我带领几个记者一直坚守在绵阳，天天报道排险情况，报社前线指挥部多次通知我回成都休整，我都谢绝了。

彭州市银厂沟是这次大地震中地质灾害最严重的地方之一，有的地方两座山合并，有的地方隆起一座新的山体，垮塌的山体埋了不少村庄和群众。有一座山名叫玻璃山，山边一段路被救援部队称为"鬼门关"，空军部队的30名"敢死队"队员走过这道"鬼门关"，我们记者也走过去了。

我想，面对灾情，记者就要像抢险的战士一样，只能往前冲，别无选择。我有30年的党龄，20年的军龄，12年人民日报社记者的社龄，这时候就应该义无反顾地往前冲。如果不冲过去，我们就不会抓到那么多新闻，就不能拍到那么多生动画面。

我在灾区一线待了整整一个月。人民日报前线报道指挥部让我担任第一报道组组长、临时党小组组长，负责绵阳和广元，组里有10多个记者。一个多月跑了绵阳、北川、青川、安县、江油、平武、彭州等县市，去了受灾最重的擂鼓、桂溪、南坝、平通等10来个乡镇和几十个村组。抗震救灾中的抢通生命线、废墟中救人、医疗救治、决战堰塞湖、安置受灾群众、重建家园等每一个阶段，我都亲身经历了。

每天写稿到凌晨

在灾区最初十几天，我一直在北川、平武、安县、青川、江油等地的20多个受灾严重的村社以及20多个灾民救助点、医疗点来回跑动。每天发稿三四篇。同一天发回报社的稿件电头有"本报青川""本报绵阳""本报北川"，编辑问我到底在哪儿？我回答说："我在汽车上跑。"

由于采访任务繁重，采访时机宝贵，从12日到15日，我连续4天4夜基本没有睡过觉，困了就在采访途中趁司机开车的时候打个盹儿。15日晚返回绵阳后，我们住进震后刚刚开始营业的绵阳开源宾馆，凌晨5点写完稿后，我才第一次躺在床上睡了3小时。16日晚上，在强烈的余震中，我又坐在宾馆大厅里一直写稿到第二天早晨6点。

那些日子，脑子里想到灾情，想到报社的任务，就一刻也不愿意停下来，晚上写稿子就像打仗一样，给《人民日报》写完又要给人民网供稿，每晚几乎都要写到第二天凌晨四五点钟才睡。在灾区吃饭，除了14日晚上在绵阳喝过两小碗稀饭外，最初的几天里我没喝过一口热水，饿了就吃车上带的点心和矿泉水，一天一顿，忙了就不吃了。一个月下来，我和司机买干粮一共花去500多元钱，两人的胃都吃出毛病了。

5月23日，给家里打了第一次电话，才知道在成都的老母亲因为躲余震长时间休息不好，身体垮了，心脏出了毛病，当天送到医院，情况有点紧急。我心里着急，可是只能在电话里做些安排，把所有的事情都交给家里。此时，我只有一个念头：到重灾区去，到读者最关心的地方去，到一切需要报道的地方去，这是记者的天职。

牵挂灾区的人和事

奔波在灾区，40多天与灾区群众有着共同的生活经历，对他们所遭受的苦难有着更多的牵挂。

在北川采访期间，我见到一名县委宣传部的女干部，她的任务是接待、陪同记者采访。一路上这位女干部都显得特别平静，完全是一种工作状态。可采访结束时，她告诉我，她的女儿也被压在县城靠河边的幼儿园的废墟下。我听到之后心里特别难受。当时是14日，她说还有孩子在废墟下"爸爸妈妈"地喊着，作为母亲她是一种什么心情？但她依然在工作。

在北川的那个早上，我在公路边遇见一个妇女带着两个小女孩，她们来自北川曲山镇东溪沟村，村里房子全垮塌了，母女三人逃生出来，两天没吃过饭了。正好旁边有一块牌子，上面写着驻渝某部红军师便民服务站，我赶紧去排队，给她们领来三盒方便面，可大一点的小女孩说啥也不吃，她妈妈说："这孩子是被村支书从废墟里挖出来的。"后来，这个母亲引出了《"朱支书，你现在咋样了"》的故事。

写完这个报道，我心里一直惦记着村支书和那母女三人。5月20日左右，我想尽办法去找他们，居然在擂鼓镇安置区213号帐篷里找到了，让人激动。接着，我写了这个村支书的续篇。这组感人的报道，在读者中引起强烈反响。

灾区让人牵挂和心动的故事有许多。这次灾难让我的灵魂也经受了一次洗礼。过去以为记者就是背着包去采访，走走看看，可现在对记者这个职业有了更新的认识。记者的职责不单单是写稿子、拍照片，还要救助、交流，要给予灾区群众精神上的安慰，鼓励他们好好生活。平常采访不会想这么多，在这个时候，你就会不知不觉地把这种责任表现出来。

参加抗震救灾报道，虽然有悲痛、有惊险、有劳累，但没有后悔，没有遗憾。100多篇抗震救灾报道是一次难得的收获，是一笔宝贵的财富，我将永远珍藏！

（作者时任人民日报社四川分社副社长）

附：

地震后，村支书叫还能步行的村民走出大山寻找生的希望，自己却留在村里照顾伤员。走出来的人们深情地惦念——

"朱支书，你现在咋样了"

刘裕国

尽管四川北川羌族自治县城已成一片废墟，但它仍然是北川人民向往的地方，是全县16万人民心目中的中心。

5月14日上午，救援大军抢救伤员，运送物资，紧张而激烈的场面十分感人。记者在前线救灾指挥部旁见到一些来自偏远山区的逃难群众，其中一位叫李定芳，是个年轻母亲，她领着全家在地震中幸存的6口人，步行一天一夜，于今天凌晨赶到北川县。她说："没想到县城已经不是过去的样子了，也不知道我们村支书咋样了。"说着，止不住流下眼泪。

记者看到她的脸上早已是泪痕斑斑。她说："我们都出来了，可我们的村支书还留在村里照顾不能行走的伤员。"

记者帮助李定芳到参加抢险的某部红军师开设的便民服务点，要来几盒方便面，分发给她的丈夫、公公婆婆和两个小女儿，然后听她讲起他们的村子和那位村支书朱华银。

那里是北川县曲山镇东溪沟村，距离县城有数十公里的路程。全村600余人，他们的住地不仅山清水秀，四季气候宜人，而且人均耕地有3.5亩，超过四川人均耕地6分的好几倍。过去，他们以种粮为主，自然经济已经不会让村民饿肚子。近几年来，村党支部带领农民发展果木，干果水果四季交替生长，东溪沟的村民们说："我们村，山上是银行，山下是粮仓。"

今年年初，村支书朱华银根据村里的自然和经济条件做出规划，让一部分村民开办农家乐，发展观光农业。年轻聪明的李定芳也在办农家乐的规划之列。春天，村里新居四起，夏日，农家乐张灯结彩准备开业。

"可万万没想到，5月12日，天降大祸，就几分钟的时间，全村的房子都震垮了，已经到了眼前的农家乐一下子成了泡影。"李定芳伤心地说。

据李定芳介绍，东溪沟村已经死亡200余人。坐在李定芳身旁的这个小姑娘13岁，是她的大女儿。李定芳指着大女儿说："她是被村支书带人从废墟里扒出来的，稍晚一点就没有命了。""可能是受了地震的惊吓，她两天来不说一句话，不吃一点东西。"

李定芳接着说，那天，村支书带领村干部，走遍了全村的6个组，挨家挨户找人，一直找到第二天天明，清点出400来个。全村的房屋没一间能用，吃的东西全部被埋，村民们震后遇到的最大难题就是没有地方睡觉，没有东西可以充饥。当天，村支书让大家相互救济，勉强凑合了两顿，往后就无法再支撑了。朱华银爬到山顶上四处一望，回来就通知幸存的村民，说："乡亲们，出村的路全没了，大山都变形了，短期内是修不通的，等援兵怕是要等很久，当前最大的村务，就是要保住活下来的这400多条性命。出路只有一条，就是千方百计往外走，到县城去，到有饭吃的地方去！"

在朱华银的动员下，200多名受轻伤、能行走的村民开始拖家带口，含泪离别这昔日好山好水的故乡。

劝乡亲们出去逃生，朱华银自己却留了下来。他在地震中仅受了一点轻伤，可他不愿意走。有人劝他时，他说："要是我也走了，谁来管这两百个缺胳膊断腿的人呢？"

"还有，村支书放心不下我们村那座水库，那是全镇居民的生活水。"李定芳说，"这个水库震裂了，需要抢修，村里伤员的吃饭、用药这么多事，就靠村支书了，他一个人怎么忙得过来啊！"说着，李定芳放下手中的方便面，抹了一把眼泪。她已经两天没吃东西了，可现在她觉得这香香的方便面也很难下咽。

（原载《人民日报》2008年5月18日）

第二辑

观察：借一双明察秋毫的『新闻眼』

　　好选题考验观察、发现、辨别的功力。观察要睁开锐眼去观察火热实践、斗争风云、国家大局、世界大势；新闻同样需要发现，即使在经济落后地区也可以发现不少新闻；辨别就是要分清何为当代中国最重要的主题，何为百姓利益最根本的诉求，从而保持足够定力和清醒认识。调查研究是发现好选题的重要方法和路径，要通过调查研究让观察渐精、辨别渐明。

改革是最动人的中国精彩故事背景

郝 洪

2014年12月10日傍晚6点多，上海高院副院长邹碧华猝死的消息震动法律界，微博、微信上，悼念邹碧华的文字喷涌而出，追忆悼念连绵不绝。人民网舆情监测显示，当晚，有关邹碧华的新闻就达到128篇，自媒体悼念超过1100条，人们一致称赞他——"法官当如邹碧华""一个真正的法律人""燃灯者邹碧华"。

"这个人物一定有故事！"得知消息，人民日报社上海分社副社长李泓冰第一时间打电话给我，和我讨论如何采写邹碧华。我通过各种渠道联系了与邹碧华相熟的律师、法官，得到几乎一致的回复，邹碧华是一位"才华横溢、品行高洁"的法官。

这多少令人吃惊，回想此前对邹碧华几次有限的采访，他留给我的印象是才华横溢，敢于谈问题，没有官气，容易沟通，但没想到他具有如此人格魅力，在审判实务、改革创新方面成就斐然，得到法律界广泛认同。这激发了我的好奇心，在当下社会，尤其是司法系统，什么样的人能当得起这样高的评价？我有了急迫了解他、书写他的冲动。

12月11日、12日，根据网上悼念文字的线索，我寻找邹碧华生前的同事、朋友、大学同学采访，除了面对面约访，电话、微信、邮件等各种采访手段都用上。经过几番交涉，上海高院为此举办了一次座谈会，邀请到邹碧华在不同时期的同事一起接受媒体采访。座谈会后，我又联系了邹碧华两个重要工作单位——上海长宁法院和上海高院司改办，继续追访。

当时，邹碧华的副手、上海高院司改办副主任张新特别忙，既要处理邹碧华后事，又要负责法院司法改革的日常工作，为了采访到邹碧华去世前几天的工作细节，我几度约访张新，最终，经过一个下午的等待，抓住晚餐时间采访了他。

这是一次伴着泪水的采访，我们前后采访了近20位与邹碧华相识的人物，受访者谈起和邹碧华相处的点滴，止不住泪水涟涟，在一次又一次的感动中，邹碧华的形象逐渐清晰。

采访同时，李泓冰也反复和我在微信上讨论稿子的写作。

此时，网络报道、纪念文章已经很多，上海一些都市报也迅速推出人物通讯，大多数报道集中在"好人，好法官"。我们如何写？是突出他的为人善良，还是写他的敢于担当之勇？

这个时代，基层好法官不少，但身为上海司法改革操盘手之一的邹碧华，他为改革殚精竭虑，不怕得罪人，不惧各方压力，在更高的层面上思考一个法官的社会角色定位，思考中国法制未来，这样的干部不多。回顾半年来上海司法改革的艰难推进历程，以及此前基层采访，年轻法官对此一轮司法改革的担忧，我们越发感受到这位冲锋在司法改革第一线的勇士的价值——他最大的"好"便是勇于改革，勇于坚守自己的理想信念。

邹碧华一点一点"往前拱"着改革的故事，不正是当下中国最精彩的故事？最终，我们决定按"行进中国精彩故事"栏目要求，写一篇2000字人物通讯，并配发短评。

2000字，浓缩一个人的精彩一生，这的确是很大的挑战。用怎样的线索串起这些精彩故事？在整理采访录音过程中，我发现，很多人都说他工作强度大、太累了，他是累倒在司法改革岗位上的。邹碧华身体很好，平时也注意锻炼，他的办公室里还有锻炼腹肌的健身器材，每天晚上坚持半小时的快步走，也没有心脏病史。什么样的工作强度和压力能让一个具有三级运动员证书的法官骤然离世？

我再次约他生前的副手、上海高院司改办副主任张新，仔细梳理他逝前三天的日常工作，还原他逝前三天的生命轨迹。12月14日，邹碧华追悼会举行，我一早赶到现场，又补充采访了前来参加追悼会的法官、民众，增加了一些现场材料。李泓冰还撰写"今日谈"《勇于担当的"邹碧华精神"》配发，让报道主题更加鲜明。

党的十八届四中全会后，各地各岗位的领导干部如何有勇有谋、敢于触及既得利益、推进全面深化改革？在改革深水区，干部如何敢为、善为？这些成为迫切需要回答的问题。邹碧华这个人物恰如一面旗帜，回答了当下社会的追问。时任人民日报社社长杨振武从改革大局着眼拍板：这个人物不错，有极强的现实意义，要发好，可以发头版头条！12月17日，《担当，是改革者必须的修行——上海法官邹碧华生命的最后三天》及评论《勇于担当的"邹碧华精神"》这组稿件，登上了人民日报头版头条。

2015年1月，中央领导对邹碧华事迹作了重要批示，高度肯定邹碧华是一心为民的好法官、勇于担当的好干部，这个诞生于全面深化改革时代的典型人物走向了全国。

通过对邹碧华的报道，我们也深刻体会到，记者在日常生活中要注意观察积累，深入基层、了解基层，才能在突发事件中敏锐发现新闻点，敏锐抓住事件的时代意义，才能号准时代的脉搏。

（作者时任人民日报社上海分社采编中心主任）

附：

担当，是改革者必须的修行

——上海法官邹碧华生命的最后三天

郝 洪

47岁的邹碧华，最牵挂的事，是备受瞩目的上海司法改革。12月10日，他忙碌如常，上午参加上海司法改革座谈会，匆匆吃过午饭，便驱车前往司法改革试点单位徐汇区法院。突然，他一阵胸痛胸闷，司机立刻赶往医院……

然而，这位上海市高级人民法院副院长，再没醒来。

网上网下，哀思如潮。两天里，10万多网友留言讨论"邹碧华现象"；深圳律师在足球赛前举旗默哀："邹碧华法官的离世，是法院系统、律师界、法律人共同的损失。"上海高院院长崔亚东说："他以一个法官的身份赢得整个法律界的尊敬！如此哀荣，实属罕见。"

12月14日上午10时，上海龙华殡仪馆一号大厅，人们送别"燃灯者邹碧华"，预计1200人参加的葬礼，来了近2000人，白花远远不够用。"碧血忠魂潜心法治鞠躬尽瘁，华星秋月璀璨人生风范长存"，挽联下，人们眼噙热泪……

一位法官叹息："这世间真有楷模，让我辈有所皈依……"

记者追寻邹碧华生命的最后3天，试图还原这位改革者的所思所为。

"改革，怎么可能不触及利益"

12月8日，周一，7时30分，邹碧华准点出门。当天，分管司法改革的他，要主持召开上海高院司法改革办公室专题会议。

"会议主要讨论如何科学合理计算法官工作量及质效。"上海高院司改办副主任张新回忆，"邹院长让我们将上海4家试点法院所有法官5年来人均办案量梳理一遍，单看办案数量不行，还要计算案件质效。"

这是为细化法官员额制改革方案做准备。法官要压缩到33%，很难。邹碧华曾对最高法院法官何帆说："避免搞'一刀切'，不能为了图省事，就'欺负'年轻法官，将助理审判员'就地卧倒'转为法官助理，一定要有科学考核标准，让真正胜任审判工作的优秀法官进入员额。"

邹碧华深知："改革，怎么可能不触及利益，怎么可能没有争议。对上，该争取时要争取；对下，该担当时必担当。"

6年前，邹碧华任长宁区法院院长，让时任法院信访办主任滕道荣抓信访改革，每月做投诉率分析。"这不是得罪人吗？"滕道荣有顾虑。邹碧华说："我们的产品是司法公正，产品质量出问题，总得找原因，怕什么？"

他对朋友说，"改革，一直是一点一点往前拱的"，"背着'黑锅'前行，是改革者必须经历的修行"。

"他像一个孜孜不倦的改革布道者"

9日上午，高院党组会议；下午，司法改革座谈会。"邹碧华从下午2点一直讲到5点。"张新说。

在中央统一部署下，上海成为司法改革的首批试点地区，相关改革方案全国瞩目。四中全会提出全面推进依法治国，如何为全国司改担当探路先锋，邹碧华深感重任在肩、时不我待。

谈到司法改革，邹碧华总是充满激情。周日华东政法大学司法学论坛、半个月前全国律师协会民事专业委员会2014年年会，他积极介绍上海司改进程，谈司法公开，谈审判流程信息化……

"他像一个孜孜不倦的改革布道者，"张新说，"他确实累了，调整了作息，晚上1点就睡下，比平时提前了一小时。"

当年在长宁区，邹碧华做了件"前卫"的事儿——压缩会议室，给每个法官一间独立办公室，为了"维护法官的职业尊荣"。长宁区法院曾俊怡法官说："法官专业化、职业化，法官分类管理，他那时已有思考。"

"希望律师的执业环境越来越好"

9日，11时45分，邹碧华在朋友圈转发上海法院律师诉讼服务平台上线的新闻，评论道："希望让律师的执业环境越来越好。"

这最后的留言勾起许多律师的伤感。

"2010年，他推动在上海长宁区法院出台《法官尊重律师十条意见》，"傅平律师说，"他还写过《法官应当如何对待律师》，阐述法官、律师职业共同体建设对中国法治的重要性。"

全国律师协会民事专业委员会2014年年会，是他最后一次公开演讲，"律师对法官的尊重程度，表明一个国家法治的发达程度；而法院对律师的尊重程度，则表明这个社会的公正程度。"

晚上，邹碧华给儿子打电话祝贺他21岁生日，谈及自己21岁北大毕业到上海找工作，"除了你妈妈（北大同学）谁都不认识，住在纺大学生公寓，一家家单位投简历……"儿子次日发朋友圈，"爸爸还说这里面有很多故事，下次有机会要和我细说，没想到却成了永别。"

儿子还拍了家中书房：三面书墙，桌椅旁都堆满了书。勤奋的邹碧华将审判实务和理论研究结合，写下《要件审判九步法》《公司法疑难问题解析》《基层法院可视化管理》等10多部著作，其中《要件审判九步法》成为全国民事法官和律师办案的重要指引。

"与其抱怨，不如做好手中的事"

10日，邹碧华的生命在17时20分定格。

15时，长宁区法院少年庭法官顾薛磊发了条短信给邹碧华，感谢他对自己参加上海十大杰出青年评选的指点。

然而，他永远等不到回复了。

11月14日，邹碧华为小顾鼓劲。"他说起，母亲一句'你要做个有良心的法官'激励了他一辈子，2006年，他入选'上海十大杰出青年'，演讲题目就是《做有良知的法官》。"

在心里说"谢谢"的，还有邹碧华指导的研究生夏关根："我曾问过老师，为什么从不抱怨？他说，一个人有了信念、信仰，就不会觉得委屈。"

邹碧华的信念是什么？

在接受一家杂志采访时，他说："很多人都抱怨司法不完善，在抱怨别人时，可能自己写的那个判决书也不那么完美。与其抱怨，不如做好手中的事。每个人都是历史，如果每个人能让自己完美一点，历史也会完美一点。"

评论：

勇于担当的"邹碧华精神"

李泓冰

全面深化改革，要凝聚亿万人民群众的共识，需要各级领导干部有勇有谋，更需要迎难而上、不计毁誉的担当精神。

改革走到今天，碰到的全是"硬骨头"，不再是人人击掌叫好的普惠改革。不管在哪个领域，改革者遭遇的挑战，必是一场触动既得利益的深层变革。

　　唯有敢于担当，才能无私无畏。习近平总书记强调："要强化改革责任担当，看准了的事情，就要拿出政治勇气来，坚定不移干。"

　　邹碧华倒在司法改革第一线，令人痛惜。他生命的最后一瞬大放光彩，让更多的人看到他的担当精神，听到他的改革信念："改革，一直是一点一点往前拱的""背着'黑锅'前行，是改革者必须经历的修行"。在已成舆论焦点的政法系统，在权与法胶着较量的领域，在司法改革艰难推进的此刻，甚至在法官与律师尖锐冲突的现实中，作为重要岗位的领导干部，邹碧华却凝聚起如此强大的舆论认同，弥足珍贵。人们对"燃灯者"邹碧华的高度评价，凸显了人心所向和强烈改革共识。

　　利益多元，挑战频出，改革除了靠中央自上而下的顶层设计和强力推进，还要依靠众多默默无闻的"邹碧华"，在改革一线大胆创新、担当责任，逐一破解改革的具体难题，这是中国改革的希望所在。

（原载《人民日报》2014年12月17日）

（李泓冰时任人民日报社上海分社副社长）

取得观察问题思考问题的制高点

王 楚

《有胆略的决定——武汉三镇大门是怎样敞开的》1985年5月11日在《人民日报》头版头条刊出，后被评为1985年全国好新闻特等奖。同行们常常问："此稿是怎么形成的？""为什么这样选角度？""通讯的气势与记者的思路有何联系？"……我回答八个字："调整思路，大张大合。"

武汉是综合经济改革的试点城市，改革工作已进行了一年多，采访从何下手？记流水账，洋洋万字恐怕也难以收篇；写横断面，角度选不好，很难如实地反映出武汉市经济改革的壮阔场面；主题若选择不当，记者去采访，收集资料，也是人走麦地，无处下脚。

对武汉市的综合经济体制改革，我在当年3月已发了一篇题为《走一步 看一步》的蔬菜改革报道。再做连续报道，立足点应放在哪里？环顾当时兄弟报纸、通讯社，对武汉市的综合经济体制改革报道，大都集中在三方面：一、"两通"——交通、流通；二、市委市政府决策者如何领导改革；三、改革带来的新气象。这三点，随着报道地点向外延伸，影响力也相对减弱、消失。作为人民日报驻地方记者对武汉市经济改革的宣传，"必须站在北京（首都）看武汉，站在全国看武汉"。

也就是说，要使报道的辐射力、覆盖面尽可能更大一些。

"当记者要替决策人思考，要掌握决策人的思考"，这是新闻界的一条成功经验。党报记者报道重大题材，观察问题、思考问题的重点，应该放在"总理此时在想什么？""省委书记此时在想什么？""省长此时在想什么？"也就是说，记者本人假如是总理，此刻如何思考这一问题？假如是省委书记，如何把握对某一问题的处理分寸？假如是一省之长，对此问题如何分析？从这个意义上说，把自己的思路调整到总理、省委书记、省长的思路上，记者取得观察问题、思考问题的制高点，显然是可行的，也容易取得对某一问题思考的最佳效果。

在动笔写《有胆略的决定》前夕，人民日报总社不断传来信息，不时可见国家领导人同外宾谈话，讨论中国经济改革的得与失；从各地报纸的头版，也能品味出各地对经济体制改革试点城市工作的议论和情绪。归结起来，还是要统一到党中央的"对外开放，对内搞活"的方针上。

武汉市在敞开三镇大门问题上，有过一番激烈的争论和斗争。但是，市委书记王群、市长吴官正在执行党中央方针上，具有创造性，态度是坚决的。对此，国务院总理也曾称赞武汉市敞开三镇大门的做法"是一个有胆略的决定"。

敞开城市大门，对外省市开放，对武汉市的经济起飞至关重要。报道选这个角度，无疑能较集中地反映推进武汉市经济体制改革的关键。另外，各地一些大城市在敞开本市大门问题上，当时的状况是原地推磨，对本地落后产品仍实行保护政策。同时，敞开大门，对外开放，也是我国搞综合经济体制改革奉行的一条决策。"对外商来华投资提供优惠条件"等，就足以说明这个问题。

主题选定"开放与自守"，思路调到总理关心的问题；采访紧紧抓住影响、推动大门敞开的关键动作。这时，报道任务就已完成一大半了。

在通讯的着眼点和写法上，一些同志认为有所突破。如果真是这样，只能说是一些新闻前辈、著名记者和同代人的写作经验，对我起了潜移默化的作用。不妨辑录几点以飨诸公：

"要站在人民日报总编辑李庄的高度掂量问题，这样，才能高屋建瓴，写得有深度。"

"写大人物我们要解放思想，我们不能仰视，如果仰视，必然是把他当神来写。我们不说俯视，至少要平视，平起平坐。如此，则展纸落墨，气势自然不凡。"

"同一主题，写过一阵后，要创新很难，人家写'大同'你就写'小异'，突破小异纵深开掘。这样，小异不小，无为才有为。"

"现代采访不能采取小商小贩式，现炒现卖，结果必然是小鼻子小眼，要厚积薄发。自己给自己出难题，自己立志超越自己。"

"避己之短，用己之长，以长补短。人无我有，人有我新，人新我深。"

"有气则有势，有识则有度，有情则有韵，有趣则有味。"

前辈的经验之谈，我奉为座右铭。自然，我远远没有做到。

（作者曾任人民日报社广东分社社长，时任人民日报驻湖北记者站站长。本文选自王楚著《"立体"新闻思维采访与写作》，人民日报出版社2006年版。）

附：

有胆略的决定
——武汉三镇大门是怎样敞开的

王　楚

武汉三镇——这个"自守"了三十多年的城堡，终于敞开了大门。中央领导称赞："这是一个有胆略的决定。"

把城门打开，让外地商品冲击自己的市场，让自己的企业在市场上参加竞争，经风雨、见世面。制定这一决策，对"重镇历来讲守"的江城来说，的确是要有胆略的。

市委第一书记王群，五十九岁，打仗出身；市长吴官正，四十六岁，学自动化专业的。就是这二位和他们领导的新班子凭着他们的魄力和胆略，使这个城市改革方案、决策，顺利得到实施。

（一）

去年5月，武汉市被批准为省会城市经济体制综合改革试点。对此，王群、吴官正心里既喜又忧。喜的是，"从此放开了手脚"；忧的是，"下步从何入手"。他们考虑的是，绝不能辜负中央对武汉的厚望。

偌大的武汉三镇，日趋"加固的城堡"，使货不能畅其流，路不能畅其通，经济效益差。但是，一提起工业，一些同志总是津津乐道，在全国四十四个工业门类中，武汉已有了四十个；在一百五十六个工业细类中，武汉已占一百四十五个。可报表上清清楚楚地写着：1983年，全市工业固定资产给国家提供的利税，竟为全国平均数的45%。

武汉有"九省通衢"之称，而现状是，"铁路吃不了，航运吃不饱"。人、物要么进不来，要么进来了又难以出去。吸引力、辐射力日益缩小。昔日唇齿相依的九省，如今逐渐与武汉脱钩，纷纷自找伙伴。有识之士曾多次上书，大声疾呼：如此下去，"九省通衢"将会落个"东西南北空"。

"天上九头鸟，地下湖北佬"，这种褒贬都含的俗语，也成了一些人炫耀的资本。全国第二次质量评比，一两重的"棉花糖"，被推上了银牌的高座，一扫武汉在金银牌榜上无名的愁容，于是，"么样吵，湖北佬还是厉害哟"，赞誉之声不绝于耳。殊不知，两把重的"棉花糖"怎能与大武汉共上天平称呢？！

王群和吴官正坐不住了。吴官正想到了自己的"智囊团""思想库"。

武汉市人民政府咨询委员会，是一个高水平的"智囊团"，三十二名委员和八个专业咨询组的八十六名成员，几乎囊括了社会学科和自然学科的各个门类。其中不少是享有盛名的经济专家。其下，则是由大学、科研、学会、民主党派等七路大军共二百六十二家咨询单位形成的智囊网络。就是这个"智囊团"，为市委、市政府的重大决策，提供了一系列的科学依据。

把武汉建设成一个网络型、高效益、多功能的中心城市，必须走开放之路，这是各家的共同见地。"智囊"集团军提供的大量科学论据和分析，使吴官正板上有眼了。

6月，市长吴官正举行新闻发布会，真诚地向国内外宣布：地不分南北，人不分公私，一律欢迎来武汉做生意；提供二十四万平方米的场地，供国内外客商开发、投资、做生意。

（二）

"枪一响就不怕了。"市委第一书记王群说："怕就怕在战斗未打响那一阵。"

的确，让三镇大门洞开，决策者有了勇气，还有一个怎么让全市各界通力合作去迎接挑战的问题。

当广州市要求来武汉展销他们的轻纺产品时，有关部门就向市委领导表态："坚决反对"。理由是，武汉市轻纺产品竞争不过广州。明知本地产品缺乏竞争能力，还让外地产品打进武汉市场，抢走本地生意，万一自己的企业被淘汰，成千上万人的工资、奖金，岂不……有的干部竭力给决策者吹风："保护措施这个传统不能丢。"

武汉自行车二厂采取跨地区，择优选取外地零部件，以提高产品竞争能力。武汉自行车零件一厂就向系统内十多个单位散发传单，声言："本是同根生，相煎何太急。"并发出最后通牒，将本厂内与二厂有亲属关系的职工，全部辞退，让他们去向二厂要工作。

真是水不急，鱼不跳。城门还未打开，城里已是风雨满巷。

"敞开三镇大门，岂不是引狼入室？"

"从来都是肥水不流外人田，问他们吃的还是不是武汉的粮，为何胳膊肘往外拐？"

"让外商来汉办厂、设店，岂不是拱手把武汉交给了洋人？辱国之举，辱国之举！"有的人还真的动了感情。

王群、吴官正心里很清楚，要使武汉腾飞，必须走敞开三镇之路，"引客入室"，是为了"放虎出城"。实行保护落后的措施，只能使本市产品永远落后。何况，落后产品，过了今天，过不了明天。武汉是华中的武汉，是全国的武汉。要站在北京看武汉。"他山之石，可以攻玉。"

"企业在家门口竞争，万一真垮了怎么办？"有人直接质问市领导。

"垮了活该。"王群和吴官正口径一致，回答得干脆利落。

说是这么说，要是企业真垮了，职工张着嘴，市委、市政府还能不管饭？王群多次给企业领导做工作，鼓励他们在竞争中振兴："看准了的事，该拿出勇气冲锋了。"

市政府作出决定，欢迎广州来汉展销，并要求热情接待；聘请联邦德国专家任武汉柴油机厂厂长；支持武汉自行车二厂从二十六个省市的二百七十七家企业中，择优选取外地零部件，使"黄鹤牌"自行车由 B 级车上升到 A 级车。

（三）

武汉三镇敞开城门，万商云集，千帆进江，百货竞流，各业争雄。真是放开一步天地宽。截至今年4月30日，外省市在汉办厂办店四百六十多家，外地、本地合资、本地独资兴办的厂店一万一千五百多家，十一个月来，平均每天有三十六家厂店开业。省外进武汉和经过武汉输往各地的日用消费品品种超过五万三千个，金额占武汉市总成交额的40%以上；同时，武汉市地方轻工产品一万多种，也源源不断流向二十八个省、市、自治区。

长期被无形绳索紧紧捆缚的武汉，一旦放开了"手脚"，大有不知所措之感。昔日封闭的城堡，变成眼花缭乱的大千世界。一些企业像鸭子走旱路，东张西望，但很快找到了水域和泉源。市场开放，打开了武汉本地企业狭隘的眼界，企业纷纷由生产型向生产经营型、开发经营型转化。武汉手表一度因外地手表涌进而被困，库存达十五万只。全厂从厂长到工人，精诚团结，深入本省农村和大西南，建立了五百多个销售点。同时，根据市场需要，研制出新式坤表和"武当"表，又夺回了市场。

面对激烈的竞争，除个别工厂被挤垮以外，有转向、有合并，更多的是跌倒了又就地爬起来，在竞争中提高了应变能力，为生存需要，走上了专业化协作的联合道路。去年以来，全市工交系统就有一千五百六十五个企业，与二十八个省、市、自治区有关单位，组建了各种经济联合体和协作网二百五十三个。

武汉市改革走出了成功的一步，市委、市政府把权力同智力有机结合起来，以智力为依靠，实行科学决策，发挥"外脑""群脑""智囊"的作用，他们这种魄力和胆略的产生，不是令人十分可信和深思的吗？！

（原载《人民日报》1985年5月11日，获1985年全国好新闻特等奖）

发掘那些"撞击"人心灵的东西

卢小飞

　　人民日报社和国家民委联合主办的大型采访活动《民族地区纪行》，自1987年4月采访广西开始，历时两年多，最后一站是西藏，《西去羌塘》是这次"纪行"的收官之作。

　　西藏幅员辽阔旅途漫长，不可能面面俱到。北京来了三名记者，罗同松、傅旭和冯媛，根据藏族、门巴族、珞巴族在藏的分布，我们分成两组采访。我让刚入职记者站的刘伟陪罗同松、傅旭去日喀则、江孜、亚东和米林，我和冯媛去山南泽当镇、朗县和门巴族聚居的错那县勒布沟。

　　错那县勒布沟的泽绕桥，就是1962年中印边境自卫反击战打响第一枪的地方。县城所在地海拔4380米，到勒布沟要翻越两座大山。快到波山口时，汽车遭遇大雪封山，同行的边防二团副团长根据部队行军保障条件，决定返回。我和冯媛心有不甘，咨询陪同采访的普赤大姐。大姐是县委统战部长，受邀担任向导和翻译。她说，我们徒步下乡是寻常事，这点雪不算什么。如此豪迈坚定，我俩不再犹豫，同部队同志话别，跟着普赤大姐徒步走向波山口。

　　身后是皑皑雪山，眼前是白雪覆盖的峡谷丛林，大姐大步流星，我们越走越慢。大姐说，沿公路走不仅费时费力也并不安全，不如"坐滑梯"，就是顺着山沟出溜下去。她率先滑下，我跟冯媛不敢怠慢，更不能犹豫，一狠心也跟着出溜了下去。身边不断有树枝树杈剐蹭，连滚带爬落入沟底，所幸平安无事。抵达勒布沟上部台地，这里驻扎着边防二团三营，也恰是我们采访的一个门巴族聚居点。

后来天气放晴，车队跟上与我们会合。之后在朗县和曲松县采访也遭遇过交通之患，最狼狈的是车轱辘爆胎补了又爆，最后返回拉萨时，一个后轱辘完全是瘪的。好在高原地广人稀，我们体味到身下的坐骑一瘸一拐地滚到拉萨的滋味。

同样是在这条路上，1987年夏，我和另一位女记者去错那采访。快到县城时不幸遭遇塌方，连人带车跌入隆子河。我赶到前方的公路养护段求救，他们开来卡车，将我们的车从河床里拖拽上岸。

这次纪行采访一来时间受限，其他民族地区的稿件陆续见报，我们的报道必须接上；二来受交通条件制约，空缺了昌都、那曲和阿里地区的采访。作为全国性纪行活动，采访不可能全面铺开，当时觉得没什么关系。但最后截稿时，我突然意识到，此行去的都是西藏的农区或林区，没有涉足世界屋脊的牧区，这怎么行呢？羌塘草原作为我国五大牧场之一，不仅地域辽阔，历史文化也不可小觑，加之牧区的自然与人文生态与农区迥然不同，如果遗漏了，将是本次纪行活动的一大缺憾。于是，商编辑部"可否再补写一篇牧区的稿子"？

这个提议风险极大。这次没能去那里，缺乏鲜活的资讯，只能依据过去的采访和凭借历史资料，弄不好就不是纪行而是追忆了，历时两年多的纪行报道可从未有过这样的先例。同事开玩笑，说这相当于"试管婴儿"。而编辑部对我这一提议，却慨然允诺。

我想，这份"慨然"，应该是基于对我此前十几年报道西藏、生活积累厚实的信赖吧。"藏二代"的家世且不说了，我父母作为解放军第十八军成员，在那里生活过、开拓过。到人民日报社前，我在西藏日报社工作了7年，喝酥油茶、青稞酒，住草原帐篷，足迹遍及西藏东南西北。我也是第一个进入海拔4800米阿里地区采访的女记者。回京若干年后再次返藏，又做驻藏记者。

但真正动笔时，也颇让人踌躇。羌塘草原如此浩瀚，涉及经济社会民族文化的方方面面，从哪儿入手呢？脑海里的羌塘画面在眼前不断浮现，雪山、草甸、戈壁滩，望不到尽头的砂石路……还记得，1977年仲巴草原的风餐露宿，1980年藏东三个月的游历采访，还有那一次，1981年我搭自治区歌舞团的大轿子车去阿里，那是一次面向阿里军民的慰问演出活动。

我们7月出发，9月返回，走遍阿里六县。进入草原时草色初绿，离开时竟已泛黄。西部羌塘只有两个多月的黄金期啊！高寒地带的环境就是这般严酷。最难忘的是从拉孜县22道班进入新藏公路那一程。新藏公路只有阿克赛钦地段因为战备所需，路面硬化要好些，而措勤和改则两县地处羌塘西部，只是一条急造公路。所谓"急造"，就是用简易工具抢修，基本靠汽车轮子轧出的土路。在草原上行走，有经验的老司机首先要看前车留下的车辙，所谓"寻辙问路"。我们半夜在22道班集合，吃了一顿热气腾腾的大锅饭，凌晨就出发了。在措勤草原整整行驶一天，仅见到一个牧人。

在草原腹地，每每会遇到滩涂、沼泽，不留神就有可能陷车，那就是灭顶之灾。我和演员们乘坐的是捷克产的大轿子，底盘低，遇到戈壁石滩难以通过，全体下车改乘自治区发行放映公司拉电影片子的解放牌卡车，将两车的货物集中到一台车上，我们则爬上大卡车，像沙丁鱼一样，一个挨一个挤在上面。遇到沼泽地陷车的时候，大家就跳下来帮忙，那些藏族小伙帮司机垫土拉车，实在不行就把大衣脱下来垫车轮下面。磕磕绊绊颠了一天抵达站点，凑合吃几口就想早早睡。

躺在那里，还觉得浑身上下没有一个器官能够踏实下来……

其实，这样的旅途磕绊在20世纪的西藏是家常便饭，所以在构思《西去羌塘》的时候，脑子里先冒出这个标题，而后不由自主地便涌出"没有'风吹草低见牛羊'"这样的句子来。

写羌塘不仅应该写草原风貌，也应该写牧区人的生活，但《西去羌塘》通篇却没有出现牧人。其实，这个群体在文中是隐身的，他们生活在那片长满了"那扎"牧草的高原上，他们总会慷慨地以草原高档食品"生牛肉"来款待客人，而文中客居草原的措勤的汉族教师和那曲的工程师，是给草原带来文明与光明的新主人。这样一种含蓄的表达，蕴含了民族融合的意味，这是我喜欢运用的一种暗喻手法。

同时，用"仍然是这样一种古老的生存状态"来替代很快就将被时代抛弃的"自然经济"这个略带负面色彩的词汇，大概也是因了对这片土地和土地上人们的情感。很多时候，也包括一些批评报道，换一种说法会感觉舒服一些。20世纪七八十年代，许多牧人依然诧异汉人怎么会像马牛羊那般喜欢吃草（蔬菜），而且大部分牧人都还"惜售"，舍不得将牲畜拿到市场卖，除了维持生存不得不屠宰一些，往往视其如子，给它们养老送终。絮叨往事，仅让一个"古老"带过。所以对"没有'风吹草低见牛羊'"这样略显悲凉的句子，也就释然了。这些，应该都属于生活的积累。这样的感受浸透在之后的文字中，或许也不大符合传统纪行通讯的路数，但顾不了那些了！当然，也要感谢编辑部，作为一个大型纪行报道的结束篇，没有高昂激荡的语调，而宽容了这样一种冷峻的表述。

出人意料的是，这个"试管婴儿"问世后，社会反响还不错。任职高校的朋友告诉我，这篇通讯被收入不少新闻教材，如中国人民大学《新闻写作教程》的参考书《新闻作品选读》。人民日报社纪念创办70年时出了套丛书，《西去羌塘》有幸入选《人民日报70年通讯选》。

这篇"补遗之作"为什么还能得到认可呢？我自己的感悟有三点：一是性之所至，发乎真情；二是生活积累，不听风就是雨；三是在体例上"歪打正着"。

先说头一点。我给报道定的调子是既要反映出羌塘高原的雄浑壮阔、大气磅礴，又要有细致入微的万般柔情。

西北大学出版的《人民日报驻地记者新闻作品评析》一书中，有人曾这样评点这篇通讯：

> "曾经沧海"者易于形成两种截然相反的人生态度：一种是看破一切，什么都无可无不可；一种是真正认识到生命的真谛——奋斗、创造、积极争取，使世界变得更加美好。卢小飞应该属于后者，能写出《西去羌塘》这篇作品便也没奇怪。
>
> 严酷与创造形成尖锐对立，创造克服着严酷，创造显示着人生的美丽。作者通过对这种创造精神的热情讴歌，表达了自己的一种积极的人生观。
>
> 这是一篇充满哲理色彩的通讯，或可曰"哲理通讯"。没有深刻的人生体验，是难以达到此种境界的。

这个评价比较客观。生活的底色决定了我为人行事的风格，也决定了我文章的风格。我快人快语，喜欢文字简洁，段落跳跃，不喜欢拖泥带水，说那些没有什么信息量的过场话，北京人称"片儿汤话"。

二是对生活积累要辩证看。特殊而丰富的经历决定了我眼中的西藏一定与众不同，我不会去写那些人们寻常可见的东西，而一定会写那些鲜见、独到的东西，更何况我喜欢逆向思维。其实，藏北和藏东的一些草场依然是肥美的，而高原缺氧的总体环境是严酷的，揭示自然界的真相是记者的责任。

新鲜感是纪行报道的重要元素，而初访者看似新鲜的东西，对于驻站记者来说司空见惯，往往会麻木不仁。这时就不能以所谓生活积累自居，要注意倾听他人的感受，跳出自我束缚的思想牢笼，在比较中提炼出独家视角。

说"歪打正着"，是因为这次纪行采访没有走到那片土地，最后无奈"补遗"，只好作高远的"瞭望"。而这"瞭望"，恰恰提供了一个跳出既定框架"天马行空"的客观条件。

记得1977年春天的第一次远行，翻过冈底斯山进到一户农家，主妇热情地递上酥油茶，阿姐在斟茶前用油亮的衣襟揩拭茶碗，接下来端出带脊的生肉。对这些盛情的款客礼数是否接受，全在自己的意志品质，这样的生活场景会经常出现。类似的生活细节，应该让更多人知晓，特别把它拎出来放到最前面，是因为自己的心灵曾经被"撞击"过。尽管当时故作镇定，拿着削肉小刀貌似老练，那也仅仅是职业的要求。曾被"撞击"的我，下意识地发掘出这样的往事，拿来"撞击"别人。

就这样"天马行空"写下来，前面分别交代了自然风貌、人文背景和历史资讯诸方面，后面触及新闻内核时，还是感觉有些捉襟见肘，尽管在阿里和那曲多次采访过，但新鲜材料毕竟不多，那种挤牙膏的滋味真不好受。而文中选择的两个故事则是深藏脑海的，或许有的细节已经淡忘，留在采访本上的只是粗略的梗概，而留在记忆里的，真正如刀刻般抹不掉的，一定是为自己的价值观所认同的，是触动心灵的珍贵东西。有些采访，或许只是短短十几天、几十天，却会在人的心里流淌一生。

我想，打动过我的，也注定会感染读者。

（作者曾任《中国妇女报》总编辑，时任人民日报社驻西藏首席记者）

附：

西去羌塘

卢小飞

绿色羌塘虽是我国五大牧场之一，但却没有"风吹草低见牛羊"的景色。短小得像"寸头"的牧草，当地名叫"那扎"，蛋白含量极高，极适于牛羊的生长。

去了羌塘，最好先停车去尝尝刚刚挤出的牛羊奶。如果主人慷慨地递来生肉和小刀，不要回绝，也不必惊愕，要故作老练地削上一条，慢慢地咀嚼。

这就是羌塘，如今仍然是这样一种古老的生存状态。

羌塘，唐朝的吐蕃地图上就标有这个地方。藏语叫"北方高原"，传说是格萨尔王驰骋的疆场。羌塘占西藏面积的2/3以上，相当于8个浙江省，通常认为其北界是昆仑山、唐古拉山，其南界是冈底斯山、念青唐古拉山。这里平均海拔4500米以上，是地球上拥有阳光最多、含氧却最少的地方。

羌塘的两端各有一名镇：青藏线上的那曲镇和新藏线上的狮泉河镇，分别是中共那曲和阿里地委及行政公署所在地。那曲在历史上就是重要的商品集散地，相对繁荣一些；狮泉河是新兴的城镇，地处古代阿里的三围之中。

从那曲西去，人烟逐渐稀少。县与县之间的旅途格外漫长，途中没有城镇、村落，有时车行一天也难得见到几个牧人。朝圣者留下的经幡、马尼（石头圣堆）似乎是仅有的人文景观。忠实伴侣是山原、荒漠、砂碛、湖泊和冰川，甚至可能遇到巍峨的火山岩、欧亚板块的缝合带、阶地上的中石器时代遗存、美丽的溶洞和深海的各种岩积。地质第三纪前的古海，给这里留下许多意想不到的遗产，在一些岛上，可以见到数以万计的地中海黑头鸥；在奇林湖畔，地质队员和牧民都曾见到似马似牛似羊的湖兽；措勤县牧民见过扎日南木湖里有形似巨龙的水兽。顺便说，西藏是我国湖泊最多的省区，其中88%分布在羌塘，5平方公里以上的湖有307个，100平方公里以上的湖有42个，前面提到的两个湖和纳木湖、当惹雍湖都在1000平方公里以上。

羌塘是探险家的乐园，凡去过的，无不感叹那造化的神奇。而此时，你或许正穿行无人区，可能正面临一场突如其来的暴风雪，可能遇到汽车难以通过的沼泽，也可能会遇到野兽。如果单车行驶，又出了故障，前不见古人后不见来者，事情就有些麻烦。在草原过夜，戏称"当团长"，受冻挨饿，还要防备野兽的突然袭击。此时此刻，轻松的草原浪漫曲被沉重的自然压迫感取代了。怎么样？大自然给予的美妙与严酷同时而来。这时，想想羌塘牧民在死亡面前的沉静，想想杰克·伦敦的《热爱生命》，你会坦然起来。不是么？走到哪儿也不能躲过人生的命题，只有搏击，才会超越人生的各种障碍。

似乎有些沉重，说个笑话。据传旧政府的税务官曾到了西部羌塘，只觉枪叉子碰着了天（海拔极高），喝水只能用口袋（冰块），火种都拴在腰上（火镰），实在是鞭长莫及，他调转马头，不再收税了。

大概是经历过西部羌塘的磨难，我对于世居的羌塘人和不远万里从祖国内地来参加建设的新羌塘人怀有深深的敬意。记得1981年在措勤县遇到一个汉族教师，当时县里其他汉族干部都陆续内返了，只有他还安心地教着他的藏族学生。前次去那曲，因为采访风能发电，认识了主管这项工作的孙光明同志。这是位饱经风霜的老者，却有着青年人的创造热情。1984年4月12日，他和几个同志顶着11级大风，在零下34摄氏度的室外安装起那曲的第一台风能发电机。在这之前，那一带人还没见过电灯。如今全区已安装了287个风能发电机，有9个风能发电示范村、1个太阳能发电示范村。在古老的生活方式和现代文明面前，羌塘牧民选择了后者。

如同日喀则地区的亚东、樟木、吉隆等边境口岸，阿里边境也发育着许多边境市场，成交额不算大，内容挺丰富，早几年，可以在秋季见到驮羊组队的"轻骑兵"，到边贸市场从事交易。"盐粮交换"是这一活动的传统叫法，顾名思义，牧民用盐（草原上盐湖极多）换农民的粮，当然不限于这个，还有诸如备畜产品换工业品等等。这种古老的以物易物贸易今天依然存在，但新市场扩展了，交通工具也由驮羊改为卡车。前不久，北京科影厂的同志告诉我，为了拍到《万里藏北》中的驮羊队，他们几乎跑遍了羌塘，好不容易在草原深处找到一支。

从羌塘草原上发现的几处中石器时代遗迹来看，至少在一万年以前羌塘就有人类生存。一万年呐！在人类的长河中，不过沧海一粟，羌塘现在看上去还那么"原始"。但有点深为人们信服：经济体制改革打破了羌塘的封闭，古老的生存状态发生变化了，这是继西藏民主改革后的又一次历史性巨变。

（原载《人民日报》1989年8月7日，收入《人民日报70年通讯选》）

灾难报道党媒就要当舆论"定盘星"

程远州

"你们不是主要做'洗地'报道吗？怎么还关心家属？"6月11日，采访完认领遗物的"东方之星"客轮遇难者家属，我遇到了一位来自江苏的都市报记者，谈论起沉船事件中的新闻报道，他半开玩笑地问道。

当时，有一篇极为偏激的文章在微信朋友圈里流传甚广，题目叫《感谢你无数次洗过那么肮脏的地板》，主要是攻击主流媒体在突发灾难中的做法，攻击"江水无情，人间有爱"式的新闻报道思路。文中多次提及人民日报，并用"洗地"一词来概括媒体"把悲惨的事情搞得感人"的做法。同时，一系列抨击党媒报道的文章出台，且每每能吸引眼球、引起追捧。这类哗众取宠的"新闻批评"往往摘取个别"不争气"的报道为例，以偏概全，为党媒贴上"洗地"的标签。

那位记者的玩笑话刺痛了我，因为"洗地"这两个字，在这次灾难报道中，与《人民日报》无关。

回顾起来，在整个沉船事件报道中，关于党媒报道的网络评价经历了一个较大的转折。

6月2日上午，在前往监利的路上，我和分社记者付文就开始讨论工作安排。当时的任务很明确，主要有三个部分：一是前方动态——需要及时真实地报道救援进展；二是声音——需要表明立场和态度引导舆论；三是后方舆情——需要掌握舆论走向以便随时调整思路。当天，其他主流媒体也大体按照前两个部分进行报道，舆论场上虽有对救援迟缓的零星质疑，但主流基调仍是生命至上、全力救援。

6月3日开始，多元化的声音涌现，随着对救援队伍的报道增多，质疑声频出。当新华社《生命大救援》通讯刊出之后，网络上的责难与谩骂达到顶峰。批判声里，新闻文本中的灾难经过与救援人事被撕裂开来，分别代表对灾难本身的报道和对救灾过程的审视。

批评并非全无道理。确实，媒体的关注点里，救灾英雄的事迹太多，遇难者的故事太少；救援的经过太多，原因的分析太少；感动的情绪太多，悲伤的氛围太少。在有些报道中，俨然将一场灾难变成了"感动中国"。

但话说回来，灾难与救援是事件的两面，本为一体，怎能割裂来看？救援信息，正是受众最为关心的内容，怎能不报？事故原因尚在调查，怎能随便播报？悲伤早已无以复加，何苦再来渲染？另外，会聚监利的救援官兵和群众，付出了极大努力，难道不应报道？

我认为，那些备受争议的报道并非有意为谁"洗地"，而是报道的时机和节奏没有把握好。须知，灾难中对新闻价值的判断，需要考虑时、度、效的平衡，在焦躁沸腾的舆论环境中，任何一次有失平衡的报道，都有可能成为让质疑扑面而来的"酵母"，甚至扭转舆论形势。

在这样的突发灾难中，除了及时、透明、全方位报道事件进展之外，媒体还应自觉担当起抚慰生者、告慰逝者和鼓舞士气、促进救援的角色，需要"以人为本"，不仅关注逝者的生命尊严，而且关注人性的真善美，弘扬社会主流价值观。这些，无非为了八个字：逝者安息，生者坚强。"我们从未为谁'洗地'。"我对那位都市报的记者说。

确实，在监利的10天，我们每天都在问自己：在这场灾难中，我们应处于怎样的角色？要做什么、能做什么？救援开始时，我们拒绝报道尚处于猜测中的事件责任方；救援无望时，拒绝公开遇难者的照片；遗物认领时，又拒绝采访悲恸欲绝的家属。现在我们能够说，发回的所有报道都符合新闻伦理的要求。

实际上，在沉船事件中，党媒无不以传播信息、引导舆论为己任，以促进事件的顺利解决为报道的原则。然而，我们还是被有些人视为"洗地"者。

原因复杂，除了一些报道没有把握好时机之外，有些党媒的报道内容也存在问题。譬如，有的报道只关注自上而下的国家救援，缺少对遇难者及其家属的人文关怀，将灾难变成记者个人才华展现的舞台；有的报道用词轻佻，缺少对灾难的心理感触，无视灾难报道中的言语禁忌。当然，也不排除有些人抱着惯有的成见或恶意，肆意诋毁。

在开放复杂的舆论生态环境中，灾难报道是对党媒工作的一场挑战。党媒更应加强路线自信，必须以舆论的"定盘星"自认，亮出鲜明的价值立场，坚守底线思维。正能量的报道很容易引起反讽和解构，被冠以"洗地"的恶名，但是我们并不能因此而放弃对社会、对事件有益的报道。这正是党媒应有的责任和担当。

两个月后，8月13日一早，在地方部值班的天津分社记者朱少军打电话给我，说天津出事了，他要紧急赶回去参加报道，请我代值夜班。

这次值班，《人民日报》对天津港爆炸事故的报道，使我对灾难面前党媒如何当好舆论"定盘星"，又有了进一步的思考。

事故越严重，舆情越复杂。在这次事故中，围绕着死亡人数、环境影响、事故原因、救援是否得当等问题，舆情一度高涨，各种"猜想推断"充斥网络，恶化的舆论环境给事故的处理带来了麻烦。

之所以说"媒体也是救援力量"，就是因为准确透明的信息，对于公众来说是最为重要的"镇静剂"。

无论是天津港爆炸事故还是两个月前的监利沉船事故，在谣言和信息不透明等因素的推动下，都发生了死难者亲属冲击新闻发布会、要求去现场的事件。突发灾难事件中，谣言往往牵制了大量抢险救援力量。

在这种情况下，党报的作用更为凸显。

事故发生后，前方记者不遗余力地探究真相、回应公众关切，为事故现场指挥组有效补位。短短几天，《人民日报》"求证"栏目做了4期，加上每天一篇综合报道，针对公众关心的爆炸原因、污染物扩散、死亡人数、危化品处置等问题做了回应，充分地为公众提供了负责任、经得起检验的信息。

同时，连续多篇评论直面公众关切、澄清不实传言、答疑解惑、引导舆论走向，起到了"定海神针"的作用。

新闻在现场，但对突发灾难报道来说，救援是第一位的，新闻也要为此服务。

8月14日，一篇题为《走多远，作多久》的文章在网上疯传。一名年轻记者，冒着生命危险，独自走向火场，拍下大量照片。读者评价不一，有赞其勇气，称其为新闻业良心的；也有为其担忧，质疑其干扰救援的。

确实，在灾难中，如此做法并不值得提倡：一是与其拍摄到的照片相比，他冒着生命危险去做的事并不值当（那些照片完全可以用其他的途径获得，比如航拍）；二是在消防队明确要求所有人撤出核心区域的情况下，滞留其中，很可能为救援带来麻烦。

从媒体的社会责任上说，灾难报道应以服务救援为宗旨，报道救援进展、回应公众关切、安抚遇难者家属等，都是为了让救援在有序的舆论环境中开展。灾难中，记者不能充当英雄，报道也不允许追逐噱头。

当好舆论"定盘星"，必须杜绝"将丧事当喜事办"的宣传方式。

有人说，每当一个大的事件发生后，有些媒体就会陷入一场表扬和自我表扬的狂欢。多年来的灾难报道，我们习惯于将灾难话语转换成救援话语，报道中呈现更多的是对救险英雄的赞美、对救援迅速的歌颂。这样的报道模式被国外媒体和公众戏称为"灾难审美"，引来诟病良多。如此下去，不仅媒体的公信力丧失，也极易造成舆论的反转。

这次，在我们的报道中也没有出现这样的情况。截至8月17日，总计32篇见报稿件中，有动态消息，有深度分析，有冷静评论，唯独没有刻意而为的"灾难审美"。

比如，当月15日的《天津港事故三大关注直击》，直面事故处置、环境安全、救援安置问题，深度分析热点话题，传递准确信息；16日的《氰化物未对隔离区外的空气和水造成污染》，回应舆论热点，澄清了氰化物泄漏的不实传言；17日的《天津将为房屋受损业主发放租房补贴》，跟踪最新舆情，及时回应关切。

在突发灾难报道中，第一位的是救援，其次是人文，最后是追责和反思。

但为救援服务，并不意味着事事顺着舆论来，引导舆论首先要有直面舆论压力的担当。8月14日，一则《发布会现场天津官员睡觉，我就呵呵了》的帖子引起热议。天津分社记者靳博顶着舆论压力，在人民日报客户端发声，称帖中"官员"是自己，因为十几小时没有休息，所以在等待发布会的时候打了个盹。这一解释，获得网友好评无数。

为救援服务，也不意味着事事顺着现场指挥组来，为其所有的做法"背书"。媒体，仍然应是相对独立的一方，监督的鞭子不能放下。在天津港事故发生后的几天里，前方记者发回十几篇舆情和内参，其中有对救援情况的实时报道，也有对事态发展的跟进，有对事故原因的追问，也有对事故信息发布方式的质疑等，为事故的妥善处理提供了第一手材料。

（作者系人民日报社广东分社采编中心副主任，时任湖北分社记者）

附：

72小时，生命至上

顾兆农　付　文　程远州　刘志强

小心翼翼递送，轻轻装裹安放，随后，全体人员肃立默哀……

6月4日10时05分，湖北监利"东方之星"客轮救援现场，十几位救援人员接力，又一位遇难者遗体被送出水面。

在灾难面前，尽一切可能尊重生命，尽一切努力为了生命，这样的虔诚和努力或许会告慰那些不幸的罹难者。截至6月4日晚，翻沉事件已过去72小时。黄金72小时，争分夺秒72小时，更是协同作战72小时。72小时以来，党中央、国务院高度重视，交通部门紧急行动，解放军、武警部队来了，医疗队来了，湖北省、重庆市、湖南省等各方面都紧急行动起来……

突发事故，国家救援。

截至6月4日晚，据不完全统计，事发地长江沿线已有上万人在全力搜救遇险人员。

现场救援——
彻夜未曾片刻停歇

"我们始终没有放弃搜寻。"在搜救现场，长江航道救助打捞局水下检测中心主任林汉，指着仍在敲打舱体探测生命迹象的工作人员说。

4日傍晚，"东方之星"客轮翻沉事件前方指挥部会议决定，从20时起实施沉船扶正救助打捞方案。当天上午在沉船底部，工作人员正在焊接系缆桩。而潜水员仍在不停下水搜救。

水下检测中心包括潜水平台和潜水员水上水下两部分人员。从2日上午到达现场后，他们就一刻不停地轮班搜救，40多小时，林汉和这些救援人员几乎没有睡过觉。

从4日上午8时起，救捞联合救援队的潜水员开始分成3个小组，2个继续穿引过底钢丝，1个继续潜进舱室搜救。

4日下午，当记者见到47岁的上海打捞局资深潜水员卢平时，他的眼睛里布满了血丝。他和他的10多位同事，从2日一大早接到紧急通知来到救援现场后，就没怎么合眼，大家轮流下水作业。

"水下能见度很低，戴着探照灯也没用，只能靠手去摸。"卢平告诉记者，水下温度很低，高强度作业后身上十分冰冷，到岸上后"人抖得不行"。卢平这次救捞最长在水下坚持了两小时，"这时候已经完全顾不上自己了"。

6月的江边，弥漫的雾雨见证了彻夜未停的现场救援。专家们根据船体构造、水文情况紧急研究最佳救援方案；潜水员们轮班下水，对所有舱室逐一探寻；医护人员彻夜待命，随时救治抢救上来的人；而守在岸边负责转运，保障道路、照明、疏导，以及随时待命的武警官兵和各路工作人员也是彻夜坚守。除了救援现场，还有长江两岸至大马洲下游220公里处的沿岸搜寻，还有监利县城里后方保障……

八方来助——
可贵最是勠力同心

"全国最优秀的潜水员，最有经验的救援专家，最适应环境的优良装备，都已按照部署集结到这里，正在抓紧救援。"有关负责人这样说。

集中力量，勠力同心，多方协调，迅速救援，这是近年来处理重特大事故、灾难的经验，也在这次客船翻沉事件的救援中得到了展现。

客船翻沉救援，是项复杂的系统工程——

交通部门，除了对沉船扫描定位、救助打捞，协调船舶现场搜救，还要警戒并疏导事发水域交通；卫生部门，除了组织卫生救援力量，还要安排救援场所、协调救援车辆、进行心理干预；还有水文气象部门，现场水文、气象监测、察看分析；所在地党委政府，接待家属、安排保障；解放军、武警部队，灾情侦察、现场搜救、外围警戒、应急抢救；长江调度三峡水库下泄容量方便救援……

从解放军、武警、海事、长航、消防等现场救援，到卫生、气象、水文、通信、燃油、饮水、直升机等现场保障，救援的每一项工作，背后都是成百上千人的默默参与；救援的每个阶段，都需要多部门协调推进。

6月2日，沉船中的两名幸存者被海军工程大学潜水员官东成功救出。官东为救其中一名幸存者，将潜水器具让给对方，自己险些被急流冲走。这只是解放军、武警部队参与救援的一个侧面。据了解，海军从北海舰队、东海舰队、南海舰队和海军工程大学抽调了潜水兵力组成140余人的搜救力量。2日，空降兵某直升机团3架直升机和空军航空兵某师1架伊尔-76飞机，赴湖北监利有关地域执行灾情侦察任务。根据需要，空军还派出两架直升机从北京起飞，赴事发地域执行相关任务。据了解，另有3架直升机在武汉待命出动。

随着救援的开展，湖北、江苏、湖南等省份也迅速行动起来，加入搜救、保障、善后等队伍。

自发参与——
筑起搜救"人民长堤"

"我在江上开了一辈子渔船，从没有遇到过这么大的风！"4日，回忆起6月1日夜间的情况，唐光华心有余悸。53岁的唐光华是一个小渔船主，拥有一艘柴油船，现停泊在趸船旁边。平时，他的工作是给长江重庆航道工程局在监利的项目跑机动，运货运人。3日来，他运过前线救援的武警战士，也送过各式各样的货物。

"在江面上互相帮助是很平常的，这次这么大的事，我自然要来。只要是需要我开船的，我都服从安排。"唐光华说。

灾难面前，普通群众纷纷自发参与救援，或沿江边搜寻幸存者，或积极参与志愿服务，成为搜救遇险者、安抚家属、保障救援的"人民长堤"。

4日，记者在监利县高速路出口看到，不少市民开着私家车过来，汽车后视镜上挂着黄丝带，为需要用车的家属、救援人员和记者提供用车服务。得知房源不足后，有些市民已把家里腾出来，打算免费接待乘客家属。3日，已安顿好的部分乘客家属还收到当地群众自发送上门的饮用水和食品。另据了解，一些考生和家长也腾退宾馆供乘客家属居住，部分宾馆食宿全免向乘客家属开放。

客船翻沉后，湖北、湖南两省大批渔民也自发参与到救援中，成群结队、自带装备、顶风冒雨在波涛汹涌的江面上搜救幸存者。6月2日凌晨，湖南岳阳君山区村民冯凯敏和同事冒着大风大雨驾船进入长江，救起了一名"东方之星"翻沉事件中的落水者。截至4日下午，仅与监利一江之隔的湖南岳阳市就出动搜救人员6150人次，搜救船只355

艘次，救护车76台次、医护人员245人次，成功救起遇险人员两人，打捞遇难者遗体10具。

站在72小时节点上，救援仍在继续。一线希望，百倍努力。亿万民众正守候在网络、电视、电台前，关注着救援，为失踪者祈祷，与家属们一同期待奇迹的发生。

（原载《人民日报》2015年6月5日）

（顾兆农时任人民日报社湖北分社社长；付文系人民日报社福建分社采编中心主任；刘志强系人民日报社经济社会部工业采访室主编）

南丹矿难的成功揭露给人们什么启示

郑盛丰

谈舆论监督，大多会谈到南丹矿难。

据国家安全生产监督管理局负责人证实，人民日报记者揭露的南丹特大矿难，是我国第一例首先由新闻记者揭露的重大灾难事故。以往的重大事故都是发生后中央国家机关即获悉，尔后新闻界再深入采访报道。而南丹矿难由于地方官员与矿难老板相互勾结和恶意隐瞒，使中央在长达半个多月中无法知情，在人民日报记者冲破铁幕写出内参和报道后，事情才败露并受到严肃查处。

这次舆论监督也推动了中国的立法进程，特别是国家安全生产法的立法。半年之后颁布的《中华人民共和国安全生产法》中，很多条款吸取了南丹矿难的教训。

南丹矿难报道也获得了多种肯定和荣誉，除获得中国新闻奖外，人民日报社编发的南丹"7·17"特大透水事故内参，获中国报刊优秀内参特别奖。报道还入选"2001年影响民生的十大新闻"和"2001年十大传播突破奖"。

这次矿难报道，如果没有高度的新闻敏感，很可能是另一个结局。

7月17日发生的特大矿难，时间在凌晨，发生在与外界隔绝的700

多米深的矿井底下，事故矿井已灌满积水无人可达，头顶上戴满光环的矿主与南丹县委及县政府主要负责人达成攻守同盟，所有矿难死难者家属都已获得高额"经济补偿"并被威胁封口。在这种情况下，正如对此作出多次严厉批示的朱镕基总理所言：如没有人民日报记者的揭露，那些死难矿工就很可能永远冤沉水底了！

由于南丹方面守口如瓶，严加封锁，要获得相关信息和证据十分艰难。南丹在南宁300多公里外，边远且道路难行。当地媒体面临多重压力，采访和报道受到诸多限制。我们记者站人少力薄，要冲破地方的重重封锁，从那早已形成"铁板一块"的"围城"中抓取信息，也甚为艰难。

然而，党报记者的责任感和使命感告诉我们：纵然有天大困难，也必须奋勇向前，尽快摸清并揭示事件真相。当时，我们根据所得到的相关信息，综合过去掌握的有关南丹矿山的情况，又看到地方媒体一些同行不同寻常地被强令离开现场。我们初步判断，所传南丹发生特大矿难绝非无中生有，这当中必定隐藏不可告人的"秘密"。于是，开始调用所能调用的全部"关系"展开多方查证。

7月30日，我们向总社发回了关于南丹事故的第一篇内参《关于广西南丹矿井事故的紧急报告》。31日，我们以"任桂瞻"即"人民日报驻广西记者站"的笔名，给人民网传回了关于南丹矿难的第一篇新闻《广西南丹矿区事故扑朔迷离》。事后证实，这是中央重点新闻网站发布的第一篇自采新闻，这篇报道点破了南丹事故被隐瞒不报的要害，报道立即被众多网站广为引用。

然而，就在31日这一天，广西壮族自治区两个主管安全生产的单位上报中央的一份报告中，仍称所谓南丹事故"纯属是谣传"。甚至到8月1日，自治区党委书记曹伯纯到南丹矿区调查并就此召开专题调查会时，到会的河池地区、南丹县主要党政领导及自治区长驻南丹的矿区整顿工作组，在汇报时均一口咬定"没有发生透水事故"。由权力、财力和黑恶势力形成的"瞒骗"力量竟嚣张至此。直到8月2日，整个事故依然被紧紧捂着。

而8月2日这天，也是我们揭露南丹事故发生重大突破的一天。通过特别渠道，我们掌握了南丹矿难的一部分死难者名单，同时获悉了事故发生后一个逃生者讲述的令人震惊的矿难内幕。有了这份死难者名单和幸免于难者提供的第一手资料，一直被责任人死死捂住、层层瞒报的南丹矿难，便撕开了一个缺口。

当天下午，我们迅速形成"再次紧急报告"上报总社。人民日报社编委会当即以"信息专报"的形式上送中央。当天下午，朱镕基总理对此作出明确而严厉的批示，并迅即传到中国南方的壮乡。至此，在电话、手机等现代通信已遍及城乡的信息化时代，被邪恶的混合力量令人吃惊地隐瞒了整整17天的南丹矿难，被党和人民的媒体揭开了！

"捅破铁幕"以后，我们顺势进击。在报道方式上，采取"版网结合，以网为主"的方法，网上"铺天盖地"，版上"循序渐进"。版主要指《人民日报》和《人民日报·华南新闻》，先后发表报道20多篇，有消息，有深度报道，包括初步揭示南丹矿难背景的述评《铁幕正被撕开一角》和《南丹矿难调查第一步》，对国家安全生产监督管理局新闻发言人的专访《一查到底　给人民一个满意的交代》等。在人民网上，我们一鼓作气推出150多篇报道。一时间几乎国内外所有网站关于南丹的报道，都来自人民网。在人民网强国论坛上，最初一个星期，关于南丹的帖子每天都数以万计。版网联动、相互呼应、长短结合、述评并举，牢牢掌握对南丹特大矿难报道的主动权。

这次报道，可以说是对党报记者政治品格的一次严峻考验。

客观地说，当时我们面对的，既有南丹矿难责任矿主及黑恶势力的威胁，也有与此有着"一损俱损"利害关系的数十个矿老板结成的同盟力量的障碍；既有当地（包括地、县两级）参与合力隐瞒的一批官员的故意作对，也有远在南宁和北京的一些关联力量施加的巨大压力！在南丹，曾有人扬言要炸掉我们记者站办公楼。在南宁，曾有人在自治区的重要会议上对我们拍案破口大骂，公开放声说要把记者站站长调离广西。

发人深思的是，当某些当时身居高位的人公开咒骂人民日报记者时，南丹矿难事实真相已基本清楚，国务院对此已形成明确的会议纪要，中央两个调查组已与当地初步交换了意见，矿难井下历经半个多月的抽水业已"水落'尸'出"。就在这样的情况下，有的担任相当级别职务的领导人，还竟敢站在中央和人民的对立面，对履行职责维护正义的记者施加压力。

在南丹采访一线，我们也遭遇过这种阻挠和压力。就在中央调查组到达南丹的当天，我们的文字记者被拒于会场之外，我们的摄影记者的胶卷被强制性地蛮横曝光！当这种怪现象转而曝光于人民网上时，立即又有人气势汹汹对我们大加责骂，公然歪曲事实。

然而，迎着骂声和威胁，迎着压力和阻力，我们不顾人身安危，一次次出发，坦然而深入地进行采访调查。在充满凶险的南丹矿区，在先后10多个采访日里，我们很清楚自己的一举一动被人盯着，我们甚至在南丹入住的个体饭店中目睹了一场血淋淋的凶杀……就在这样的艰难境遇中，我们采写并不断发出一篇又一篇反映事情真相的稿子，忠实地履行党报记者的职责。

经历这一场令人难忘的舆论监督战，我们深深体会到，面对错综复杂的局面，面对巨大的困难、压力和风险，党报记者要有忠于真理、忠于事实、勇往直前的正气、勇气和骨气！要有大是大非面前"我自岿然不动"的政治判别力和定力！这是南丹特大矿难报道给我们的最大的启示。

（作者系人民日报社广西分社原社长，时任人民日报驻广西记者站站长）

附：

广西南丹矿区发生重大灌水事故初步认定70多人死亡

郑盛丰　庞革平　罗昌爱

本报南宁8月3日电（记者郑盛丰、庞革平、罗昌爱）报道：广西南丹县大厂镇龙泉矿冶总厂下属拉甲坡锡矿厂于7月17日发生一起矿井灌水特大事故，初步认定死亡70多人。为迅速查清事件真相，由国家经贸委主任李荣融率领的中央调查组一行6人今日飞抵广西。

事故原因是矿工作业时打穿了一个灌满水以防塌陷的废矿井，导致作业矿井灌透。瞬间，涌灌的废水使作业的民工和管理人员无法外逃，酿成特大事故。

事故发生10天后，南宁有关媒体接到举报，事件开始暴露。7月27日，广西多家媒体记者赶赴调查采访，其间受到盯梢、跟踪和阻挠，有关责任人试图隐藏真相。

为查清事件真相，自治区党委书记曹伯纯于8月1日率领有关部门负责人赶到现场调查，当天组成由王汉民任组长的调查组，展开全面调查。今天上午，曹伯纯在通报这一事件时说，事件一定要查个水落石出。同时，事故发生了这么长时间，竟然一直捂住不报，必须严肃追究知情不报者的责任。据悉，作为这起事故重要责任人的矿厂老板黎东明等已被监控。

（原载《人民日报》2001年8月4日，获2001年中国新闻奖）

（庞革平系人民日报社广西分社采编中心主任，时任人民日报社华南分社驻桂南记者站站长；罗昌爱系人民日报社广西分社记者，时任人民日报驻广西记者站采编部主任）

一次真正从零开始的调查

张志锋

采写《一碗拉面"拉"活一个贫困县》，印象最深的有三关：没有文字材料，一切从零开始；一些群众对不光彩的过去心存戒备，不愿多说；青海化隆回民大多讲藏语，交流困难。可以说，这是一次真正从零开始的调查。

4月20日，我到化隆县采访拉面经济。想要一些背景资料，县里的同志翻了半天，找来两页纸，其实是几个统计数据。随后找来几篇其他媒体的报道，含糊其词，经不起推敲。

在青海采访经常没有文字材料，但如此"缺料"还是头一次。回头想想，平时写稿，哪怕三五百字，都要找文字材料，甚至有了材料依赖症。我问自己：假如没有材料，还会写稿吗？

案头工作很重要，合理利用材料能提高工作效率。"零资料"逼出了零距离采访，必须去挖掘第一手材料。

化隆拉面30多年的前世今生，从哪里入手呢？拉面是人做的，就找人吧，找标志性人物。马贵福是最早的探路人，他就在该县群科镇做餐饮。下午5点找到他，他说从未接受过采访，不知说什么。我心里又一凉，启发他：就说你最早怎么出去做拉面、有什么难忘的经历。

老马点上烟，打开话匣子：挖过金子，倒过鞋子，逃荒一样到厦门开拉面馆，走印尼，闯澳门……如今把拉面馆开进机场，领班都是帅哥美女，英语至少六级。简单吃过晚饭，又聊到夜里12点，他兴致很高，我丝毫不困。

马贵福是化隆拉面的"教父"，他的创业史就是树干，枝枝丫丫抖出了马黑买、冶沙拉等一批富有传奇色彩的拉面老板。采访完老马，我从不安转为兴奋。甚至有点"庆幸"：这么漂亮的故事，居然埋在深山30多年。我背着空空的笤筐，不经意打开一个矿口，到处金光闪闪……那种曾经模糊的"当记者的感觉"，一刹那在心里野蛮疯长，弥漫每一处毛细血管。

化隆、海东、西宁、武汉、厦门、北京……从县里到省会，从省内到省外，找人找事，找有趣的人和事，我不停挥舞"铁锹"。一个多月相对集中采访，记不清多少次聊到深夜，司机和宣传部的人在我身边发出鼾声，我却越聊越兴奋——有点像女孩子拍婚纱照。

我还仔细翻阅了化隆县志，不放过任何蛛丝马迹。陈年旧事蕴含逻辑背景，这是化隆拉面经济发展的历史"方格"。碎片化的故事可以吸引眼球，难以发人深思。稿子厚不厚，就看"思想"这层土。

挖金子是苦难史，从爆发到倒闭，许多人不愿再提；造黑枪是血泪史，一些青壮男子被判死刑、无期，洼家滩和牙曲滩等几乎成了"寡妇村"。许多老乡不愿重提旧事，甚至怀疑作者是便衣。弄清来龙去脉，文章才有起伏。坐下来，一杯又咸又苦的"熬茶"，一块干得硌牙出血的馍馍。从正午聊到黄昏，慢慢贴近，打开心扉。马安巴斯甚至把堂兄（服刑中）造枪、杀人的事也抖了出来，这个细节演绎成了稿子开头的一声枪响。

化隆回族自治县地处藏区，封闭落后，老乡们平时大多讲藏语，念经用阿语，不太懂汉语。在当地采访必须有翻译，为此投入几乎双倍时间。语言可以表征一个地方的经济社会发展程度，也为观察问题提供了新的维度。

没有现成材料，只有现场采访。有人就有事，有事就"有戏"。于是有了这篇"原生态"的稿子。动笔时，一幕幕像电影一样回放，争先恐后涌出键盘、跳上屏幕。除了核对人名地名，我干脆合上采访本。那时隐隐觉得，采访本是多余的。其实，那些真正打动人心的故事根本不需要记录，假如需要"写"下来才能"记"住，只能说明故事还不够深入人心。

在追求短平快的微时代，我们需要融合，不宜过分迎合。在满足碎片化浏览的同时，我们也需要沉下心来，下点慢功夫，为用户奉献"纯手工"产品。否则，我们拿什么和别人"不一样"。劳斯莱斯为什么稀有？在工业化流水时代，它是坚持手工打造的经典。

这次"原生态"采写也让我反思：丰富完美的材料，有时给人提供了偷懒的机会，经常吃别人嚼过的馍，导致记者主体功能退化，敏感弱化，思想矮化，不知不觉成了"时代最强音的聋人"，足以为戒。

（作者系人民日报社河北分社采编中心主任，时任青海分社采编中心主任）

附：

一碗拉面"拉"活一个贫困县

张志锋

"砰！"

一男子扣动标有"中国化隆"的仿制式手枪。买方点头，嘴角掠过一丝微笑。

枪声刚落，警笛四起，埋伏多时的警察一把摁倒试枪男子。"交易"落空，那名男子用亲手制造的手枪，把自己"射"进铁窗，至今仍蹲在"里边"。

"啪！"

在武汉开拉面馆的青海化隆人马甘（化名），将一团面重重甩在案板上。三拉两缠，一碗香喷喷的拉面做好了。食客付完钱，美滋滋地品尝拉面……马甘用一碗碗拉面，拉开了幸福生活的大门："试枪的是我堂哥，买方是内线。过去穷急了，造枪卖钱。我也曾差点走上邪路，现在出来开拉面馆，挣多挣少，心里踏实。"

青海省海东市化隆回族自治县，回族占一半多，汉、藏、撒拉等多民族聚居。沟沟坎坎把全县"切"得七零八落。十年九旱，天灾频发，23万农民基本靠天吃饭。

过去一提化隆——穷！ 20世纪80年代，化隆超过六成的农户为贫困户，是国家扶贫开发工作重点县。

如今变了。靠着一碗拉面，昔日"食不果腹"的化隆农民，走出大山，进城创业，带动就业。1988年从厦门起步，化隆人把拉面馆开遍全国，目前达1.2万余家，其中多数打着"兰州拉面"的牌子。去年近8万拉面大军"拉"回5.7亿元，是县公共财政预算收入的5倍多，占农民务工收入七成。

奋进在同步小康新征程，西部各地各有各的路子，化隆如何闯出一条适合多数普通农户脱贫致富的路子？青海人为什么打"兰州拉面"的牌子？面对连锁化、品牌化的市场竞争，化隆人还能"拉"多久？

"金霸头"成"面霸头"

"淘金是穷逼出来的，改做拉面也是被逼出来的。"牙什尕镇城东村的冶沙拉说。他眉宇间尚有藏不住的"霸气"。

城东村2000多人，过去人均1亩多地，多在山上。"小麦亩产300来斤，不下雨就绝收，很多人吃不饱。"

再穷也得糊口。20世纪80年代，当地农民加入淘金潮。开一辆"尕手扶"，编织袋装点馒头，掂到青海西部等地，撅着屁股挖沙金。带工的叫"金霸头"，夏天干3个月，每个小工能"挖"2000多元，"金霸头"挣万余元，成为扬眉吐气的万元户。

冶沙拉有正规手续，最多时拉了700多人，有3辆卡车，是全县乃至全省出名的"金霸头"。每年春节后，他家就挤满人，一些乡亲悄悄塞上一包几元钱的茶叶、冰糖，求他把尕娃带出去挖金。村里大多数人参与挖金，全县"淘金部队"曾有几万人。

1989年春，冶沙拉带人到无人区采金，雨雪连连，苦哈哈28天，竟然只"磨"了20公里的路。5月底，楚玛尔河附近突降大雪，周围顿成沼泽，许多手扶拖拉机陷进泥坑。"那次估计有几万人被困，冻死病死的有不少人。政府派直升机，空投衣服、馍馍和药，这才得救。"

县志载，那次化隆500多人被困。

"铁锹把蹭手着浑身儿酸，手心里的血泡着全磨烂……一路上的寒苦哈说不完，沙娃们的眼泪淌呀不干。"一曲青海花儿《沙娃泪》，唱出了采金之苦、致富之难。

从人工到机采，冶沙拉在"刀尖上"行走多年。高投入、高风险。其间，他投资买的几十间商铺全赔了进去，曾经显赫的"金霸头"有点惆怅。

后来，为保护生态等，国家严禁私挖滥采。正是那些年，一些化隆农民开始到内地开拉面馆——从面里"淘银"。

2007年，赋闲的"金霸头"冶沙拉南下广东中山，加入拉面大军，当年净赚3万元，后又陆续增开几家拉面馆。"我们一大家子共开了40多家面馆，带动200多位亲友、老乡参与。一个普通面馆，一年能挣10多万元。"现在，有人称他家是"面霸头"。

城东村500多户，1999年退耕还林，人均仅2分耕地。无序采金被禁后，许多村民像冶沙拉一样转向"淘银"。如今在内地开了190家拉面馆，每年至少"拉"回2000万元。

农民脱贫，总有试错。采金有风险，某些化隆人还玩过更危险的——造枪！

"化隆造"转"化隆灶"

"你们是哪里人？"

"化隆的。"

"没听说过。"

"这个知道吗？"做出扣扳机动作。

"化隆造！"

"现在改'化隆灶'了，做拉面。"

许多内地人不了解化隆，一些拉面户无奈地用旧事"推销"化隆。

造枪，曾给化隆留下苦涩的印记。

20世纪80年代，少数化隆农民在自家地窖里装配仿制式手枪，卖给外地人。非法造枪一度波及5个乡镇几十个行政村。

"知道造枪违法吗？"

"我是文盲，不懂法。"

"为什么造枪？"

"卖钱，买化肥，买面。"

当年，化隆农民韩某、马某因造枪被判入狱，这段问讯的回答令人心酸。不懂法的背后是贫困作祟，穷是恶之源。

化隆多数地方海拔超2800米，严冬漫漫，适合长庄稼的无霜期仅3个月。春旱、冰雹、滑坡等灾害，让农民常生活在"不确定性"中。

那时，化隆农民真穷、真苦、生活真难。1986年，农民人均现金收入不足300元。一亩麦子收300多斤，卖100多元。据称，造枪，每支成本100多元，一周制成，出手能赚500多元。来钱快，让部分农民走上不归路。

造枪赚钱，国法不容。当时，化隆县公安局在一个镇设分局，成立缉枪大队；在枪患严重的新乐村（化名）建警务室，常驻民警三四人。这种"高配"在全国都不多见。

现在武汉开拉面馆的马甘，幼年穿家人做的布鞋，底子破了就垫块布接着穿。他原打算跟一个亲戚造枪，父亲说："你要是干这个，就和你断绝关系！"马甘背过身，一拳砸在墙上，最终放弃。

一天早上，马甘刚睁眼，村子已被执法人员团团包围，青壮男子被一一排查。附近新乐村100多人被带走，至今仍有许多人在"里边"。新乐村从此蒙上了阴霾。

治枪先治穷，当地有意识地引导枪患严重地区的村民外出做拉面，变"化隆造"为"化隆灶"。马甘来到天津，先在拉面馆打工，后开了家拉面馆。如今在武汉落脚，老老实实做拉面赚钱，盖起了新房。

暮气沉沉的新乐，也转向"化隆灶"。1997年前后，村民马合（化名）兄弟第一批走出山乡，到郑州做拉面，亲带亲，邻帮邻，全村700多户，陆续有260户加入拉面大军，其中也有刑满出狱、改邪归正的。马家兄弟分别盖起新楼房，屋里铺着地板，还有洗澡间。

今访新乐，村里人不多，房子崭新。村民不愿再提"化隆造"，问到拉面馆，都会打开话匣子。一位村干部说："一些人过去走了弯路，做拉面起步晚了，要不早都发财了。"

他们起步晚了，谁是早起的"鸟儿"？

数万农民出山乡

"当年我向叔叔借了7元钱，偷跑出去做拉面，回来时还给他8000元。"沙连堡乡沙一村的马黑买30多岁，外出做拉面已20多年。

黑买幼时家里缺劳力，春天青黄不接，就去姑姑家借粮，用骡子驮回，勉强揭锅。1993年黑买上初一，"米汤稀得能照出人影，经常饿得眼睛发黑"。

当时，化隆拉面已在厦门燃起"星星之火"。只为填饱肚子，黑买也想出去做拉面。父亲不让，说他太小。

那年12月的一天，黑买找叔叔借了7元钱，说给妈妈买药。他从厨房"顺"了一个馍馍，揣进怀里。山路坑洼，他跑了整半天，小腿都肿了，赶到哇家滩，找到在厦门开拉面馆的冶德祥。冶阿爸嫌他小，他急得要哭："我不怕下苦力，求你带我出去。"

绿皮车，五天五夜，终于晃到厦门。

深田路1号，西北拉面馆，黑买落脚了。洗碗、择菜、跑堂，什么都干，抽空就学拉面。开始没力气，连面都揉不动。

3年后黑买长胖了、有劲了。和、揉、搓、拉、白练飞舞，银丝出锅，客人拍手叫好。他每月工资360元，在当时比老家的县乡干部还高。

1997年7月，老乡韩录带黑买到菲律宾马尼拉打拼。一家商贸城内，"兰州拉面"开张，华侨纷纷尝鲜，每天卖几百碗。马尼拉之行，黑买大开眼界，学了很多生意经。他给家里汇款5万多元。3年后合同期满，工资加技术转让费等，他们揣着100多万元返回厦门。

当年偷跑出去的尕娃回乡了，他"还"给叔叔8000元，在大山里引起轰动。看着老乡们破烂的衣衫、木讷的眼神，黑买鼻子发酸，他把村里的17个尕娃带到厦门的拉面店打工。

厦门前埔南区，南翔牛肉面，黑买开始单飞。中午客人多，黑买常累得靠着案板就能睡着。15年来，周边的餐馆不知换过多少主人，他的拉面馆从没挪窝。由此学成出去开店的已有30多人。

敢闯敢干，不怕苦、不怕累，这就是普通的化隆农民。今年6月，黑买在西宁开了一家牛肉面旗舰店，还打算在"丝绸之路经济带"沿线城市布点。

采金无路，造枪死路。21世纪以来，为保护生态，化隆实施退耕还林，耕地更少，"挤"出更多富余劳力，他们像黑买一样，出山进城，先打工，后创业。

那么，化隆拉面怎么和兰州拉面"搅"在了一起呢？

从"贴兰州"到"去兰州"

化隆拉面"生"在厦门，"长"在全国，打响的却是"兰州拉面"。

改革开放初期，沿海商潮澎湃。化隆拉面的探路人之一马贵福，其朋友韩录最早曾在拉萨开面馆。听说许多穆斯林客商在南方吃不到清真餐，1988年8月，两人赶到厦门，在火车站附近开了家"清真拉面馆"，改造成当地口味，这就是化隆拉面的源头。马贵福说："当时，许多化隆本地人还不知道什么是拉面。"

伴随改革开放的脚步，化隆拉面"拉"遍大江南北，甚至走出国门。不过，化隆人内心深处藏有一个结：化隆人把拉面馆开遍全国，但是，百分之七八十都打着"兰州拉面"牌子。

拉面起源不一，兰州拉面名声很响。其实，在兰州等西北地区，人们叫牛肉面，内地人习惯叫拉面，且相信"拉面就是兰州的"！

创业初期，许多化隆人拖家带口，"一台炉、两口锅、三个人、四张桌"，开起夫妻店、兄弟铺。初来乍到，没人知道化隆，干脆就打"兰州拉面"。互相效仿，无心插柳，兰州拉面名气越发响亮。

化隆人在武汉开拉面馆400多家，有300多家打着兰州拉面的牌子。马阿巴四2009年到武汉，直接打"化隆拉面"的牌子。一些新顾客说：我们都吃兰州拉面，你这是假的吧？吃过几次后也竖大拇指，但他心里不爽：化隆拉面为什么叫不响呢？

随着小型拉面馆增多，千店千面，参差不齐，部分拉面馆的卫生条件难以让人放心。同时，人们吃饭也越来越讲究，一碗面也不肯将就。有眼光的化隆拉面老板，开始刻意与"兰州拉面"区别开来，开始"脱兰州"，走自己的路。

马明伊2004年在杭州湖墅南路开了家"兰州拉面"，陆续增开两家。眼看"兰州拉面"已经"相当那个"，6年后他萌生换牌的念头，注册了杭州伊味企业管理公司。一直纠结到2012年3月，他仿照西餐店风格，把毛家桥路的拉面馆装修一新。摘下"兰州拉面"的牌子，换上"伊味牛肉面"。

这下糟了！以前每天卖3000多元，换牌后跌到2000多元。马明伊又开始纠结：看来兰州拉面知名度还是高！头三脚难踢，决不走回头路。他推出网上订餐、扫码支付，玩起"互联网+"。顾客听着萨克斯，吃着拉面，别有一番风味。"熬"了4个月，营业额恢复到以前。当年9月，升至5000多元，保持至今。

这下好了。另外两家果断换牌，波动期缩短为两个月。截至今年5

月，杭州"伊味牛肉面"已发展到20多家，并进军上海、南京等地。

化隆拉面还有一些自有品牌：厦门震亚、苏州伊鼎苑等，在当地颇有名气。这些只是少数，且规模有限。

像河南烩面、陕西泡馍一样，"兰州拉面"其实只是种食品名称。兰州本土餐饮也很少直接打"兰州拉面"的牌子。

当化隆人为打什么牌子纠结时，来自兰州的"狼"，悄悄逼近。猛回头，一些人傻了。

转型化"虎"与"狼"共舞

今年1月底，来自兰州的安泊尔兰州牛肉面，进驻武汉雄楚大道繁华区。安泊尔在甘肃有多家连锁店，武汉是其走出省外第一站。统一装修、服务标准等，乍一看犹如星级酒店。拉面套餐，品种丰富。相比小型拉面馆，其销售额十分惊人，现已开始赢利。

新人笑，旧人哭。

距安泊尔约400米处，原有一家化隆人开的兰州拉面。几个月下来，小面馆生意渐冷，无奈关门。

2014年10月，东方宫中国兰州牛肉拉面进驻厦门火车站附近；今年5月，文灶店开业；万达店、江头店正在装修……

近年来，甘肃举全省之力，助推多家品牌牛肉面到省外"跑马圈地"。化隆人一抬头，惊了："兰州人"也出来了！

一方企业化运作，连锁经营；一方家庭作坊，单打独斗。巨轮，舢板，商海搏击，谁主沉浮？

十年自发创业，十年发展壮大，新世纪面临转型。早在2004年，化隆县已察觉市场端倪，注册"化隆牛肉面"商标，投入资金，开展统一店面形象、店员服务、经营模式、使用招牌等活动，力图打造化隆拉面升级版。

可惜财力有限，且在多数店主看来，没必要花冤枉钱撑门面。多年过去，"四统一"示范店建设810家，仅占5%。

打"兰州拉面"的牌子，心情复杂。想统到"化隆"旗下，并非易事。在化隆，从政府到有眼光的拉面老板都意识到：化隆拉面已到"最危险的时候"，必须提升档次，把自己化成"虎"，才能与"狼"共舞。

"面一代"韩东早年在厦门开店，后来到深圳开办清真菜馆"中发源"，拉面收入仅占20%，现已发展成多家连锁。后来折回西宁投资，中发源大酒店曾是当地地标。2013年，中发源开进北京，与中高端餐饮竞技。如今，拉面匠出身的他成了"空中飞人"，忙得不可开交。

马贵福把面"拉"进了机场，化隆牛肉面经过"厦门订制"，服务高端人群。他创办回乡麦客餐饮公司，2008年年初，竞标打入北京首都国际机场T3航站楼。后一路凯歌，上海虹桥机场、成都双流机场……"先抓好品质，再塑造品牌，就能杀出一条血路"。

在北京，化隆人开的高山清牛肉面，跳出"小面馆"层次，硬件不亚于兰州的一些大型品牌店。2013年，来自兰州的一家品牌拉面与其"亲密对垒"。最初高山清也受到影响，但他们不服输，改善服务质量、菜品等。终于，兰州那家店"悄悄了"。

面馆一盘散沙，怎么和人家掰手腕？近年，海东市、化隆县不懈探寻突围之路。县就业服务局局长张海明说："中发源等已成大品牌，一般拉面户望尘莫及。类似伊味等属于成长型品牌，加盟成本不高，可以扶持推广。"

今年1月，海东市出台《进一步促进拉面经济的实施意见》，县里准备筛选扶持一批比较成熟的品牌，让更多化隆拉面馆走连锁化经营之路。4月2日，青海一位省领导到化隆阿藏吾具村考察拉面经济，现场拉面，为化隆拉面二次创业出谋划策。

对农民来说，与"狼"共舞，眼下最急的可能不是牌子，而是票子——资金从哪儿来？

贷款失信更失心

过去盘一个面馆只要三五万元，现在需要10倍的钱，农民兜里哪有这么多银子？

贷款，四两拨千斤。

阿河滩村韩舍布弟兄姊妹多，过去穷得连电费都交不起。2007年，村里帮他争取到5万元贴息贷款。拿到钱后，次日他就到河南洛阳开拉面馆。当年还贷，还给父母盖了新房。

2007年之后，化隆县为贫困农民发放贴息贷款1亿多元，集中扶持2300家拉面户。

硬币也有另一面，部分农户成"老赖"，殃及他人。2010年，依托政府担保平台，一家银行为化隆发放小额创业贷款6792万元，主要扶持拉面经济。2012年陆续到期，不良贷款浮出水面。直到今年5月，仍有3033万元，涉及151户，其中不少属于"赖贷"，有钱不还。

为清收贷款，各方伤透脑筋。下胡拉村韩阿海（化名）在杭州开拉面馆，他以亲友名义互相担保，贷款75万元。催还无效，银行申请强制执行。多方打听，执法者在西宁一个小区堵住韩，他欲驾车逃离，被法警控制。从中午僵持到晚上，他故意吵吵嚷嚷，引来居民围观。最终，韩因妨害执行公务被拘留，车子被扣。家属很快还清其名下的15万元，剩余贷款仍然无着。

某银行曾派人到内地清收贷款，跑了一个月，连贷款户的人影都没见到。

市场经济讲信用，人最大的破产就是失信。一位拉面户说："一些银行听说化隆人来贷款，本来可以放宽政策，也会收得更紧。"

为解决融资难，去年9月，农行海东分行到厦门等地考察，为信用记录较好的拉面户办理信用卡。截至今年5月，已办理180多张。教训长记性，至今无一例恶意拖欠。

诚信危机像一记皮鞭，抽疼了化隆人。做面如何让他们"洗心革面"？

挣了票子与换了脑子

"化隆人外出赚了钱，最重要的还不是钱。""面一代"韩东说。出山门、进城门，拉面大军的"系统"不断更新。

沙连堡乡的塞买在老家时不识字，不懂普通话。后随丈夫在武汉开拉面馆，回族妇女在家一般不抛头露面，刚到武汉，她招呼客人时很害羞，只会"嗯，啊"。后来学会了普通话，认了很多字，"请坐，谢谢，再见"，说得很顺溜。举手投足，落落大方。

最可喜的是换了脑子，更加重视子女的教育。

在武汉的一位化隆面馆老板娘也说：过去很多人没进过校门，有的连"官名"都没有。进城找不到厕所，不会用电脑、银行卡，不会签租房合同，吃尽苦头。"面二代"多为初中生，厦门中医院附近震亚牛肉面的店主韩青明，还是个大学生。

"绝不能让下一代再当'睁眼瞎'！"这是化隆拉面大军的誓言。

当年，韩梅到厦门开拉面馆，把儿子韩有才带到厦门上小学、中学。每天骑电动车接送，风雨无阻。2012年，小伙子考上厦门大学。

文以化人，知识有助于阻断贫困的代际传递。如今，在厦门就读的"拉面娃"有80多人，从拉面馆已走出10多个大学生。2014年，化隆籍适龄儿童1.1万多人在外借读，大多是"拉面娃"。县教育局统计，近3年，在外就读、返乡高考的每年稳定在200多人，其本科上线率高于全县3个至6个百分点。去年，还出了一个县文科状元。

过去，化隆许多农村女孩十六七岁就开始张罗嫁人，一两年后当妈，大多不止生一个。80后、90后拉面人婚育观也发生巨变。该县计生办工作人员吉秀芳说："近十年，农民育龄高峰推迟5岁左右，农村独生子女户平均每年增加50多户，在过去怎么可能！"

阿河滩村主任韩保长也感慨不已：过去农民吃不饱，都有气，过路碰个肩膀都会吵架发泄。现在都出去挣钱了，社会治安好多了。

凭借一碗拉面，1/3的化隆农民进了城。化隆拉面大军平时在内地，多数"面三代"内地生、内地长，一口普通话。他们习惯到西宁等地买房安家，西宁市的楼盘广告贴满了化隆县城十字街口。卡力岗山上的一些"拉面村"几乎走空。在西宁市城东，经常碰到操着化隆腔的业主。

"农民外出做拉面，练了胆子、挣了票子、育了孩子、换了脑子、闯了路子，整个人都得到提升。"化隆县一位副县长说。

（原载《人民日报》2015年6月12日）

不断接近事实真相和问题实质

申　琳

　　《就近入学　怎么近》调查报道于 2015 年 5 月 29 日刊出后引发社会热烈反响。

　　6 月 2 日，南京市委宣传部召开新闻通气会，由市教育局就南京招生入学工作做详细的情况说明，就《人民日报》记者调查版文章《就近入学　怎么近》中提出的相关问题做正式解释。市委常委、宣传部长徐宁明确表示，《人民日报》的文章客观全面地反映了南京在义务教育招生入学方面做出的努力和面临的问题，既是对南京工作的关心，也为南京做好这项工作提出了重要的建设性意见，体现出党中央机关报在热点民生问题报道上的高度和水平。

　　报道在江苏教育系统也引起较大反响。南京市小学教师培训中心主任、中小学教育专家谷力来电称："调查文章深入、深刻，把问题讲透了，向人民日报致敬！"江苏省教育系统一位厅局级领导主动与记者讨论就近入学问题时表示：这个调查深入、全面，在肯定成绩的同时，也非常理性、冷静地提出了就近入学和均衡教育的矛盾问题，实事求是地讲，现在这么急切地力推就近入学的做法确实是值得商榷的。媒体应该像人民日报一样对社会热点问题保持一种清醒的认识和宏观视野。

在新闻通气会上，南京市教育局局长吴晓茅、教育工委书记刘�称赞文章"分析透彻、全面客观，对敏感问题把握得非常有政策水平，对南京市做好教育的优质均衡工作是一个很大的促进"。教育局方面表示，欢迎人民日报继续关注南京的就近入学与教育改革，教育局也将建立更畅通的渠道跟人民日报和其他主流媒体进行敏感问题的情况沟通。

报道见报当天，各大网站纷纷转载，人民网、新华网、搜狐网、网易网、腾讯网、凤凰网均在首页推出，网易当日有2万余人跟帖。《新京报》第二天跟进发表评论《学区划分应给民众"看得见的公正"》。

这篇调查报道采访难度很大，教育部门三缄其口，打捞真相殊为不易。报道是怎样一步步呈现在就近入学、教育公平问题上各方的观点并寻求问题解决路径的呢？

现场，调查的起步

400米和2公里，这是南京就近入学第一案中形成矛盾冲突的两个数字。这篇调查性报道就首先从这两个数字开始，记者实地走访了吉庆家园小区、400米外的新城北小、2公里外的南湖三小，既实测了距离远近，也摸清了吉庆家园和相关小学的"前世今生"。

在现场，就会有意想不到的收获。雨润国际广场就在吉庆家园居民的话语中走进记者的视野，也扩大了我们调查的现场范围，偏偏这个雨润国际广场更有戏剧性：它是吉庆家园居民艳羡的对象，因为在3公里之外的这个楼盘居然可以划入新城北小的学区；它的业主们却对这个学区划分极度不满意，因为1公里外有个更好的小学本可以去上。也就是说，雨润国际广场同样是就近入学的牺牲品，它的出现又一次凸显了南京在就近入学上的矛盾。

围绕就近入学诉讼这一个案，我们走访以吉庆家园为圆心的现场；

围绕学区划分、教育均衡等深层问题，我们选取了南京优质教育资源集中的鼓楼区，走访了多个片区：老小区清河新寓及改变其命运的汇文学校、在教育均衡化进程中受益的长阳花园及其附近的银城小学、一线名校琅琊路小学和它周边的老小区……通过连续多天的走访，就近入学早已不是一个抽象的概念，而是一个个具体的小区、家庭、居民、儿童，调查在现场中也变得越来越具体、生动，有了一个个生动鲜活的家庭故事作为支撑。

现场，不仅需要选择，也需要讲求进入的路径。吉庆家园、雨润国际广场，因为有就近入学诉讼的关联度，因此除了当事人顾先生外，其他普通居民同样有代表性。而清河新寓、长阳花园、琅琊路小学附近的老小区等，小区的选择要有典型性，居民的选择更要有代表性。因此在进入这些现场之前，记者做了不少功课，主要通过教育系统人士获取片区线索，再通过熟人、朋友等获取小区及居民家庭线索。在有了前期的了解、比较、筛选后，记者才走进这些小区和家庭，以朋友的身份进入、以记者的视角观察，既保证了信息的真实准确性，又保证了信息的专业性。

事实证明，通过熟人关系进入现场，居民才能去除顾虑畅所欲言，记者才能拥有一个可贵的原生态的现场。

追问，调查的深入

"这个郑先生很关键，他捅破了许多窗户纸！"许多同事、同行谈起南京就近入学这篇报道时，不约而同都提及关键人物郑先生。

调查性报道最重要的一点，是要保持对问题的持续追问，待问它个水落石出，许多答案自然水到渠成。而调查性报道最痛苦的一点，就是在记者的追问面前，当事人欲言又止，特别是在敏感问题面前，当事人选择了沉默。就隔着一层窗户纸，你却找不到捅破它的人。

就近入学的采访就面临这样的困难，我们有一个问题链试图把就近入学及其相关问题梳理清楚：学区划分怎么体现就近原则—教育局在学区划分上的工作流程是什么—名校的学区要不要调整、怎么调整—学区划分上的矛盾集中在哪里，怎么解决—教育资源均衡与就近入学的关系如何处理—如何现实地、有效地实现教育公平……

然而，这个问题链在一开始就面临来自教育局方面的困难：教育局只限于提供在法庭上的有关材料，婉言谢绝所有涉及就近入学问题上的更多采访。

得不到教育部门的正面回应，追问就无法向纵深展开，调查在一开始就陷入了僵局。

我决定另辟蹊径，向没有直接利害关系的市、区教育部门有关负责人和业内人士寻求答案。由于在教育界采访多年，我可以比较容易找到跟中小学招生有关的权威人士：职能处室负责人、区县教育局领导、中小学校长及教师、教育问题专家等。

虽然是以朋友身份向他们提出问题，但很多人同样表示出了警觉和谨慎，好几个人明言："你要是采访，我就什么也不说了，要是聊聊天还可以。"可见就近入学及其触及的问题多么敏感，业内人士在这一问题上的态度多么微妙。

在我明确表示不透露他们真实姓名和身份的情况下，有一些业内人士还是畅所欲言了，郑先生就是其中一位，他们没有回避任何看起来比较敏感的问题，包括文中提到的学区划分新、老办法这样的"潜规则"。正是他们没有了暴露身份的顾忌，记者的追问才能得以深入，这篇报道才能够把涉及的问题讲得比较透，"捅破了一层窗户纸"。

郑先生和其他业内人士的回答道出了教育局、学校等在面对具体问题时的现实考量，这里面确实有很多内容教育局恐怕永远也不会做出解释说明，比如学区划分不可能让绝大多数人满意、学区划分一般不做调整、学区划分决策社会参与度越高越容易议而不决、教育均衡应优先于单纯"就近"等观点。教育局的实际做法未必不妥，但出于担心引发公众不满，他们也绝不会向媒体做此说明。

理性，调查的品质

让各方观点都呈现、把问题讲明白、找到现实的解决路径，这篇报道追求的，是对就近入学及其相关问题的理性思考与积极面对。在采写期间，我们摈弃了一些看起来很精彩的矛盾冲突，尽量减少采写过程中的感情色彩。理性，是调查性报道应有的品质。

当事人顾先生在质疑教育局学区划分不合理时，提到了多个高档楼盘被划入新城北小学区的问题，顾先生表示"教育资源不能由富人独享"。这一观点，因为具有某种矛盾冲突，所以被一些媒体写入新闻中甚至做了新闻标题。我们在采写时尽量避免将类似言论写入文中，因为它一方面将新、老小区的区别演化成贫富差距，不够准确，另一方面也容易传导出一些对立的情绪。这样，虽然当事人的表述少了些矛盾冲突的精彩，但是文章也由此多了一分理性。

有关教育局的采写我们也尽量保持了克制。实际上建邺区相关部门在面对采访时的表现是令人很不愉快的：教育局不接受采访，推给区委宣传部来定；区委宣传部又表示采访不好协调。两个部门之间的互相推诿，很明显意在把采访无限期拖下去。

记者在写稿时，经过慎重考虑，还是以一句"经记者多方联系"而一笔带过。之所以这样处理，一方面是由于采访的遭遇与文章的主题关联度不高；另一方面，换位思考的话，教育局和宣传部的推托只是想避免自己成为舆论关注的焦点，并没有刻意去隐瞒什么，何况接不接受采访也是他们的权利。文章少一笔记者与政府部门的冲突，虽然少了一个戏剧性画面，却多了一分理性与客观。

不要抱着舆论监督的态度去做调查性报道，在这篇稿件的采写过程中，我越来越体会到党报记者应该有这样的认识、这样的理性与客观。

调查性报道、深度报道一般都会请出专家来点评。在采写稿件时，我们也采访了一些知名专家，其中不乏深刻的思想和精彩观点。其中有一位全国知名专家讲得颇为出彩，他强烈反对在没有教育均衡的条件下大力推行就近入学，认为就近入学与促进教育公平是南辕北辙。正因为他否定就近入学的作用，因而在稿件中我们放弃了使用他的观点。因为基于现实的考量，教育均衡是一个较为漫长的过程，如果非要等教育均衡了再就近入学，显然不符合我国教育的实际，也不利于教育惠民的进程。

"不断接近事实真相和问题实质。"只有保持对真相和实质的不断追问，我们的调查才能够最大限度地揭开盖子、捅破窗户纸。

（作者系人民日报高级记者，时任人民日报社江苏分社采编中心主任）

附：

就近入学　怎么近

申　琳　吴纪攀

天气渐热。

因为 6 岁女儿的入学问题，家住南京市建邺区吉庆家园的顾先生，心情随气温上升而更加燥热。

女儿蒙蒙（化名）今年秋天上小学，很可能将面临"舍近求远"

的现实：家门口 400 米左右的新城北小不能上，而要走进 2 公里外的南湖三小。因为，吉庆家园属于南湖三小的学区。

"家门口的学校不能上，却要穿 8 条马路、过 8 个红绿灯。"顾先生苦笑，"义务教育法规定的'就近入学'体现在哪呢？"

为给女儿争取就近入学的权利，顾先生一年前就提起了行政诉讼，以蒙蒙的名义将建邺区教育局告上法庭。法庭上，建邺区教育局的代理人回应称，就近入学不是"绝对就近"，而是"相对就近"，是要满足施教区内大多数儿童的"就近"。

建邺区教育局向法庭提交了一份学区图，从中可以看到，各学区大多呈不规则多边形。教育局解释说，学区划分不可能以学校为中心，以同等半径画圆。因为基于学校布局，如果画圆，很容易出现有的区域画不到圆内，甚至同一小区紧挨的两栋楼分属不同圆的情况。

"'就近'只是学区划分的一个原则，区域内学校布局、适龄儿童的数量及分布情况都是学区划分的重要原则。"建邺区教育局方面解释。

顾先生和邻居们对教育局的解释并不认同，他们提出，新城北小 3 公里外一个叫雨润国际广场的楼盘都能划进该小学的学区，400 米内的吉庆家园却划不进来，"这只能说明教育局的学区划分不合理"。

"就近"，究竟要近到哪儿？

家门口的学校，为何上不了

记者实地走访了吉庆家园和南湖三小、新城北小及其学区范围。

应天大街是南京城区的一条东西主干道，吉庆家园就在应天大街的北侧，是一个有着 20 多栋居民楼、1200 多户居民的大型小区。小区南门正对嵩山路，出南门沿嵩山路直行 400 米路东，就是顾先生想为女儿争取的新城北小，全称是"南京师范大学附属中学新城小学北校区"，2014年开始招生。2014年建邺区教育局为该校划分的施教区，以应天大街划线，路南归新城北小，路北延续10多年来的学区划分归南湖三小。

南湖三小在吉庆家园西北约2公里的位置，吉庆家园处在其施教区的东南端。这样的区域分布，对于吉庆家园的业主而言，在新城北小出现之前尚是一种可以接受的选择。新城北小去年在家门口的出现，打破了吉庆家园多年的平静，让业主们看到了改善孩子入学条件的希望。但令顾先生和他的邻居们不满的是，建邺区教育局并没有考虑学校跟前的吉庆家园，而是将离新城北小近3公里的雨润国际广场，"穿越"到了新城北小的学区。

提起新城北小的学区，家住雨润国际广场的王女士同样愤愤不平，"离我们最近的，是新城小学本部，当时买房时，开发商给我们承诺的就是新城小学学区，北校区怎么能跟本部比？要不，每平方米3万多元，谁愿意买这房子！"

雨润国际广场，离新城小学本部更近，只有1公里左右。让王女士和雨润国际广场的业主们郁闷的是，在2014年建邺区的学区划分方案中，周边的小区都划成了新城小学学区，唯独自己小区被划给新城北小。

从"就近"考虑，吉庆家园想进新城北小而不能进，雨润国际广场想进新城小学本部却被划进了北小。在市民的多元诉求面前，就近入学成为一个颇具争议的问题。

顾先生与建邺区教育局的这场官司，一审以法院驳回原告的诉讼请求而结束，原因是作为原告的蒙蒙在提起诉讼时尚不满6周岁，还不是适龄儿童，因而在法律意义上不是适格主体。顾先生本希望通过法院来对教育局的就近入学做出裁判，但诉讼没有接触到就近入学这一问题就结束了。

学区划分过程不对外公开？

孩子上学如何"就近"，学区划分怎样才科学合理？顾先生和建邺区教育局各执一词，都无法说服对方。

顾先生是去年7月与建邺区教育局打这场官司的。除了给孩子争取就近入学的权利，他还想触碰一下"神秘"的学区划分问题。在顾先生看来，孩子能不能就近入学，关键看学区划分是否科学合理、公开公正，"希望这个案子能够在学区划分问题上推动教育局的决策公开化、透明化"。

除了在法庭上阐述的施教区划分的前述几条原则，建邺区教育局在具体的学区划分上如何决策？学区是怎样被划分出来的？经记者多方联系，建邺区教育局一位不愿具名的人士简短解释道：今年年初开展的2015年学区划分工作，由该局小教科牵头，对各街道、社区的适龄儿童情况进行摸底，目前摸底工作已经完成。教育系统内部成立招生委员会，由多部门人员组成，在情况摸底的基础上听取意见、多方协商。最后，区教育局拟订方案，上报市教育局审批。按照惯例，南京市教育局在5月公布招生办法，各区教育局对照办法对本区方案最终定稿。

招生委员会按照怎样的程序划分学区？决策依据包含哪些内容？要不要向市民公开？该工作人员表示："这块工作不对外公开，也不通过媒体进行报道。"

5月26日，建邺区2015年义务教育学校招生政策向社会公布，教育局方面表示："今年的实施办法出台，经过有公众参与的研讨会、专家论证会、专题研究会等程序，做到了依法合理，程序规范。"

"很多地方的学区划分，基本都是教育行政部门按照一套内部的工作流程来操作。"在南京教育系统工作多年的资深人士郑先生说。他不愿透露姓名，但同意谈谈他了解的"教育系统内部的普遍做法"。

郑先生说，教育行政部门在学区划分上选择封闭操作，不排除个别地方有部门利益、领导意志上的考虑，但主要原因是这个问题涉及多方利益，教育行政部门担心，越是社会参与越容易纠缠不清、议而不决。"说实话，在这个涉及千家万户的问题上，绝大多数地方的教育行政部门肯定不会乱来，其内部都有一个工作程序。但是因为不公开，群众自然容易怀疑决策的科学性、合理性，担心有暗箱操作。"郑先生说："权力阳光运行是必然趋势，让类似学区划分这样关乎众人利益的决策公开化、透明化，建立一套社会认可的监督机制，教育行政部门总有一天要面对。"

南京工业大学法律与行政学院院长刘小冰认为，根据《江苏省行政程序规定》："除法律、法规、规章规定应当举行听证的外，重大行政决策事项涉及公众重大利益以及公众对决策方案草案有重大分歧的，也应当举行听证"，像学区划分这类关系到公众利益的重大行政决策理应举行听证，并对决策过程予以公开，确保公平公正。

从择校到划片，学区不能承受之重

"在现有优质教育资源还比较稀缺的情况下，学区划分让绝大多数人感到满意是不现实的。"郑先生说，就近入学矛盾的背后，首先是优质教育资源还相对集中在少数区域和学校的问题。

"顾先生选择要去新城北小，也许主要考虑的是孩子上学方便。但还有些想上新城北小的家长，主要考虑能上个更好的学校。"郑先生分析，在建邺区，新城小学是一线名校，实力比南湖三小强，本部又比北校区强，吉庆家园和雨润国际广场的业主们对北小学区的"进"与"不进"，应该主要基于学校实力高下有别的考虑。"如果南湖三小是所名校，相信吉庆家园的很多业主就不会更多考虑'就近'的问题了。否则，我们怎么理解很多人放着家门口的学校不上，而让孩子去大老远的名校'择校'呢？"

记者了解到，在南京区划调整前的主城八区，义务教育阶段的优质教育资源，主要集中在鼓楼、玄武两区。"南京市民公认的小学一线名校，长期以来有7所，鼓楼4所、玄武2所、原白下区1所，8个区的适龄儿童都想上这些名校，谁还管就近不就近呢？"郑先生说。

为推进义务教育均衡化，南京针对择校问题的政策连年收紧。今年的招生入学新政更是规定，热点公办学校如学区内出现空余学额，将由各区通过电脑派位给提出申请的适龄儿童，堵住择校的口子。

"择"不成名校，就要想办法"划"进名校，从"择"到"划"，对南京的万千家庭而言，名校资源显得太有限，也太珍贵。"在学区划分上全力以赴！"在这样的大众心态下，名校的学区划分万众瞩目，有关联的小区自然都想从中分一杯羹。

学区，不仅关乎就学，还有经济上的含义。

清河新寓是鼓楼区一个老小区，隔条马路就是长江，20世纪90年代主要为安置城市拆迁居民而建，不仅位置偏，房屋品质、小区环境与近年新建的商品房小区也有较大差距。胡先生是清河新寓的老居民，他目睹了一所学校给这个老小区带来的身价巨变。

这所新建的名为"金陵汇文"的学校，是鼓楼区一所中学名校和一所小学名校联办的9年制学校，是货真价实的名校。金陵汇文成就了清河新寓名副其实的"双学区"，如今，清河新寓的二手房价格涨到了每平方米3万元左右，而在金陵汇文成立之前价格也就是万余元。

"如果没有这所学校，即使考虑这几年房价上涨因素，我们小区的房子现在能卖到2万元就不错了。"胡先生说。

巨大的经济利益，加重了学区划分对市民心态的影响。

"普遍规则"下的"新老"办法

孩子能上名校、房子能持续升值，这两个利益攸关的因素，决定了学区划分的高度敏感，教育部门在这个问题上采取极为谨慎的态度不难理解。

在蒙蒙入学问题上，建邺区教育局不愿更多解释。郑先生分析，"教育局不敢随便松口，除全区学校的招生平衡问题之外，一方面可能考虑到新城北小对吉庆家园这个较大小区的承载力，这不是一个小孩的问题，可能是很多孩子的问题。另一方面可能还考虑到周边小区的攀比心理。不开口子，就不会有新的矛盾。"

"老小区老办法、新小区新办法"，郑先生道出了一些地方教育部门在学区划分上不成文的"普遍规则"。所谓"老小区老办法"，就是在老城区，传统的学区范围既不缩小，也不扩大，保持现状，免生矛盾。所谓"新小区新办法"，就是在一些新建区域，根据商品房建设情况确定配建学校的布局，然后应开发商对义务教育学位的申请，对新建小区予以学区分配，新小区的学区划分一般会遵循"就近"原则，同时还会综合考虑学校的布局以及适龄儿童的数量和分布情况。"虽然学区划分都是每年一公布，但基本上名校的学区划分很少发生变动。"郑先生说，学区变动就意味着利益调整，教育行政部门在这个问题上肯定要慎之又慎。

"情况确实如此，你想那些名校的学区，谁敢轻易动啊，把谁划出去都不干！这学区房大都是一手手接过来的，砸在手里谁受得了？"在鼓楼区一所名校工作多年的周老师说。

建邺区教育局的解释也基本印证了郑先生所说的"普遍规则"。该局工作人员说：建邺区是南京市2002年区划调整时形成的全新区划，规划建设工作由北向南推进，吉庆家园门口的应天大街是一条重要分界线。应天大街以北，是建邺区的"建成区"，小区早已建成，学校也已配套成熟；应天大街以南，是建邺区的"正在建设区"，这里小区正陆续建成；"正在建设区"再向南，是建邺区的"未建成区"，小区建设还不成形。应天大街以南的这两个区域，学校配套正在加快推进，其功能也主要是配套"正在建设区"和"未建成区"两个区域。

"2014年，南湖三小共招收新生147人，新城小学北校区新招收155人，2014年的施教区划分符合这两所学校的周边布局和适龄儿童状况，也符合班额规定。"建邺区教育局工作人员介绍，根据2015年的摸底情况来看，新城北小按照2014年的施教区划分，施教区内的生源依然饱和。

5月27日，建邺区各个小学今年的招生通知张贴在了相关的各个小区，吉庆家园仍然属于南湖三小的施教区。这样，蒙蒙小朋友如果仍想选择去新城北小就读，将取决于3个因素：北小是否有空余学额、北小是否实行电脑派位、派位的结果。"我决定重新起诉教育局，把官司继续打下去。"顾先生看到今年的学区划分后表示。

同一天，王女士惊喜地发现，新城小学本部大门口公布的该校2015年施教区范围，包括了雨润国际广场所处的区域。"希望以后不会再有变化。"王女士还是有些忐忑。

按照南京市近日公布的2015年重点民生工作，今年将试点义务教育大学区制。"把学区扩大，然后再摇号产生名额。这样一来，确实让更大范围的孩子获得了上名校的机会，但名额毕竟有限，必然会产生新的矛盾。"周老师对此表示谨慎乐观，认为此举的最大作用是可以给居高不下的学区房楼价"降降温"。

在"就近"与"均衡"之间

就近入学的实质，是为了实现教育公平。但教育公平的根本，在于教育资源的均衡化。

江苏几位教育界人士在接受采访时认为，在就近入学和教育资源均衡的先后顺序上，现阶段首先力推就近入学值得商榷：学校水平还有较大差别，一实行"就近"，大家都想划进较好的学校，矛盾自然不可避免；如先有教育资源均衡，学校水平都差不多了，学区怎么划都好接受，就近入学自然水到渠成。

"就近入学的作用在哪里？"一位专家表示，"最主要的是遏制了择校现象，在形式上实现了教育公平。但是社会对教育公平的核心诉求是什么？是能够普遍享有优质教育资源，而这不是仅仅靠就近入学能够解决的。不仅如此，就近入学还将有限的名校资源固化在一定区域、一定家庭手里，其实对区域外的家庭何尝不是一种不公平？"

"确实，就近入学是默认了教育资源不公平的现状，但是它既合法又合理，既符合义务教育法，又更多从孩子的角度进行考虑，上学方便，多睡会儿觉，不至于太辛苦。"南京市中小学教育专家谷力表示，教育资源均衡更多是从宏观的、成人的层面考虑，因为就近入学只能是暂时缓解社会矛盾，而客观的不均衡的教育现状、社会对教育公平的期盼，会对政府形成持续的压力，由此倒逼加快教育资源均衡化的步伐。

南京也在不懈探索推进义务教育均衡发展。新城北小，就是建邺区利用新城小学的名校资源开办的新校区，新城小学还办有南校区。而在优质教育资源集中的鼓楼区，各大名校办新校区、分校的力度更大，覆盖范围更广。按照南京市2015年义务教育阶段招生工作的文件要求，各区"通过科学划定施教区、统筹师资流动和名校兼并托管、集团办学等途径，促进辖区内教育资源均衡布局"。

在清河新寓北边不远，有个叫长阳花园的商品房小区，当年配建有一所长阳小学，用35岁的业主王先生的话说，教育质量一般，"我当时考虑要给孩子在附近择一所好学校"。早在金陵汇文建设之前，鼓楼区就安排一线名校拉萨路小学进入长阳花园北部区域，这里原来的银城小学成为拉萨路小学分校。正在王先生准备找关系择校银城小学时，长阳小学又被整合为银城小学的南校区，王先生觉得天上掉了馅饼，"家门口有了这么好的学校，哪里需要我再动择校的心思？"

鼓楼这样"名校一抓一大把"的区，推进教育资源均衡相对容易，而像建邺区这样教育底子薄的区在南京却是多数，短时间内实现优质教育资源的广覆盖，确实勉为其难。况且，南京绝大多数义务教育阶段的学校都属区管，由于行政区划上的分隔，教育均衡也主要是区级层面的均衡。教育弱区要分享教育强区的均衡化成果，若没有市级层面的强力推动和管理体制上的改革创新，依然难以实现。

在南京市政府与相关区的积极推动下，一些名校近年也开始积极尝试跨区域整合，优质教育资源集中的鼓楼、玄武两区名校，已开始与其他区探索合作办学模式。虽然尚有不少亟须理顺的问题，名校跨区办学的步伐仍比较缓慢，但毕竟在整个城市的教育均衡发展上，南京正迈出可喜的一步。

（原载《人民日报》2015年5月29日）

（吴纪攀系人民网江苏频道记者）

第三辑
思考：问题是思想的火种

　　问题是时代的声音，做报道就要树立"问题意识"，坚持问题导向，弄清问题本质。要根据时代特征和要求，察觉发展中的新问题。把握问题要有"过程意识"，要以建设性态度观察与思考，集聚推动发展正能量。工作性报道是讲好中国故事的日常表达，同样要树立"问题意识"。要在全党工作的中心和改革开放的全局下辨析判断问题，自觉服务服从于大局。多想必须多学，多学方能深思。思考越深，思路越清。

面向问题　推动实际

——《瞎指挥搅黄了退耕还林》见报前后

钱　江

2000年8月29日，《人民日报》发表通讯《瞎指挥搅黄了退耕还林》。报道引起国务院领导同志重视并作出批示，进而派出调查组核实，推动了实际工作。这篇报道的得益者是生活在莽莽群山中的农民，是正在辽阔西部开展的退耕还林宏伟工程。

对退耕还林的最初感受

1999年11月，我到陕西、甘肃做调研，为编制来年的西部大开发报道计划做准备。在西部大开发中，退耕还林是一出重头戏，记者部打算做点针对性研究。调研中接触了陕西、甘肃和西安、兰州等省、市林业部门的同志，他们对中央开发西部的决策有强烈的认同感，对退耕还林有很高的积极性，但一问如何编制退耕还林的具体计划，得到的回答惊人地一致，都说这个问题很复杂，计划工作还要过一段时间才可能完成。

2000年初春，我担任值班编辑，多次请各地记者，尤其是西部地区记者就当地退耕还林的准备情况发回报道，但反应不够强烈。特别是西北的记者反映，那里气候高寒，退耕还林要到四五月以后才开始。

转向西南的记者约稿，大都反映说，这项工作刚开始，省里还没统一可靠的数字。唯独驻贵州的胡跃平反响积极，愿意进一步关注。

4月，由我牵头，记者部组织小型战役采访，胡跃平、孙海涛与刘杰合作，写了通讯《贵州向石漠化宣战》。此稿与退耕还林密切相关，后来获人民日报好新闻一等奖，也为胡跃平下一步深入报道退耕还林打了一个基础。

5月、6月，西北地区退耕还林报道有记者陆续写来，可是分量不重。我感觉到，退耕还林比想象中复杂得多！

朝着既定方向约稿

6月，我先后给陕西、甘肃、贵州、云南的记者打电话，希望他们关注退耕还林问题。可反馈的线索总不能令人满意，退耕还林在当地已产生了哪些影响？是否有工作典型？对报来的几个"典型"线索细致一分析，并不典型。

转机出现在西南。6月下旬到7月，胡跃平采访了贵州几个退耕还林工作做得好的县，发回了消息和图片。但表示怎么深入报道有困难，因为省里确实还没有数字。

7月中旬，我和胡跃平通电话时建议，他已做过面上的了解，应继续深入，放弃等待汇总材料的想法，把采访点放在乡、镇一级，最好到一个村子里，从落实国家退耕还林的一系列政策入手，发现问题。"你这样做，故事就出来了。"

胡跃平欣然同意，表示下乡去抓活材料。

7月28日，报社记者参加由朱镕基总理主持召开的国家退耕还林会议，会上发给与会者一份某地退耕还林工作遭受失败的材料，要求大家认真读一读，吸取教训。

　　记者部负责同志将这份材料给了我，要我认真阅读，深入考虑如何报道退耕还林。这份材料给我很大震撼，加深了我对退耕还林工作复杂性和艰巨性的认识，同时使我坚定了信心：人民日报记者应该采写出有分量的关于退耕还林的报道。

　　8月1日，我和胡跃平通电话，催促他动身，同时商定，有好的典型当然该写，如果发现了明显有问题的地方，也可以报道，把问题揭示出来。

　　胡跃平也认同，说退耕还林在贵州已进行了一段时间，成功的经验和失败的教训都有，都值得总结，只有这样，才能抓住西部大开发的历史机遇。

再走一步正好踩在点上

　　8月10日晚上，胡跃平打来电话，说他在清镇市看了一些退耕还林工作做得较好的点，这里的工作很有成绩，可以作为正面典型报道。他想再换一个地点看看，征询我的意见。

　　我肯定他换个地方看看的想法很好，这样好有对比，两个地方比较，看得清楚。不过建议他不放过清镇这个点。换个地方看看如果不合适，就转回来再做深入采访。

　　第二天，胡跃平朝龙里县方向去了。

　　这是一个重要的选择。若是浅尝辄止，留在清镇不动，一篇好通讯的机会就可能失去。极佳新闻线索被抓到前总是最平静的，平静得四周一片模糊，会同时涌出许多选择。一条好新闻的产生，就是这名记者朝着正确的方向迈出了关键的一步，并正好踩到点上。

　　几天后的晚上，电话里传来胡跃平激动的声音："抓住了，抓住了一个典型！说明了退耕还林的复杂性。我还拍了照片。"接着，他介绍了在龙里县谷脚镇发现的问题。

我同样激动。我们反复琢磨，花费了半年的心血，终于找到了一个合适的切入点。发生在谷脚镇的问题被胡跃平在8月里发现，有一定偶然性。但是，想想漫长的准备过程，类似于谷脚镇的问题被胡跃平发现，又是必然的。

须知此事要躬行

胡跃平事后写了一段文字，回顾他是怎样发现这个线索的：

> 8月11日，我到了龙里，县领导陪州检查组检查退耕还林工作去了。我下乡找，正碰见检查组车队返县城，立即掉转车头追，和县领导接洽上。

> 午饭时，龙里县分管林业的副县长杨光林建议我去谷脚镇采访。为什么到那里去？也许是州、县领导都在场，他不便多说。县里下午开汇报会，我决定先听听再说。听汇报时悄声问州检查组一位同志，上午检查情况怎样？他在我耳边轻轻道："镇里一片片的马尾松死了不少。"这句话至关重要，因为核实栽树成活率是退耕还林最重要的指标。

> 晚上，我单独找到杨副县长，问他成活率为什么这样低。他一股脑儿说出了谷脚镇退耕还林中的种种问题。回到招待所，我连夜拟出有9个问题的采访提纲，第二天早上在县林业站站长刘坤陪同下踏上了采访路。

> 在谷脚镇两天，爬了好几座山头，拍了不少照片，做了上万字的采访记录。回到县城后，又与分管副县长和县林业局、水电局有关负责人核对事实。慎重起见，回贵阳又到省林业厅和水电厅做了采访。这样，就可以清楚地认识到，谷脚镇的情况相当典型地反映出了退耕还林这项工程的复杂性。

一石激起千层浪

胡跃平的第一稿终于来了，4300多字。他来电商议稿件修改时，我建议他根据版面要求改到2500字内。另外，来稿涉及方面较多，建议适当集中，主要揭示当地退耕还林中偏重"形象工程"，对复杂的问题没有细致研究、指挥简单化的问题。

修改稿传来后，我发现其中有两处"群众说"或"有村民说"的字样，是提出批评意见的。又商作者，提出将真实的人名写出来，以增强报道真实性。胡跃平立即拨通谷脚镇的电话，找到向他反映情况的农民。结果一切顺利，对方都愿意对自己的意见负责。

这篇报道刊出后会在当地引起反响是意料中的。两天后胡跃平就发来情况报告：

> 稿件见报当天，贵州省政府办公厅于上午9时电话告知记者站，决定由省长助理禄智明为组长、省林业厅厅长等有关部门负责人组成调研组，并邀请人民日报记者胡跃平，于8月30日清晨赴龙里县就该稿所揭露的问题进行处理。正在安徽考察的省委书记看到这篇稿子，对本报批评很重视，决定提前赶回贵阳进行研究处理。

> 这两天，记者站办公室电话接连不断，不少机关单位、新闻同行和读者对人民日报刊登的这篇稿子给予充分肯定和较高评价。省农业厅郑传楼处长说：我是流着泪看完这篇稿子的。现在报喜的记者多，敢于揭露问题的记者少，面对不少干部普遍存在的形式主义、官僚主义作风给老百姓所带来的危害，敢于直面揭露和批评，这充分体现了党报记者强烈的社会责任感和对党、对人民高度负责的精神。

随后，我们得知，国务院领导十分重视这篇报道。报道见报当天，李岚清副总理作了批示，要求有关部门派人做调查，对执行政策中的一些偏差，及时予以通报、查处、纠正。温家宝副总理也作出批示，要求由国家计委、林业局派人调查处理。朱镕基总理于8月30日批示，同意组织调查。

国家计委（西部办）、林业局组成了由胡培兴带队的联合调查小组，于9月6日前往贵州龙里县实地调查。

最大得益者是退耕还林的农民

调查组结束了在龙里的调查后，回到贵阳约见了人民日报驻贵州记者站站长胡跃平，与他交换意见时通报说：

> 联合调查组在龙里谷脚镇工作了4天。北京的林业专家现场共检查了20户人家，进行了细致丈量。最后确认，达到标准的仅仅5户，合格率25%。专家勘查总成活率不到40%，低于退耕还林标准。林业专家认定的结果，与记者的报道是一致的。

3个多月过去。11月下旬，胡跃平接到龙里县县长的电话，告诉他，自从那篇批评报道发表以后，龙里的退耕还林工作发生了很大的变化。现在，县里邀请记者再到龙里看一看。胡跃平去了，亲眼看到了龙里，还有谷脚镇退耕还林工作发生的变化。过去那种粗放、随意的做法不见了，各种规章制度严密了，绿色渐渐回到那片起伏的山峦上。

他为此又写了一篇消息《贵州龙里县退耕还林整改有成效》，发表在11月26日的《人民日报》上。他在发稿之后给我打来电话说："这一组关于贵州退耕还林的报道发表后，最大的受益者是当地退耕还林的农民！"

我只觉得泪水热热地漫上眼眶。我们——普普通通的编辑和记者，对新闻线索苦苦追求，对案头文章反复推敲，不就是为了这个目标吗？！

（作者曾任人民日报海外版副总编辑，时任人民日报社记者部副主任）

附：

瞎指挥搅黄了退耕还林

——来自贵州龙里县谷脚镇的报告

胡跃平

谷脚镇的农民以忧郁的眼光看着记者。

今春，贵州龙里县谷脚镇因被列入长江流域退耕还林试点荣耀过一番，山民们轰轰烈烈地在陡坡耕地上栽了2000多亩树苗。如今呢？记者于8月12日爬上了谷脚镇山头，只见连片的马尾松苗已经枯死，成活率几乎为零。其他种苗如火炬松、椿树、香樟等，成活率在30%以下。一片绿色的希望就要飘走了！

形象工程害死人

谷脚镇重峦叠嶂，近一半耕地"挂在"土层瘠薄的陡坡上，一场雨就会刮走一层土，山民们多年来热切地盼望着退耕还林。

记者从枯叶点点的山上下来，走进岩后村农民左邦奎的家。"你家松树栽活没有？"左答："不晓得。栽上后就没去看，季节过了才种，咋会栽得活？"贵州造林季节在冬春，最迟不过3月上旬。谷脚镇种的这片树却是4月初才动手栽的。

大坡村支书吴光甫道出了实情：3月9日，上面来人宣传退耕还林，说我们这儿是试点。还说下半年朱总理要来贵州视察，谷脚镇离省城近，又在国道边上，总理如果到黔南，谷脚是必经之路。为让总理高兴，得赶快拉树苗来，在公路两旁栽上，搞个"形象工程"。我说："行！你们得面子，我们得实惠。"因为对每亩退耕地，国家每年补助农民150公斤粮、20元管护费和50元一次性种苗费。这位支书当晚通知，第二天开群众大会，第三天村民上山挖树坑，只等县林业局运树苗来。

4月初，一车车树苗从县里拉来，几天工夫，几十万株树苗便立在2000亩山坡上。接下来就是各级领导络绎不绝前来参观视察。谷脚镇干部说：前前后后来了20多批。由于县林业局退耕还林前期工作经费一时未到，镇里东拉西扯垫出4万元，其中3万元花在招待费上了。那阵子，县上的部门领导下来，镇里招待。州以上部门领导下来，回县城还得由县政府招待。

下来的检查者乱吃，村里的工作乱套。树苗一车车拉来，转眼间被村民哄抢一空。接着，各家干各家的，你家施肥我家不施，你家挖深坑我家挖浅坑。土地未规划和丈量，潜伏下村民之间扯皮的隐患。分管副镇长说："这样搞，明明是哄鬼的。那几天我没上山，借故干别的事，免得今后群众朝我骂娘。"可是，副镇长是不是把责任也躲开了？记者走访了几十户村民，都说上面没有谁来教过他们。"种粮是我们的本分，种树不见得个个都懂。"没有科学规划和作业设计、没有丈量土地和技术指导，2000亩树苗盲目又热闹地栽下去了，没过多少日子就一片片死去。

种下了树的村民们很气恼，村民组长杜金荣对记者说："明明知道种树季节过了还要硬搞，上面来人检查，镇里还得说有多少多少成活率。树苗死了，被坑害的是老百姓！这里风气不好啊，退耕还林，村哄镇，镇哄县，一直哄到国务院。"

复杂问题为何不预作筹划

退耕还林本是好决策，很快激发起谷脚镇村民的热情。遗憾的是，热情和汗水换来的却是苦涩的失败之果。

龙里县林业局的领导说："当时在谷脚搞试点，有赌一把的心理，行不行先摸摸，投石问路。"但这一"赌"，10万元种苗费便打了"水漂"。

记者在321国道上环顾谷脚镇四周，"退耕"的陡坡上，玉米又重新种到了山顶。

退耕还林面对千家万户，工作复杂艰巨，政策性很强。比如国家向退耕户每亩一次性补助50元种苗费，就不简单。谷脚镇的大多数村民并不知道自己实现退耕后还可能领到这笔钱。各级管理部门的说法也不一致。县林业局长明确地说：龙里县应拨到种苗费128万元，这笔钱应由林业部门统筹购苗，向农户无偿供苗。可是分管副县长说：这笔钱应由林业局拿计划，报县政府批准，财政统一安排，成活率达标验收后结算……他的意思是这笔钱该由县财政来管。但是分管副镇长说：这笔钱最好由镇政府掌握，如发给村民，有些人会拿去喝酒买肉吃。谷脚镇老街村民组组长胡源平却对记者说："这笔钱直接发给农民自己选购苗木，自家土里该种啥自己最清楚。"

记者算了一笔账，谷脚镇4月初栽的两种松苗，平均一株8分钱，每亩约220株，共计不到20元，按50元的种苗补助标准，还结余30余元，这笔钱累计起来不是一笔小数，为什么不能事先慎重考虑，认真计划，做出决断呢？

瞎指挥何年何时了

瞎指挥、乱指挥，对于谷脚镇的村民已经不是头一遭了。

记者路过谷脚镇寸沟坡，陡坡上遍种玉米、瓜菜。爬上山，不经农民指点，真难发现农作物中套种了星星点点恹巴巴的枇杷、板栗、梨子等树苗。经果林中是不能套种庄稼的，果然，两尺来高的枇杷苗没有一棵是活的！这是去年县水电局实施的"水保林"项目，也是为了退耕还林。这项资金由中央财政专项投入，只限于无偿提供苗木和化肥。前年和去年共投了175万元，光苗木费就花了70万元。

村民杜金荣说："去年栽树时热闹啊，镇里通知我扛来20多面彩旗插在坡上，连一年级的小学生都上山浇水。树一栽，再也没人来管过。"可是县水电局一位负责人至今仍认为寸沟坡的枇杷苗成活率有30%。谷脚镇村民们说："不信带你来看看嘛。"

大坡村支书吴光甫说，由于水土流失，村里年年都要被洪水冲掉10多亩良田。谷脚镇村民们一年辛苦下来人均收入才1000多元。4月里栽的小树苗连片枯死，今年国家补助的粮食能否兑现？村民心里不踏实啊。西部开发，国家拿出那么多钱退耕还林，要是蛮干瞎干，再多的钱也填不满无底洞呀！

雨夜里，记者打着这篇稿，眼泪也洒落在键盘上。

（原载《人民日报》2000年8月29日，获2000年中国新闻奖）

（胡跃平系人民日报社天津分社原社长，时任人民日报驻贵州记者站站长）

树立问题意识，增强洞察能力

马跃峰

当前，改革进入深水区，开放遇到新挑战，各种问题层出不穷。关乎老百姓利益的讨论不绝于耳，关乎国家长治久安的大事不断出现。作为党报记者，一方面，要以强烈的历史责任感去发现时代变迁中发生的新问题；另一方面，既要有"问题意识"，也要有"过程意识"。要通过自己的报道引导受众正确看待问题、客观分析问题、妥善解决问题。

增强问题意识，敏锐做出判断

记者是时代的同行者。与时俱进，就是要在发展阶段转变的关键点，遵循规律，把握变化，放出新眼光，发现新问题。对于驻地记者来说，要不断深化对社会发展规律、某一领域或某一行业规律的认识，要有强烈的忧患意识，只有树立问题意识，才能增强洞察问题的敏感性。

2017年12月18日，《人民日报》政治版推出的头条报道《扶贫攻坚不能搞花拳绣腿》，曝光了有些地方在制定扶贫政策、考核评估、督查巡查等方面存在的不严不实、面子工程、一刀切等问题，直指扶贫领域的形式主义、官僚主义表现。报道刊发后，反响强烈，各大媒体平台广泛转载，并引发多篇后续报道。习近平总书记于党的十九大后在成都主持召开首次脱贫攻坚战座谈会时，在讲话中多处引用该文的内容。

此前，习近平总书记多次强调，脱贫攻坚要实打实干，防止形式主义，不能搞花拳绣腿，不能搞繁文缛节，不能做表面文章。各地落实的情况怎么样？在脱贫攻坚引向深入阶段时，总编室政治版约稿，让记者密切关注。接到任务后，我迅速到河南某县采访，所见所闻的问题比平时听到的更为严重：

"书记，书记，不下功夫去扶贫，只剩书书、记记，怎么能行？"

一位第一书记介绍，有一个贫困户，光身份证号码就填了几百次。一个贫困村一年花在打印上的钱，不少于2万元。"在扶贫中，这些表格的主要作用就是迎接检查。"今年5月，有一个乡迎接检查团，仅打印费就花了10多万元。

一位第一书记告诉记者，特别是一些山区县，从县城到村里要一两小时车程，签到不合格还要被通报、处分。"第一书记天天待在村里，反而扶不了贫！"

这些问题被反映后，不少干部说"看了过瘾"，"说到了点子上"。

立足当前，不要超越阶段

事物发展有不同阶段，阶段之间互相区别，各有特点。因此，要立足当前，去做那些现阶段应该做又可能做到的事情，不要超越阶段。因此，一方面，我们的报道要有"问题意识"；另一方面，记者也要有"建设心态"，看问题要有"过程意识"。在日常采访中，经常会遇到一些地方盲目提出夸张口号，许出空头支票，拿出"偏方花招"。这时，要保持清醒头脑，看到其危害，剖析其动机，切不可随波逐流，甚至曲意逢迎。

2017年年底，我到豫东采访。当地干部极力推荐健康扶贫经验，其中包括对贫困户实行大病救助、花费上限封顶等政策。县医院设立贫困户绿色通道、专用病房。凡是贫困户住院，医院赠送一个洗脸盆、一条毛巾、一盒香皂。看过之后，对照中央提出的"严格坚持现行扶贫标准，不能擅自拔高标准，也不能降低标准""既要下决心消除绝对贫困，又不能把胃口吊得太高"，我认为县里集中力量，突破政策，防止因病致贫、因病返贫，大部分做法是可取的，但设立绿色通道、专用病房等做法，明显拉高标准，会引起非贫困户，特别是边缘户的不满。在写作时，没有采用这些看似生动的细节。

到河南柘城县蹲点，采写"记者调查"《一个小镇彩礼的潮起潮落》时，在分析高价彩礼的巨大危害、产生原因，讲述当地采取的有效举措后，似乎可以结束了。然而，总觉得少点什么。因为，农村的移风易俗，绝非一朝一夕、搞一两次活动就可以成功。于是，即将结束采访之时，我选择了暗访。从柘城县张桥镇向南，开车不过10公里，就是鹿邑县玄武镇。两镇百姓常有通婚，张桥镇降彩礼，玄武镇却不降。由此可见，移风易俗难在不能"一盘棋"，关键在于"不能只刮一阵风"。

后来报道把结尾结在"不能只刮一阵风"这个问题上：一位红娘道出了自己的担心，"表面看谁也不敢多要了，可私下里，女方追加彩礼，男方能不给？不少人在观望，新风到底能坚持多久？"实事求是，也更显思考的力量。

立足当前、放眼长远、与时俱进，是树立"问题意识"的内在要求。中国问题的解决，不仅要关注"好不好""该不该"，更应探寻"行不行""能不能"。人们追求美好生活，对解决问题的愿望迫切，可以理解，不过，如果能在记者的引导下，多点"过程意识""建设心态"，会更有利于达成共识，共同努力，推动问题的解决。

（作者系人民日报社贵州分社社长，时任人民日报社河南分社采编中心主任）

附：

扶贫攻坚不能搞花拳绣腿

马跃峰　姜　峰

"书记，书记，不下功夫去扶贫，只剩书书、记记，怎么能行？"中部某县旅游局新派了驻村第一书记，县里要检查扶贫档卡，为完成任务，第一书记向本单位求援。县旅游局只留一个值班人员，全单位下村突击填表格，一切业务暂停。"填报各种表格成了扶贫工作最大的负担。"这位书记打趣说。

近日，记者在中西部一些县采访中发现，很多第一书记对扶贫领域出现的形式主义、官僚主义，既深恶痛绝又深感无奈。

填报材料耗时费力

"像这样改来改去的表格，我已经填过9套了，连贫困户都烦了，说怎么老让我们签字啊"

很多第一书记反映，填报材料耗费了大量精力。扶贫档案要求必须由第一书记亲笔填写，一式三份，均不得出错，不得涂改。"有任何变化，三份都得改，改一项数据就得折腾好几天。如果在小村工作，贫困户不多，执行起来没问题。如果在大村扶贫，贫困户有1000多个，光靠第一书记一个人填写，很难在规定时间内完成。"

"互联网时代，这种管理方式确实有些落后。"一位第一书记介绍，有一个贫困户，光身份证号码就填了几百次。一个贫困村一年花在打印上的钱，不少于2万元。"在扶贫中，这些表格的主要作用就是迎接检查。"今年5月，有一个乡迎接检查团，仅打印费就花了10多万元。

精准扶贫成了"精准填表"。不久前，有领导到某村检查，发现档卡有一处涂改，大发雷霆，"这是什么性质的问题？脱贫档案是进入博物馆的历史见证，你们就是这么做工作的？"对此，一位第一书记认为，扶贫工作的确要避免疏漏和失误，但现在要求做到三个"零差错"，干部们压力很大。"要求给贫困户算账必须精确到几角几分，实话说，自己家的账也未必能这么精细。"

"经常有领导来检查后，指示扶贫要怎么搞，于是乡里就得在表格上再增加几条，原来填过的表格再重新弄。"西部某省的一位第一书记说，有一次，检查前两天，县扶贫办又发下来一套全新的表格，填完再让贫困户签字。"像这样改来改去的表格，我已经填过9套了，连贫困户都烦了，说怎么老让我们签字啊！"

考核监督流于形式

"驻村书记最大的任务是帮村里找资金、跑项目，结果我们常常被定位打卡拴在村里"

为何如此重视填表？很多干部看来，这种形式主义源于考核验收不重实际，导致基层栽盆景。

检查组进村，主要看工作有无痕迹，一般一看表格，二看照片，三是入户。为了迎接检查，有的村制作大型标识牌、宣传牌，花费数万元，只为了让检查组看着舒服。

中部某村，最近这几个月，每天都至少有两次验收，省、市、县、乡，各级督导组的标准和说法也不够统一。为了应对检查，一些干部只做表面文章。记者从西部某县了解到，有的村子为了应对检查验收，贫困户家里不好看就给买新的衣服被褥，再花钱把房子内外一粉刷，检查组入户一看就像新的一样，而实际问题并未解决。

此外，打卡出勤成为很多地方考核驻村干部的重要手段，"这有利于约束和监督驻村干部，确保出勤天数，但不能过于僵化，驻村书记最大的任务是帮村里找资金、跑项目，结果我们常常被定位打卡拴在村里。"一位第一书记告诉记者，特别是一些山区县，从县城到村里要一两小时车程，签到不合格还要被通报、处分。"第一书记天天待在村里，反而扶不了贫！"

对口帮扶冷热不均

一些强势部门的对口扶贫点，村民已住上别墅，可为了打造"亮点工程"，仍有大把资金支持

产业扶贫是脱贫攻坚的核心，然而也有不少形式主义、官僚主义的表现。农业种植往往利润低，群众挣钱慢、挣钱难，西部某村为了完成脱贫任务，在产业项目设计上"图省事"，找点资金，给群众买羊买牛。一户贫困户10只羊，按一只羊能卖2000元计算，就是2万元，再按这户人家人头平均下来，脱贫任务就完成了。然而从养殖技术、疫病防治、市场销路等各方面来看，这种所谓的"产业"发展持续性都比较差。甚至有极端情况，牲畜得病死掉了，还继续给贫困户买羊买牛，还有个别贫困户偷偷把羊卖掉，然后说被偷了，却要求补偿养羊的"工资"。

现在，各地都要求干部要给群众讲清楚扶贫相关政策，于是，有的村子就自制扶贫卡、宣传单，贴到贫困户家。但事实上，很多贫困户对政策依然不了解，就抱怨说："政府发钱给我们就是了，何必搞那

么多名堂？"

访谈中，一些第一书记反映，不少地方存在"越富越帮"现象。特别是一些强势部门的对口扶贫点，村民已住上别墅，可为了打造"亮点工程"，仍有大把资金支持。而同乡有的贫困村，至今路还没修通。"一个省直机关对口帮扶600人的贫困村，投资5000多万元打造新农村建设示范点。为什么不多关注一下非贫困村的贫困人口？为什么不到深度贫困村看看？"一位书记说。她希望，最近省里下派200多名第一书记，能多分配到深度贫困地区，多做"雪中送炭"的事。

制定政策脱离实际

房子外层覆盖保温层，每平方米造价100多元。这一设计在农村不实用，还必须按规定办

脱贫工作中，官僚主义时有出现，其中之一就是贫困发生率一刀切，群众有的被贫困，有的被脱贫。此前，某村被定为贫困村时，按照贫困发生率需要有42户以上贫困户，可村里算来算去只有30户。乡里不答应，无论如何必须达标，只能人为增加。今年该村要整村脱贫，按照国家规定，贫困发生率需低于2%，最多只能留下12人，乡里又人为加压，要求贫困发生率低于1.5%，只能保留9人。这可难坏了驻村干部，连续5天在贫困户家，一算一天账，希望算出个脱贫户。驻村干部们认为，各村实际情况不一样，标准一刀切难免脱离实际。

某县为贫困户改造房屋，按规定，房子外层要覆盖保温层，每平方米造价100多元。第一书记老周发现，这一设计在农村不实用。村民习惯在外墙挂梯子或堆杂物，保温层极易损坏，建了就是浪费。他们找到规划部门说明情况。工作人员说："施工方案按国家建筑规范统一标准制定，你们也可以选择不建。"问施工单位，又说："不按图纸建，验收通不过。"干部纳闷："用不着办的事，还必须办，眼看着浪费资金。"

"扶贫工作有特殊性，不能做表面文章，只有深入实际潜心找规律才能找准脱贫药方。"很多第一书记表示，纠正"四风"新表现，既要从驻村干部自身找原因，各级主管部门也要切实转变工作作风，多些真抓实干，不搞花拳绣腿，才能真正走出形式主义、官僚主义的怪圈。

（原载《人民日报》2017年12月18日）

（姜峰系人民日报社重庆分社采编中心主任，时任人民日报社青海分社采编中心主任）

批评报道要有建设性思维

曹树林

2015年是新环保法正式实施第一年。兰州石化多次排污被兰州市公开痛斥，是新环保法实施后发生的第一个"大事件"。

作为驻地记者，我们一直关注兰州市治污的进展。而兰州石化的地位及其历史由来我们也很清楚。事件一出，分社立即与"对峙"的双方沟通，了解情况。林治波社长跟兰州市委、市政府联系，弄清了事件原委和政府的态度；我直奔兰州石化公司，对实际情况及他们的内心想法"摸底"。

实际上，"兰州石化遭痛斥事件"的背后有很多不为人知的"秘密"。

第一，兰州市的公开通报中有很多硬伤。比如把2014年8月4日发生的"丙烯泄漏"事件弄成了"乙烯侧漏"，把经过改制已与兰州石化无关的企业排污问题归罪在兰州石化头上，把排污"超标"说成是"违法"（违法的定义是超标3倍以上），等等。而且，因为生产异常造成短时间排放超标就像交通事故一样，是不可避免的，通报中关于兰州石化"社会责任何在"的指责也明显不够理性。

第二，兰州石化总经理李家民在见到记者时第一句话就说，"人民日报是我们接受采访的第一家媒体"，中国经营报、中广网等媒体根本没有采访兰州石化，其报道中很多所谓"兰州石化回应"都是捏造出来的。

第三，关于兰州石化搬迁问题，实际上经过三次大的调整，基本方案已经定下来了。只不过，由于搬迁以后需要的员工大大减少，超过半数的现有员工都将面临分流，兰州市和兰州石化方面一直没敢公开，以免引起不稳定。

尽管如此，兰州石化作为"央企"，的确有高度的政治意识、大局意识和责任意识。公司党委研究决定，为了不让此事继续发酵升级，导致最后双方都下不了台，无论兰州市的通报有多少纰漏，公司决定一概不提、"诚恳认错"，并推出一系列治污措施。

听取双方的意见之后，我们对此事件有了清晰的认识：兰州市之所以公开批评兰州石化，实际上是想借助媒体力量，为其治理工业污染赢得主动；而兰州石化方面尽管存在诸多"委屈"，但也主动放弃了辩驳权，表示接受批评，立即整改。

甘肃分社定下了报道基调：总体上要支持兰州市的治污工作，对兰州石化破坏兰州的环境进行批评；但同时在舆论监督中要有建设性思维，坚持平衡报道，尤其要把兰州石化的委屈客观地写出来。

至于在采访中了解到的很多"秘密"，由于报道的最终目的是宣传新环保法的实施，使各级党委政府、企业以及群众环保意识进一步强化，而不是纠缠一些无谓的细节；是"定分止争"，而不是让口水仗无休止地继续下去——这也是兰州市和兰州石化的希望，所以，我们在报道中对兰州市通报的各种硬伤只字不提，对其他媒体不负责任的一些报道，我们也不正面抨击，以免引起脱离环保主题的新一轮争论。

按照这一要求，在写作时我坚持平衡、中立、客观报道，一方面肯定兰州治污付出的努力和取得的成绩，另一方面也讲清楚兰州"石油围城"的历史成因以及兰州石化自觉履行社会责任的种种事实，尤其是其在节能减排方面的努力。

报道一出，当日新闻网站转载超过500家，网络上各种纷纷扰扰的声音逐渐趋向统一。对兰州市"铁腕治污"，网友纷纷点赞；对兰州石化积极整改，网友表示了认可。关于兰州石化"搬迁"问题也基本形成一致意见：势在必行。而之后数日，网络舆情渐趋平息。

报道刊发当日，兰州市环保局局长闫子江打来电话表示感谢，他说我们的报道营造了有利的舆论氛围，有力支持了兰州市环保工作的推进。兰州石化公司党委宣传部长杨小刚也致电记者说，公司总经理李家民、党委书记李政华看了报道，认为人民日报的报道中立、客观、公正，虽然批评了兰州石化，但也没有抹杀兰州石化一直以来主动承担的社会责任和节能减排的努力，他代表公司向人民日报致谢。

媒体面对复杂事件报道，首先必须在深入采访的基础上准确把握事实真相，然后准确把握涉事各方内心真实的想法，最后在报道中坚持平衡、中立、客观陈述，让批评对象因为你的报道而敬重你。我们批评了兰州石化，兰州石化不仅对我们没有成见，反而进一步加深了感情，这让我倍感欣慰。

（作者系人民日报社新闻协调部媒体融合运营室主编，时任人民日报社甘肃分社采编中心主任）

附：

兰州石化，功臣缘何变"罪魁"

林治波　曹树林

核心阅读

兰州石化是国家"一五"期间156项重点工程之一，被誉为新中国炼油工业和石化工业的"摇篮"，是兰州发展史上的功勋企业。自2014年8月以来，兰州石化环境污染事件频发，遭到兰州市公开严厉指责。如此罕见的痛斥背后，是新环保法实施后的严格执法，还是"逼迫"兰州石化搬迁的"撒手锏"？

兰州再次成为舆论焦点。

1月8日晚间，中石油兰州石化分公司因设备故障导致火炬气燃烧，排放滚滚黑烟，兰州市局部空气质量显著恶化。而此前不到半年时间，该公司已多次发生环境污染事件。

1月9日，兰州市公开严厉指责兰州石化：短短数月，屡次环境违法，作为央企，社会责任何在？并明确要求其公开道歉。

一个地方政府如此声色俱厉地指责当地的大企业，非常罕见；这也是"新环保法"生效以来国内首个重大环保话题，此事立即引起舆论关注。

而上一次兰州被舆论聚焦，是去年4月兰州发生"4·11"自来水苯超标，该事件后来直接导致兰州创建全国文明城市被"一票否决"。

而追究自来水事件的根源，竟也与兰州石化的事故残留有关。

有人说，兰州市公开指责兰州石化环境违法，是"逼迫"兰州石化向兰州新区搬迁使出的"撒手锏"。事实果真如此吗？纷纷扰扰的背后，有哪些值得深思的东西？

屡次违法排污，功臣竟然变"罪魁"

西固区玉门街10号，兰州石化厂区所在地，这是兰州市的上风上水位置。可以说，兰州石化一咳嗽，全兰州都得感冒。

然而最近，兰州石化不止一次"咳嗽"了。

据兰州市环保局通报，自2014年8月以来，兰州石化因生产安全问题导致的环境污染事件频发。8月4日，该公司发生丙烯泄漏着火事故；9月29日，该公司因设备故障导致火炬燃放冒黑烟，严重污染大气环境；12月29日，该公司因危险废物管理贮存场所不规范、非法转移危险废物等问题，被环保部门给予了30万元的上限处罚。

新年伊始，1月3日，原兰州石化某下属改制企业氨气泄漏，造成周边环境空气污染。1月8日20时20分，兰州石化再次出现因设备故障导致的火炬燃放违法排污。

兰州石化的前身兰炼、兰化均是国家"一五"期间的156项重点工程项目之一。自1958年投产以来，一直是兰州市乃至甘肃省的利税大户，历来以出产品、出技术、出经验、出人才、出效益著称，分别被誉为新中国炼油工业和石化工业的摇篮，是兰州发展史上当之无愧的"功勋企业"。

如今的兰州石化公司集炼油、化工和化肥生产为一体，是西部地区最大的石化企业。该公司拥有1050万吨/年的原油一次加工能力和70万吨/年的乙烯生产能力，并具备相配套的二次加工能力，是我国生产石化产品品种比较齐全的企业之一。

然而，昔日之功臣，今日却让人"爱恨交加"。对于全力以赴治理污染、打造"兰州蓝"的兰州市而言，屡次违法排污的兰州石化如今成了"罪魁祸首"。

兰州市环保局在通报中表态，将联合公安、检察机关彻查到底，严惩重罚，绝不姑息。通报还严厉斥责兰州石化：短短数月，兰州石化公司屡次环境违法，作为央企，社会责任何在？保护环境，人人有责。作为在兰州的最大央企，兰州石化公司更是责无旁贷，该公司应就其环境违法行为深刻反省并真诚、公开地向全市人民道歉。

遭遇公开斥责，是"冤枉"还是"应该"

据记者了解，兰州石化不仅是利税大户，也主动承担了众多的"社会责任"。其与共青团甘肃省委、甘肃省学生联合会共同开展的"扶贫助困、共享阳光"助学活动可圈可点；其在甘肃省"联村联户、为民富民"活动中，对口帮扶庄浪、灵台、静宁3县7村的300户贫困农民，累计投入4200万元，办了很多实事；汶川地震，兰州石化公司救援队第一时间积极出征，被国家安监总局授予抢险救援先进集体荣誉称号；2013年岷县、漳县地震，兰州石化向灾区捐款1000万元，组织职工捐款210万元。

在节能减排、保护环境方面，兰州石化也一直在努力。兰州石化公司安全副总监卢建国表示：公司十分重视环境保护工作，"十二五"以来，先后投入超过23亿元，狠抓管理减排、结构减排和工程减排，在达标排放的基础上，主要污染物排放有了大幅度下降，为区域环境改善做出了应有贡献。

从这些情形来看，兰州石化看上去有些"冤枉"。但如果回顾兰州市近年来"铁腕治污"的努力，或许就能理解兰州市对兰州石化"爱恨交织"的复杂心情了。

撤换治污不力的环保局长、对排污企业实行严防死守、全市供暖"煤改气"、顶住各方压力实施机动车尾号限行、"网格化管理"严控各种污染源……兰州人心里都很清楚,兰州石化是兰州的重要污染源之一。兰州市环保局有关负责人介绍,对兰州石化的监管一直是兰州治污工作的重中之重。除了设置专门的设备实时监测之外,还派出了驻厂监察员,协助企业查找污染隐患,堵住管理漏洞。

兰州市近年力推的"铁腕治污"效果显著:2011年,兰州市空气优良天数为242天;2012年,兰州市空气优良天数为270天;2013年,兰州市空气优良天数为299天;2014年,兰州市空气优良天数为313天,创有监测记录以来全年天气优良率指标最好成绩,"兰州蓝"逐渐成为兰州天气的"新常态",环保部甚至拟将兰州空气治理的经验作为典型在全国推广……新的一年,兰州在治污方面能否保持优良业绩,百尺竿头,更进一步呢?压力之大可想而知。

兰州石化方面也承认,多次违法排污的事实摆在眼前,公司今后将在节能减排、保护环境方面下更多功夫,更好地履行其保护环境的社会责任。

企业接受批评,承诺"宁停产不污染"

对兰州市的指责,兰州石化1月10日晚间已经做出书面回应:诚恳接受政府监管和批评,依法做好环境保护工作,不断改善区域环境质量,共创兰州碧水蓝天。

"兰州治污的成绩是有目共睹的,兰州石化一直以来的努力也是显而易见的。"卢建国说,"我们也生活在兰州,跟兰州市民同呼吸、共命运,在防治污染上,公司和党委政府、市民的立场完全一致。"兰州市环保部门检查、通报处罚兰州石化公司有关环保问题后,公司深刻反思,立查立改,强力推进环保升级升位管理。

　　针对危险废物储存及处置存在的问题，公司立即对所有危险废物进行全面清理，对废润滑油全部回炼，对危险废物储存设施按规范完善，确保依法合规运行；针对火炬气排放问题，在第一时间按规定向环保部门报告的同时，认真分析故障原因，加强设备管理，确保平稳运行，强化异常应急处置，从源头上预防火炬气排放；针对界区内改制企业氨超标排放问题，持续加强区域环境监管，配合做好相关整改工作，确保企业安全环保受控。

　　兰州石化在深刻反思问题的同时，举一反三，多措并举，全面落实安全环保责任。公司主要负责人说，作为一个运行了近60年的大型石化企业，系统复杂，风险较多，在生产运行异常情况下给环境带来的影响，也暴露出公司在生产管理、设备管理等方面仍存在薄弱环节。公司将严格遵守新环保法等法律法规，进一步强化环保管理和加大隐患治理，"宁停装置不污染环境，确保稳定达标排放"。

　　而对此回应，1月12日，兰州市方面也给予了充分肯定，并表示将全力支持兰州石化开展污染治理，消除环境污染风险。

　　据悉，兰州石化决定在近期启动一系列深度治理及升级改造工程，目前已制定了技术路线图及项目计划表。主要项目包括"4·11"事件污染场地地下水及土壤修复、120万吨/年重油催化裂化装置烟气脱硝、300万吨/年重油催化裂化装置烟气脱硝、催化剂厂工艺尾气排放环境隐患治理等共计13项。据初步测算，项目实施后将带来较好的环境效益，仅废气治理项目将实现年减排氮氧化物675吨、粉尘350吨。

　　兰州市政府表示，将加大对兰州石化污染物治理项目的支持和指导力度，组织发改、环保、工信等相关部门及专业技术人员组成调研组，进驻企业，为企业提供政策及技术方面的指导和帮助，督促企业尽快推进治理工程，切实提升环保管理水平，消除环境污染及风险。

　　有人质疑，兰州市政府如此痛斥兰州石化，"醉翁之意不在酒"，而在于通过环保手段逼迫兰州石化向兰州新区搬迁。

兰州市市长袁占亭明确表示，处置和通报环保违法是新环保法赋予政府部门的职责，与搬迁事宜无关，搬迁事宜须与中石油协商。兰州石化为兰州市乃至甘肃省经济建设都做出了重大贡献，但功不盖过、瑕不掩瑜，有关环境污染的问题，仍需要切实改进，真正做到还兰州市民一片蓝天绿水。他说，如果兰州市真有什么"醉翁之意"的话，那就是通过对兰州石化的批评，提醒所有在兰企业切实履行环保承诺，任何企业都不例外。

（原载《人民日报》2015年1月14日）

（林治波时任人民日报社甘肃分社社长）

工作性报道也要有"问题意识"

颜　珂

工作性报道，多被斥为"无味"。铺排成就，刻板语言，"吹吹打打"看似热闹，读起来却往往味同嚼蜡；工作性报道，其实又常有"大料"。经验探索，典型推介，都是足以启发思路、指导工作的好料。

有料如何也有味？不妨尝试一下"问题意识"。

湖南省花垣县十八洞村，是习近平总书记首次提出"精准扶贫"的地方，分社一直在关注这个武陵山区里的小山村。2015年11月，正值习近平总书记调研十八洞村两周年，两年间村里扶贫的路径清晰，变化巨大，值得推介。

怎么写？如果仅就变化写变化，可能又落入了铺排成就的窠臼。我们从提问题开始：精准扶贫实施后有啥不同，是否因习近平总书记到访吃了"小灶"，哪些经验值得推广？最后成文，也按"问题意识"组织构架——"变化多大？""成色几何？""怎么发力？"报道刊发后，各方反响较好，央视以此报道为参考，专门派记者蹲点采访，播发系列报道。

现在回过头来看，正是从一开始拎出了问题，才拎出了工作的价值点，摸到了读者的兴趣点。其实，但凡过硬的工作经验，无不是奔着问题去，针对性极强，找准了"靶子"，也就找准了该项工作的价值所在。常说工作性报道要"跳出工作看工作"，怎么跳，如何看？有了"问题意识"指引，往往不难发现登高捷径，一览众山。

问题导航，也便于"深挖"，挖出"特质"，报道也就有了"鲜味"。《衡阳：农村资产正醒来》一稿，讲的并不是多新鲜的话题。农民贷款难，问题年年提，困难年年在，为何如今决心破题？当前法律政策壁垒下，政府真的无能为力？又怎么有所作为？探路进行时，还有哪些障碍？……问题环环相扣，意义抽丝剥茧。农业向规模化迈进，资金必然喊渴，银行现行操作规则下，不让农权纳入抵押，难题总是难题。事实上，衡阳的探索表明，即便"戴着枷锁跳舞"，地方政府依然可以有所作为。向着问题深挖，便挖出当下探索的难能可贵，既展示了成绩，又揭示了意义，还摆出了困惑。古人说：文似看山不喜平。有时多剖析几个问题，报道也就自然多了几分"起伏叠嶂"。

按问题"索骥"，还能找出好故事。有问题，便有矛盾、有纠结、有冲突。照问题清单抓故事、讲故事，故事往往更具张力，富有戏剧性。《十八洞村扶贫记》一文，提出如何激发贫困村内生动力的问题。在贫困地区调研，一个共同的困惑被扶贫工作人员反复讲起：贫困有客观原因，更有主观原因，脑子里的贫困除了缺乏知识，更大的障碍还是等靠要思想。正因如此，十八洞村扶贫工作队长龙秀林在接受采访时讲的几个小故事，引起我们的兴趣：扶贫工作队刚进场，村民们冷眼相看；扶贫项目实施，居然还有村民阻工。这两个故事被我们用在了文章第三部分的开头，由此引出工作队的反思，也引出如何真正激发贫困村内生动力的思路：扶贫首先得扶"精气神"，外部建设还须从"脑子里的建设"开始。

其实，提出问题—分析问题—回答问题，本是人们最熟悉的认知逻辑。若担心自己手中的好牌出乱了次序，不妨用上这最熟悉的套路，让工作性报道化繁为简，也让读者"跳得出来，看得进去"。

（作者系人民日报社湖南分社采编中心主任）

附：

十八洞村扶贫记

颜　珂

时间过去两年多，习近平总书记视察十八洞村的场景，第一支书施金通仍历历在目。

对着总书记与村民在屋外座谈的照片，施金通至今能还原当时的种种细节，也忘不了提醒一下如今的变化："土坪换成了石板，还多了游道跟护栏……"

更大的变化在照片之外。

变化多大——
脱贫按下快进键

10月23日，阳光正好。午后的宁静，因为一对年轻夫妇的归来而打破。

村民施成富家，32岁的儿媳妇孔铭英捧着户口本递给老人："爸，从今天开始，我正式成为十八洞人了。"

家门口，大红的"囍"字依然鲜艳。那是今年元旦，小儿子施全友跟女友孔铭英结婚办酒时贴上的。而今天，籍贯重庆秀山的孔铭英，正式把户口迁到十八洞。

湖南省花垣县十八洞村，地处武陵山腹地，2013年的全村人均纯收入仅1668元。山高路远，穷乡僻壤，男人娶媳妇都成老大难——全村40岁以上的光棍，就有三十七八个。外面的姑娘嫁进来，怕是多年未有过的稀罕事。

一家人特意在厅堂合影留念。四张笑脸的后头，挂着习近平总书记在十八洞村座谈时的照片。照片里，78岁的施成富和老伴龙德成，一左一右，紧挨总书记身旁。

两年前，看到总书记视察的新闻，在外打工的施全友跟孔铭英一道，回到十八洞，办起村里首个农家乐。地道的农家饭，价廉味美，几乎天天都有游客上门。最为火爆的是节假日，老人们上阵当帮手，依然忙得团团转。"最多的时候，一天接待了130多个客人，足足10大桌。"孔铭英说。

75岁的龙德成满脸笑容，拉着记者走进隔壁屋，一定让看看修葺一新的厨房和厕所。两年多前，用作厨房的屋子年久失修，已经坍塌，家里连像样的板凳都找不出几条。如今，屋子重新修整，农家乐越来越火，小儿子娶妻安家，老人的心里，从未有过的踏实。

边说边比画，龙德成说，当年很"苦心"，现在很开心，自己比照片上的模样，显得更年轻。

新拓宽的村道铺上了沥青，新修建的水渠让自来水进村入户，改造后的民居更显苗家风情，全村村民入股的猕猴桃基地长势正好……不过两年时间，整个十八洞村，似乎处处都在焕发"年轻的活力"。

67岁的村民杨五玉，守着家里的2亩多地，种了一辈子粮。老人眼下盼的，是猕猴桃基地能早点挂果分红。听说分红的收入每人每年不低于5000块，他想着还能再养点牛和羊。"一头牛崽子要8000多元，以前没钱，想都不敢想啊。"

村里盘算已久的乡村旅游，也正迈开大步，线上线下，人气渐旺。苗家自制的腊肉，最为抢手，最高价卖到了40元一斤。去年一年，全村仅腊肉销售就超过20万元。

两年来，"精准扶贫"在十八洞村扎实推进，村里542个贫困人口，到今年年底将有210多人摘下贫困帽。

村内闲逛，一户人家门口贴出的对联引人注目："习主席握手温暖人心，共产党领导福泽万代。"

成色几何——
不栽盆景靠机制

其实，顶着总书记曾经视察过的光环，十八洞既有动力，也有压力："原地踏步"不行，"吃小灶""栽盆景"也不行。

驻村扶贫工作队队长龙秀林说得明白："关键看有没有按照总书记的指示，探索出可复制可推广的经验。"

"户主申请，群众投票识别，三级会审，公告公示，乡镇审核，县级审批，入户登记"——这是十八洞村识别贫困户的"七步法"。

"家里有拿工资的不评，在城里买了商品房的不评，在村里修了三层以上楼房的不评……"——这是十八洞村筛选贫困户的"九不评"。

"七步法、九不评"精准识别出贫困人口542人，家家服气。

十八洞人自己清楚：这里是总书记首次提出"精准扶贫"的所在地，必须在精准扶贫的工作机制上，率先探路。

拔穷根，靠产业。扶贫工作队入户摸底，得来的情况基本相同：贫困户一缺资金、二缺技术，单打独斗闯市场，难上加难。

过去吃过教训：扶持起来的特色养殖一度红火，工作组一撤，却又开始"重复昨天的故事"。

还得走市场的路子。十八洞村摸索出了"五跟"：资金跟着穷人走，穷人跟着能人（合作社）走，能人（合作社）跟着产业走，产业跟着市场走——整合资金，利益共享，让市场主体带着贫困户闯市场。

选择什么产业？村里琢磨了3个多月。抬头是山，低头也是山，人均耕地0.83亩，放眼望去难觅平地——大山中的村寨，资源禀赋基本类似，产业空间捉襟见肘。

跳出十八洞审视，思路一下打开。车程40分钟的道二乡，大山中难得的一块大平地，"借鸡生蛋"的飞地经济，可不可以一试？

花垣县委书记罗明亲自张罗。远赴武汉拜访中科院武汉植物研究所，引来国内猕猴桃种植的顶级技术；在道二乡流转土地1000亩，邀请县里苗汉子专业合作社与十八洞村共建猕猴桃基地，贫困户和普通村民则带着扶贫和政策支持资金入股。

还是遇到了钱的难题，资金缺口1000万。"找上级财政也能获得支持，但我们不想搞特殊化，"罗明的意思，既然走了市场的路子，就应该坚持到底。

一家家拜会银行，闭门羹吃了不少。最终还是靠创新——以土地经营权抵押，解了燃眉之急。

道二乡高处远眺，猕猴桃的始生苗漫山遍野。村民施金文由村里选派，长年驻扎基地，既代表监督，也参与培管。"后年，猕猴桃就可以挂果了。"施金文说。

已有公司找上门，签了销售合同。罗明算了一笔账：每亩猕猴桃，产量大约5000斤，按5块钱一斤的保底价，净利润可达2万元，分红到人头，每人每年最多可拿1万块。

精准选择产业，十八洞村"五条腿走路"：既有猕猴桃为主的种植，还有黄牛为主的养殖，加上乡村旅游、劳务经济和苗绣，脱贫目标，龙秀林信心满满。

怎么发力——
扶贫首扶精气神

驻村两年，龙秀林几乎天天跟村民泡在一块。看得见的变化，他瞅着高兴，看不见的变化，他更打心底欣慰。

什么变化看不见？他讲了个刚进村时的故事。

"习总书记来过的村，看看你们怎么扶贫？"提腿迈进十八洞村，村民们的议论就传到龙秀林耳中。他心里不禁一咯噔："扶贫难道仅仅是工作队的事？"

刚放下铺盖，麻烦事儿劈头就来。村后山修一条机耕道，几个村民拦住挖掘机，死活不让施工。"这是我家的土坎，想要修路，有本事你们把我挖走！"其中一个抱来几拢稻草，干脆就在土坎上躺了下来。

类似的纠纷不止一次，基础设施建设老是磕磕绊绊。这让龙秀林开始反思：看来，扶贫首先得扶"精气神"，外部建设还须从"脑子里的建设"开始。

4个自然寨合并的十八洞村，一度有着合并村的通病，村合心不合，劲难往一处使。拆"心墙"，工作队和村支两委从文化活动入手：过苗年、赶秋、主题画展、篮球比赛……去年一年，大小文化活动10多起，每次都特意打破村寨界限，让全村村民参与帮忙。走动多了，心理距离自然近了。

村里公益事业受阻，工作队搬来了道德评价的办法：每季度一次，村民们互评模范家庭，当场宣布分数，最高可评五星。

面子的事儿，村民们最敏感。村里农网改造，电线杆立在村民施六金的田里，他因此跟村干部们闹过。那次评选，施六金只得了60多分。两星级农户的标牌刚挂上不久，就被他悄悄摘下了。从那以后，他几乎换了个人，不仅积极参与村里各项公益事务，帮着村支两委开展工作，还主动为游客当起了免费导游，满满的正能量。

如今，只要涉及村里的公益事业，斤斤计较的少了，主动参与的多了。村道拓宽，材料和设备由工作队筹措，投工投劳全部由村民们上。村民施进兰，放弃在外每月6000多元的打工收入，回家竞选村主任，口号让人热血沸腾："有钱没钱，拼上三年！"

点滴变化，龙秀林暖在心头，"帮扶是外力，作用再大，如果内力不积极，干了也等于白干"。他同村民们一道，喊出了"十八洞精神"：团结一心、克服困难、自力更生、建设家园！

（原载《人民日报》2015年11月28日）

着眼全局抓新闻

顾兆农

《湖北禁止党校学员用公款相互宴请》2009年4月27日在《人民日报》刊出。5月3日，习近平同志就此报道作出批示："湖北省委党校采取有效措施抓学员的廉洁自律，禁止学员用公款相互宴请。中央党校也应从抓学员纪律入手，抓好从严治校工作。措施要有效管用，抓一项就落实一项，求真务实，以求实效。"5月13日，习近平在中央党校2009年春季学期第二批进修班暨专题研讨班开学典礼上，再次提到了这篇报道。

这则新闻为何会引起如此大的反响？为何竟会这样"入"中央领导同志的心里和脑中呢？

中央领导同志统管全局工作，引起他们的重视，意味着我们的报道对全局的实际工作起了一定的推动作用，也意味着我们工作的社会价值。因此，这则新闻的价值，就在于对全局工作的意义。

善于在党政工作里面找新闻，这是党报记者的一项基本功。这与"泥巴新闻"是不矛盾的，两者是相辅相成的。"泥巴"就是社会现实，是生活。自己虽然没有上过党校，却接触过不少上过党校的各级领导，有些党校同学，虽隔行、异地相处，友情却似乎不亚于大学的同窗。我们没有理由亵渎他们的友谊，更不用怀疑这种友谊的纯洁。但是，通过他们，我也了解到，相互宴请之类的行为，似乎谁也没把它当回事。生活中的这些"泥巴"，对判断这条新闻的价值是有积极作用的。

每年的两会前夕，地方宣传部门的同志都会来打听，今年有什么新精神？我都回答，不外是科学发展、和谐社会、关注民生、"三农"问题、环境保护、就业医疗、社会保障、教育公平、反腐倡廉等这样一些大主题。问题是，这些领域内的工作很多，不可能都是新闻。而是要善于在这些大题目下找新闻。湖北的这个规定，新闻性在于，言他人未所言，针对的是一个普遍存在而大家又有些熟视无睹、麻木不仁的现象，而这个现象，又涉及党风建设、廉洁自律等这样一些大主题，它指向明确、具体、及时，而且已经试行3个月了，也取得了一定的成效。这样，它具备了新闻的基本要素。与版面一沟通，选题很快得到认可，稿子按时采写出来了，刊发得非常及时。

其实，这则新闻，还没有完。最近，张志峰又做了跟踪报道。前不久来到该校，听到这样的说法："不吃饭（相互宴请），认识慢。"听说学校食堂小餐厅的承包人已经退包了，学校门口餐厅的业务量普遍下降了，对这样一些情况，还可以跟进报道。

我们工作的目的，是推动实际工作。但我们推动工作的途径和方法，是靠抓新闻。新闻是具体的、鲜活的、即时的，但新闻背后必须要有大局，要有全局。小处着手，大处着眼；切口要小，主题要大；站在天安门上看问题，走到田埂上找感觉……类似的工作方法，大家都总结出来了，关键是要按照新闻的规律去付诸实践。

（作者时任人民日报社湖北分社社长）

附：

湖北禁止党校学员用公款相互宴请

每月公示学员在校就餐情况

顾兆农

"在食堂用餐的学员多了，学员的精力更集中了，校园清静多了！"这是中共湖北省委党校常务副校长马哲军最新的校园感受。

从3月1日春季班开学始，湖北省委党校与所有学员都签订了廉洁自律承诺书，要求学员严格做到"六不"：不私驾公车，不留公车驻校，不参加"带彩"（编者注：方言，以钱财为赌注）的娱乐活动，不用公款相互宴请，不接受贵重礼品、礼金、有价证券和支付凭证，不接待"礼节性"来访。4月21日，中共湖北省纪委、省委组织部、省委党校联合制定并印发了《关于党员干部在党校培训学习期间加强党风廉政建设的暂行规定》，将这些承诺，一一做了制度性的要求，印发全省各级党校严格执行。

党校学员多是各级领导干部，党校学习，为不同地区和行业的领导干部提供了相互学习、交流的机会，学员之间不少人因此成为朋友。由于不少学员都有"签单权"，因此，学员之间不同程度地存在着用公款相互宴请的现象，既影响了学习，也造成了不良影响。为净化学习风气，中共湖北省纪委、省委组织部和省委党校联合制定并下发了上述规定。

规定还要求建立公示制。学员应坚持在学校餐厅刷卡进餐，党校每月对学员在校的就餐情况进行公示。

学员所在单位和上级有关部门，要制止本地本单位人员以任何名义和理由进行"礼节性"的看望、送礼和宴请。参加培训的学员，要自觉谢绝宴请和拒收礼金礼品。对探访学员人员，实行门卫登记制度。除星期天、星期一、星期五接送学员的车辆短暂停留外，校内不得停留培训人员的公务用车。

学员在党校期间，违反廉洁自律规定受到举报，一经查实，要依据有关规定，根据情节轻重予以处理，典型案件予以曝光。

（原载《人民日报》2009年4月27日）

灾难报道要有利于救援调查大局

魏 贺

2015年8月12日子夜时分，滨海新区一声巨响，让天津这座"没有新闻"的城市一下子成了世人关注的焦点。14日下午，按照报社安排，我和两位同事紧急驰援天津。

彼时的天津滨海新区，由于突如其来的惨烈"人祸"，由于官方发布渠道的不畅通，公众正陷入造谣、传谣的怪圈，尤其网络媒体成为不满、恐慌情绪的宣泄渠道："剧毒气体扩散至市区""CNN记者被官方阻止并殴打""涉事企业负责人只峰背景深厚""距爆心最近一居民小区全灭，上千人死亡"等，甚至我们最早进入事故现场的分社记者，也在某些人有意或无意的造谣中伤下，成为被"呵呵"的对象。

如是，在紧跟事故调查、救援进展之外，与层出不穷的谣言"斗争"，成为此次天津港爆炸事故报道的另一个主战场。澄清不实信息、弥合社会裂痕、传递理性声音，莫让谣言"爆炸"，正是党报记者的责任与担当。

到现场去，到一线去

现场，是新闻真实性的源泉。网络时代，往往一张来自现场的照片，或者追问一句"你是否在现场呢"，就能回应众多"键盘侠""围观党"的质疑。虽说眼见未必一定为实，却远胜过泡在网上"脑补"。

8月15日中午，国内外各家媒体和坊间盛传由于发现氰化物泄漏，距离爆炸核心区两公里范围内戒严，进入现场的部队及周边安置点居民全部撤离的消息。不仅包括BBC客户端在内的一些国内外"严肃媒体"将这一消息挂在头条等显著位置，几位前往所述区域采访的媒体同行，也向我们信誓旦旦地表示："确实看到了戒严和大批人员撤离。"一时间，人心惶惶。

这条消息成为当日下午新闻发布会上各大媒体追问的焦点，但发言人仅仅回应了一句"这是一条不实传言，没有发生撤离"后，便匆匆离席。

要到现场去！疏导公众情绪，绝不能仅靠一句关于消息真伪的通报，更要揭露更深层次的真相，看清谣言产生与传播背后的逻辑。

事实上，基于跟随部队进入核心区范围采访的分社记者朱少军反馈的信息，我们对这一事件的真伪及严重程度已经有了基本的判断——部队并非撤离，而是根据现场风向的变化重新调度，以便更好地开展搜救工作。剩下的工作，就是前往传言中戒严了的泰达第二小学居民安置点一探究竟。

果然，在我和王君平到达二小安置点后，现场秩序一片井然，门口虽有武警、公安人员值守，但说明来意后，很快便放行我们进入安置点内采访。在向多位安置点居民、志愿者和工作人员求证后，事实终于澄清：所谓的大规模撤离，不过是安置点安排部分非津籍居民集中返乡，为了维持秩序，在几个路口安排警力实施了临时交通管控。第二天，不仅4版发出了相关报道，1版更是给力地刊发了我们拍摄的安置点现场照片。通过在多个现场寻找证据、多方信源互证，版面、客户端、微博等多传播渠道联动下，这一条引起不小恐慌的谣言终于被证伪。

有可以不说的真话，但绝不说假话

证伪谣言，是否就意味着要将全部的真相公之于众呢？个人认为，若在常规事件的报道中，大可放手去做。但在灾难场合，事实的选取和剪裁就要服从于有利于疏导公众情绪，有利于救援、调查进程的大局。

抵达滨海新区不久，我们就得到了爆炸现场氰化物不仅仅来自河北诚信一家公司，也远不止是外界所传的700吨这样一条信息。不久之后，跟随军方进入现场采访的同事看到了报关单上标明825吨的字样。证据确凿，但是否适合在此时对外披露，值得商榷。公开报道，满足公众的知情权，是记者的天职；但如此一来，不仅会再次引发公众的恐慌情绪，政府部门的公信力也将继续跌落，并无益于凝聚社会正能量，推动事件的解决。

又如，8月18日上午，滨海新区普降雷阵雨，社会上再起雨水中含有氰化物、路上泛起不正常白色泡沫的传言。从舆论旋涡中逐渐调整过来的天津市宣传部门在当天下午即组织媒体对相关环保监测站点进行集体采访。然而，针对公众质疑的两个核心问题，现场环保专家的回答却并不能让人满意：我们全天都在户外工作，不少人都淋了雨，现在大家都没事；正常雨水打在地上也是会起泡沫的。

虽然从官方公布的监测数据来看，这场雨并不会造成多严重的影响，但如果把以上这样缺乏严谨态度的回答原封不动地写进报道，显然会招致更多非议和不满。最终，在和版面的协商下，我们的稿件里只提及环保数据并表明官方负责的做法：

"当日上午降雨后，网络上出现了'路面出现大量白色泡沫，有人淋雨后皮肤感到不适'的说法，记者查阅天津市环保局官网发布的快报，数据显示，降水前后环境空气中氰化氢监测数值未出现明显变化。天津市环保局宣传处负责人表示，环保局有关专家正在对白色泡沫现象进行分析，预计19日可对外发布分析结果。"

"精明的无知和自我保护式的蒙昧"，在此次爆炸发生后的数天内，天津当地政府部门信息公开的效率和态度，或许可以用此来形容。政府越是缺乏透明度，谣言的力量也就越大。官方的"不明真相"，与渴望知情也越来越有能力知情的公众之间发生碰撞，造成了谣言的"爆炸"。党报记者，在社会转型与矛盾凸显的当下，更要保持清醒头脑，努力在此类碰撞发生时，担起缓冲剂的重任。

（作者系人民日报媒体技术公司战略拓展部主任，时任人民日报社地方部编辑）

附：

天津港事故现场指挥部回应舆论关注热点

氰化物未对隔离区外的空气和水造成污染

天津港事故发生后，爆炸现场存储的桶装氰化钠大部分保存完好，其中少量因爆炸冲击发生泄漏。氰类剧毒物质会不会对事故隔离区外的空气和水造成污染？会不会给群众生活带来影响？现场处置到底采取了哪些措施？一时间，这些问题成为社会各界关注的热点。

对此，事故现场指挥部成立专门处置小组，按照"前面堵、后面封、中间来处理"的原则，紧急采取设置围堰、危险废物集中处置等五项措施，确保事故区域污染不外泄。

氰类剧毒物质会对空气造成污染吗？

天津市环保局局长温武瑞15日下午接受采访时说，爆炸事故发生后60小时里，在事故隔离区外仅监测出一次大气中氰化物略有超标，相关部门已经采取有效措施，可以确保封闭隔离区以外的空气安全。

氰化钠能否直接挥发到环境空气中？环保专家解释，氰化钠虽是一种剧毒物质，但在常态下是一种固态晶状体或粉末，不挥发、不易燃、不易爆。只有在其遇水生成的氰化氢进入大气环境后才会短期内对环境造成一定影响，其融入水体中形成氰化物后处理方法成熟，对环境的影响相对易于控制。

12日夜事故发生后，天津环保部门立即启动应急预案。

"13日凌晨3时开始，在事故现场隔离区外增加布点监测，共设立17个大气监测点，实行24小时连续不间断监测。隔离区域内的空气质量监测由北京卫戍区某防化团进行。"温武瑞说。

温武瑞说，事故发生后的连续监测数据表明，周边区域环境空气质量相对稳定，16日起还将进一步优化监测点位。

氰化物会对周围水环境造成污染吗？

温武瑞表示，环保部门13日凌晨在事故区域内设立了5个废水监测点位，在2个排海泵站进水口各监测出氰化物超标一次，平均超标10.9倍；14日在一处排海泵站进水口监测出氰化物超标一次，超标2.1倍。

事故发生后，环保部门对事故区域3处入海排水口全部实施封堵，杜绝事故废水对外环境造成影响。同时，对现场隔离区外的雨水口、污水口、污水处理厂、海河闸口进行不间断监测。在事故区域设置围堰，并在污水处理厂前端的雨污池进行破氰处理，处理后排往污水处理厂，进一步深度处理，确保达标排放。

截至目前，天津市环保部门在海河闸口和渤海近海的监测取样均没有发现氰化物。

现场采取的措施能否确保污染不外泄？

针对人们的担心，根据氰类剧毒物质特性，现场指挥部紧急制定了五项措施，保证事故区域污染不外泄：

——事故区域所有雨水、污水外排口全部用水泥封堵，确保区域内各类废水不会排入外环境，确保区域外水体和渤海的环境安全；

——事故区域周边设置围堰，将事故区域与外部隔离，确保降雨时雨水不会溢流出事故区域；

——事故区域内雨水、污水管道内的废水和消防废水全部进入新设置的应急废水处理装置，采取强氧化等方式对废水破氰处理后，再排入天津港保税区扩展区污水处理厂进一步深度处理；

——天津港保税区扩展区污水处理厂在现有处理工艺基础上，在前端增设含氰废水应急预处理装置，实现废水处理的双保险；

——对现场隔离区内水坑、水塘、明渠等低洼汇水处内的高浓度废水由专用罐车收集后，送危险废物处置机构立即进行集中处置。

天津市环保局环境应急专家组组长包景岭透露，现场处置人员正在集中力量在隔离区内对氰化物污染进行无害化处理，氰化物污染可以得到有效控制。"鉴于事故现场明火已基本扑灭，再发生大规模爆炸的可能性几乎没有，不用担心隔离区外的大气和居民饮用水受到影响。"

现场存放的氰化钠怎么处理？

记者从15日晚天津市召开的全面开展安全生产大检查大排查大整治工作会上获悉，目前氰化钠已找到，影响是完全可控的。

据介绍，得知现场存放氰化钠后，现场指挥部专门邀请天津大学的3位专家赶来做了技术指导、出具处理方案，现场指挥部派防化部队全副武装进行地毯式排查，将找到的氰化钠用沙包围好，防止泄漏。找到的氰化钠将由生产厂家派出的专业人员协同武警武装护送回河北厂家回收。接下来将由专业人员再做3次排查，做到无残留。氰化钠安检部门已准备足够的过氧化氢和三代硫酸钠，用以清理可能残留的氰化钠。目前检测结果显示，氰化钠未发生大范围泄漏。

针对有说法称"大量氰化物爆炸后挥发遇水即成剧毒物，近期不要淋雨"，正参与处置的军事医学科学院毒物药物研究所研究员王永安认为，雨主要来自地面水蒸发，现场即使有微量毒物蒸气，其在整个降雨云层中所占量几乎可以忽略不计，因此一般不会影响人的健康安全。

（综合本报记者卫庶、朱虹、王君平、靳博、魏贺、朱少军、郭舒然及新华社记者报道）

（原载《人民日报》2015年8月16日）

学习深度，决定报道深度

徐锦庚

拉萨"3·14"暴力犯罪事件发生后，西方媒体如获至宝，不实报道铺天盖地，达赖集团更是兴风作浪，造谣惑众，恶语中伤。围绕这一事件，中外媒体展开了一场正义与邪恶、真实与谎言的舆论遭遇战。

我3月初随西藏代表团入住京西宾馆，参加全国两会报道。3月14日下午5点半，代表团里传出一个惊人消息：拉萨街头发生严重骚乱，已有多名群众被砍死、烧死！

我立即向报社请示，16日下午抵达拉萨。

3月16日下午，当我进入拉萨市中心时，被眼前的景象惊呆了：北京东路、冲赛康路、朵森格路、林廓东路、大昭寺广场，到处是四脚朝天、被烧成空架子的车辆，数百间商铺被烧成了黑洞洞的大口，烟熏火燎的衣物、食品、桌椅、电器扔得满街都是，全副武装的武警官兵三步一岗、五步一哨，严格盘查过往车辆和行人。身临其境，心情只能用两个字形容：沉重！

当天我就闯进自治区党委书记张庆黎办公室进言：现在外电不实报道铺天盖地，我们越早公布真相，越有利于西藏乃至中央争取主动。

我迫切需要了解事件的全过程，希望能为我们的采访提供方便。

在庆黎书记的直接安排下，我得以进入戒备森严的指挥所，采访到了一些具体细节。采访结束时，已是晚上8点多。

此时，拉萨街头车少人稀，饭馆商铺大门紧闭，农贸市场空无一人。好不容易找到一家关着半个卷帘门的小店，买了几箱方便面。

3月的拉萨高寒缺氧，气压不稳。由于刚进藏，加上一下飞机就奔波不停，我头痛欲裂，但时间不允许我躺下。凌晨3点，我把通讯《阳光下的罪恶》定稿。

3月17日下午，稿件传到报社后，时任总编辑张研农亲自修改，考虑到关于拉萨暴力事件的报道先通过外宣途径向外报道效果更好，《阳光下的罪恶》一稿压缩后发在3月18日的《人民日报·海外版》。这是国内媒体第一篇详细披露事件真相的报道，发表后社会反响很大。搜狐网等主流网站纷纷转载，仅一上午时间，搜狐网留言就达数千。

3月20日下午，报社向我传达紧急任务：西藏记者站当晚务必交一篇揭露真相的重头稿。放下电话，我一气呵成，写成5000余字的《度尽劫波凝斗志》。在谋篇布局时，我考虑到暴力事件已过去五六天，受众对事件已经有了一个大致的了解，为此没有局限于披露事件本身，而是围绕三部分落笔：第一部分简要报道事件全过程；第二部分揭露达赖集团数十年来的分裂破坏活动，用铁的事实说明这是一次有组织有预谋的事件；第三部分针对外界对事件后果的最大疑虑——有可能严重伤害民族感情，运用藏汉群众在这次事件中互帮互助的生动事例，说明民族团结经受住了考验。

报社同事事后称：在特殊时期写出的《阳光下的罪恶》和《度尽劫波凝斗志》两稿是"倚马可待"。其实，我心里明白，要说"倚马可待"，那就是"倚"于我多年的学习和积累。

当记者面对突如其来的重大事件，平时理论准备、知识准备的程度，直接决定作品的高度、深度、广度和感染力。简言之，学习深度，决定报道的思想深度。我进藏前，就购买了许多介绍西藏的书籍。进藏后，更加注重收集第一手资料，慢慢积累了一个"百宝匣"。

俗话说："好记性不如烂笔头。"每次采访时，我都尽可能记得周详，特别是对数字、地名和姓名，更是反复核对。我还有一个习惯：除了采访时必记时间，地点，采访对象姓名、单位、职务、电话和采访主题等，还在每个采访本都标上序号和起止时间，记完之后仍然保管起来。

"3·14"事件以来，"百宝匣"让我尝到了"信手拈来"的甜头。在《阳光下的罪恶》和《度尽劫波凝斗志》两稿中，对达赖集团数十年来分裂破坏活动的翔实揭露，丰富的资料就是来自这个"百宝匣"。因为几年来，围绕西藏尖锐复杂的反分裂斗争，我收集积累了大量的资料，并据此撰写了一批引起中央领导关注的内参稿件。

拉萨"3·14"事件发生后不久，针对有的媒体称"西藏自元朝纳入中国版图后正式成为中国的一部分"，我通过长途电话采访了在京的中央统战部民族问题专家、曾任西藏自治区党委副秘书长的罗广武，撰写了4000余字的专访《西藏自古以来就是中国的一部分》，从藏族的起源、人种及西藏的自然地理特点等方面，阐述西藏与祖国的密切关系，澄清了前述的错误观点。

我之前就读过罗广武编著的《西藏地方史通述》，知道此书阐述的"西藏自古以来就是中国的一部分"的观点，富有确凿的史料。所以，这篇专访发表后被媒体广泛转载。一些媒体还依据此稿，概括出了"自古论"和"版图论"两种观点。

旧西藏政府官员夏格巴所撰的《西藏政治史》，一直是达赖集团和西方敌对势力鼓吹"藏独"的"宝典"，在西方社会流传甚广。我进藏后，就着手收集西藏自治区社科院藏学专家批驳《西藏政治史》的详细材料。"3·14"事件发生后，我专访国内唯一的国际藏学会理事、西藏自治区社科院民族研究所所长巴桑旺堆研究员，运用大量的史实材料和鲜明细节，采写了近5000字的《西藏始终置于中央政权有效管辖》，鲜明地论述了"无论是在强盛的元朝和清朝早期，还是在内外交困、积贫积弱的民国时期，西藏从来就没有真正成为过一个独立的国家；而在我国国力强盛的今天，达赖集团妄想搞'藏独'更是痴心妄想"。稿件于4月29日见报后，新华社发了通稿，央视也邀请巴桑旺堆做了专访。

（作者曾任人民日报社山东分社社长，时任人民日报驻西藏记者站站长）

附：

阳光下的罪恶

——达赖集团策划组织的拉萨打砸抢烧事件真相

徐锦庚

连日来，西藏自治区首府拉萨阳光明媚，各族各界群众以热切的眼光，关注着北京，希冀全国两会能给雪域高原带来新的福音。吸引他们眼光的，还有电视画面上，北京奥运场馆的雄伟英姿。再过几个月，热情好客的西藏人民，将与全国人民一道，展开双臂拥抱来自世界各地的运动健将。

然而，朴实而善良的各族群众哪里想到，就在这灿烂的阳光下，一团面目狰狞的黑影，正悄悄地向他们逼近。

抢商铺，砸银行，烧汽车，砍群众——种种暴行令人发指

3月10日，原本是一个普通的日子，却被一伙别有用心的人赋予了特殊的含义：1959年的这一天，达赖及其分裂集团发动武装叛乱，公然背叛祖国，并将这一天定为所谓的"西藏独立日"。此后，每年这个时间段，达赖分裂集团都会绞尽脑汁，在境内外频频滋事。

今年3月10日下午，拉萨市哲蚌寺约300名僧人突然分头下山，企图进入市区制造事端，被执勤人员劝阻后，有30余名僧人多次冲撞执勤人员。10余名色拉寺外地学经人员在大昭寺广场公开呼喊反动口号，并打出一面"藏独"组织的"雪山狮子旗"。3月11日至13日，个别寺庙部分僧人继续聚集，冲击拦阻线，冲撞、谩骂，并用石块攻击一线执勤的警察和干部。

3月14日11时许，一些僧人在小昭寺攻击执勤民警，少数不法分子开始在八廓街聚集，打出"雪山狮子旗"，一边呼喊"西藏独立"等反动口号，一边打砸抢烧。潜伏在其他街道的不法分子趁势走上街头，参与暴行，事态迅速蔓延至八廓街周边地区。这些坏分子大肆纵火，辱骂、殴打、砍伤执勤人员，冲击新闻、金融、学校、公安机关等要害部门，抢劫并烧毁商店、学校、汽车、宾馆。

"他们见人就砍，进店就抢，遇车就烧！"大昭寺广场开店铺的强巴回忆起来依然心有余悸。那天14时30分左右，广场附近浓烟滚滚。当消防官兵前往灭火时，一群正在纵火的暴徒乘机点燃烧毁了两辆消防车，还打伤4名消防战士。

从15时开始，歹徒在宇拓路、北京东路、朵森格路一带疯狂打砸抢烧。歹徒冲进这一带的7个银行营业网点，捣毁10台自动取款机，营业网点内一片狼藉。16时30分，北京东路西藏自治区国土资源厅一带燃起熊熊大火，连片商场陷入火海，整整烧了一小时，"以纯"服装专

卖店的次仁卓嘎、杨冬梅、陈佳、韩星星、刘燕5名营业员被困火中，活活烧死。这5名姑娘最大的24岁，最小的才19岁。

更骇人听闻的是，暴徒还残忍地砍掉人的耳朵，惨无人道地杀害群众，连孩子也不放过，对藏族群众同样毫不手软，个别暴徒甚至效仿旧西藏农奴主的"点天灯"酷刑，把无辜群众浇上汽油活活烧死！种种暴行灭绝人性，令人发指！

蓄意制造事端，图谋干扰奥运，达赖撕下"和平"伪装

有足够证据表明，这一事件是达赖集团有组织、有预谋、精心策划的。其险恶用心，就是企图在敏感时期挑起事端，蓄意把事情搞大甚至造成流血事件，借此向中国政府施压，干扰北京奥运会，破坏国内安定和谐的社会政治局面。

达赖自背叛祖国时起，图谋"西藏独立"、分裂祖国的顽固立场从未改变，妄想以"大藏区""高度自治"为幌子夺取整个青藏高原地方政权。由于达赖集团顽固坚持其反动立场，其分裂主义主张连连受挫，达赖恼羞成怒，撕下"和平"伪装，从幕后走向前台，把破坏活动的重心从境外转移到境内，在重要敏感期破坏境内重点目标和部位，以达到"境内活动、境外炒作、内外施压"的目的。对"藏青会"等一些激进"藏独"组织的暴力活动，从暗中怂恿转为公开支持。

达赖集团一贯把宗教和寺庙作为分裂破坏活动的重要阵地，加紧利用宗教进行渗透破坏，在境内寺庙中培养和安插其代理人，作为分裂破坏活动的突破口。他们利用"杰钦修丹"护法神问题制造教派冲突，引起了西藏教派的一系列冲突；在境外频频举办各种"宗教"活动，采取"拉出去、打进来"的办法，煽动和引诱僧尼和信教群众出境，从中挑选人员培训后再派遣入境渗透破坏，试图与中国政府长期顽抗。

去年以来，达赖集团还加强与"东突"恐怖组织的勾结，策划在西藏开展恐怖活动，企图将国际社会的注意力转向西藏，再借机在其他地方从事恐怖活动，达到搞乱西藏、扩大国际影响的目的。

北京申奥成功后，达赖集团气急败坏，在境外多种场合大肆举行抗议、示威活动，煽动国际社会抵制北京奥运会。在屡遭失败后，达赖集团竟敢冒天下之大不韪，公然以更多暴力活动破坏北京奥运会，各种干扰破坏活动五花八门。

"藏独"激进组织"藏青会"猖狂叫嚣，要"针对北京奥运会在境内外开展各种形式的极端运动"，还联合"自由西藏学生运动""藏妇会"等"藏独"组织，策划在今年奥运圣火登顶珠峰前，对圣火实施拦截。

谁在造福西藏人民，谁在祸害西藏人民？西藏各族群众一清二楚

事件发生后，西藏自治区政府果断决策，妥善处置，紧紧依靠群众，采取有力措施予以坚决斗争，已经基本控制了事态。

这起恶性事件，引起西藏各族群众和各界人士的强烈愤慨，纷纷谴责达赖集团的恶劣行径。许多群众说，"西藏的每一步发展，都离不开中央对西藏工作的高度重视和对西藏各族人民的深切关怀，都离不开全国人民无私援助的深情厚谊。西藏已经连续18年保持稳定和快速发展，现在人心思稳，我们热爱今天的安定幸福生活，期盼建设全面小康和现代化，不能再容忍达赖集团的干扰破坏！"

西藏各族群众不会忘记，旧西藏广大农奴和奴隶都是"会说话的牲口"，连生存权都得不到保障，是中国共产党和新中国帮助百万农奴翻身得到解放，充分享有政治、经济、文化等各方面的权利，成为国家的主人。

这起打砸抢烧事件的受害者绝大多数是普通老百姓。受害群众彻

底认清了达赖的嘴脸。一位店铺被毁的藏族商户义愤填膺："不能光听人说得天花乱坠，关键还要看在做些什么，谁在造福西藏人民，谁在祸害西藏人民，我们心里一清二楚！达赖不是口口声声说是为了藏族人民争取权益吗？这次为什么要与我们老百姓过不去？他哪里是在帮我们，他是在祸害我们，他是人面兽心的豺狼！如果佛祖在天有灵，也决不会饶过他！"

眼下，西藏自治区党委、政府正在积极采取措施，巩固社会正常秩序。"社会稳定是人民群众的共同心愿，我们要把这起事件带给群众的损害降到最低点，切实维护好人民群众的切身利益。"西藏自治区党委书记张庆黎说。

（原载《人民日报海外版》2008年3月18日）

第四辑

表达：在报道里打开一根血管

"要少一些结论和概念，多一些事实和分析；少一些空泛说教，多一些真情实感；少一些抽象道理，多一些鲜活事例。"用事实带着读者逼近真相，用百姓视角传递有温度的新闻，用原汁原味为故事保鲜。宣传先进人物不能只强调"有意义"而忽略"有意思"。讲好故事既要"全景式"，又要"细节化"，现场着眼，小处用力。好稿靠改，特色、特质、特点要磨。新媒体时代要学会以多种呈现方式全方位满足受众需求。

力度来自理性　理性源于事实

蔡小伟

　　围绕党委、政府的中心工作开展舆论监督，这样的舆论监督就会有坚强的后盾，会产生巨大的影响。淮北这篇稿子，以及人民日报过去许多成功的舆论监督会产生强烈的反响，有那么多人支持，包括安徽省委的支持和被批评者的理解，充分说明，围绕党和政府的中心工作开展舆论监督就会得到广泛的拥护，就会收到良好的效果。反之，报道的影响力和效果就会大打折扣。

　　在写这篇稿子之前，我还向省委有关领导做了详细汇报，告诉他们写此稿是为了推动安徽的工作，因而我们也有了更直接的靠山。

　　文章深刻地揭示了一个道理：领导干部的政绩自有人民群众来衡量，而非靠"形象工程"。如今，淮北"决策失误"已成为一个案例，经常被各地引用，并时时提醒各级领导干部：要处理好做官与为民的关系，处理好出政绩与办实事的关系。

　　安徽省委领导对舆论监督表示赞同和欢迎，省委宣传部领导充分肯定了这篇报道。在文章见报的日子里，全省干部群众纷纷给报社和作者来电来信，对这篇报道给予好评，一些地方领导表示引以为鉴。上海《报刊文摘》头版头条转载了这篇报道，《经济参考报》《工人日报》

等就此发表评论。一些理论界专家认为："这是一篇有深度有力度的舆论监督稿"，有些地方"咀嚼无穷"。

文章的深度力度是怎么产生的？

我的体会就是要掌握好"度"。在党中央机关报上开展涉及一个地级市党委和政府决策行为的舆论监督，十分敏感。写稿前，我曾翻过近几年我们的报纸，批评一个地级市的市委、市政府决策错误的，没有蓝本可以参照。因此就更需要恰到好处地掌握"度"。

所谓"度"，我认为就一篇稿子而言有三：一是把握好批评的出发点；二是把握好批评的轻重缓急、行文用语；三是把握好报道的事实。

我们搞舆论监督应该有一个好的出发点，就是帮助地方和部门改进工作。而不能为追求所谓"卖点"和轰动效应，甚至为了一己私利而去开展批评。淮北这篇稿子批评的力度是比较大的，影响也较广泛，但因为这篇稿子的出发点是好的，安徽省委的许多领导表示赞赏，淮北市委、市政府的领导也能虚心接受，淮北市委书记一见到我就说："感谢人民日报对我们的监督，我知道，你们这种监督是善意的。"报道虽然批评了他们在招商引资中的一些错误做法，但同时也肯定了他们目前正在进行的一些有利于群众、有利于当地经济文化发展的项目，批评的目的正是使他们的招商引资工作思路更正确、效果更好。

新闻要讲究用词的准确，舆论监督更要注意语言艺术。报道刊出后，有评论认为：这篇批评地级市委的稿子，没有咄咄逼人，更没有戴帽子、打棍子。在平和、客观的行文中渗透着对淮北现象的批判，凸显其力度。

我在整篇报道中没有激烈的词语，很平和，但正是这种平和中蕴藏的力量，使批评在平实中显出了力度和厚度。

　　舆论监督要用事实说话，事实是最好的观点。《决策为何连连失误》是一篇思考性较强的舆论监督稿件，采写这样的稿子需要理性，但这种理性应该来源于事实，而不是记者的议论。所以，我按照报社领导的要求，稿子全部用事实说话，通过事实的层层披露来一步步揭示主题。为此，我进行了两个多月的采访，驱车近2000公里，跑工地，进农家，拍照片，采访了150多人。初稿出来后，发现揭露得不深刻，只是很一般的曝光稿，我又扩大采访范围，找一些知情人深谈。交谈中，采访对象的话语时时启发我的思路，丰富了文章的立意，才使稿子有了这样的面目和效果。

　　此外，批评报道要深入采访，掌握丰富的材料，而在写作时务必留有余地。这既是把握"度"，也是为了使我们的监督能时刻处于主动的位置。见报文章所引用的材料只是我采访中所掌握材料的1/3，有一些事实我并没有写入稿内，比如用教育附加费装修会议室、政府宾馆装修不招标等。稿子刊登后的第三天，淮北市委书记找到我，承认了他们工作中的失误，我则在交谈中严肃提起上述事情。这种着眼于帮助改进工作的善意令对方很感动。

　　（作者曾任福建省委宣传部常务副部长，时任人民日报驻安徽记者站采编部主任）

附：

安徽淮北市去年几个大的招商项目接连搁浅：号称亚洲最大的高尔夫球场工程奠基已一年多，如今工地成了荒地；据说要投资30亿元的"温哥华城"在挖了4个大坑后，也没有了下文——

决策为何连连失误

蔡小伟

安徽淮北市的人民路，过去是条不出名的市郊马路，去年却出了一番风头。淮北市民被告知，路东和矿山集镇塌陷区将建起亚洲最大的高尔夫球场，相距不远处，还要建起投资30亿元的"温哥华城"，淮北这座煤城将彻底改变其工业城市的面貌，成为一个供人们休闲旅游的"绿色家园"。然而时隔半年，"绿色家园"成了半拉子工程，打基础留下的大坑像是几个深深的问号，至今仍静静地躺在那里。

淮北是我国五大煤矿基地之一，过去地方经济对煤电产业的依赖性很强。着眼于淮北的未来，当地提出了城市转型的思路：建设一个现代化的工业、商贸、旅游城市。为实现这个目标，淮北积极招商引资，发展开放型经济。

然而，几个大的招商项目接连搁浅，让人不能不重新审视城市的转型之路应该怎么走。

画在纸上的绿色家园

2000年，北京一家民营公司找到淮北市有关领导，希望在淮北建一个亚洲最大、世界第二的高尔夫球场，称为新世纪生态家园高尔夫6＋1球场。项目直接投资30亿元，间接投资超百亿元。面对这么大的外来投资，淮北人喜出望外，像接待贵宾一样，先后6次接待这家公司的董事长和公司决策人员，并划出9800亩土地，承诺以每亩10元的价格给投资商，供他们在距市区10公里的矿山集镇塌陷区兴建6个连体国际锦标型球场，在市郊人民路东段建一个公益性娱乐球场。

2001年4月，该项目举行了规模空前的启动仪式。谁知工程奠基至今一年多，工地成了一片荒地。而安徽省国土资源厅至今没有收到这个项目的用地许可申请。

高尔夫球场工程搁浅，成为街谈巷议的话题时，有人又介绍来一位加拿大客商，带来的项目计划是，建设一个国内一流的生态住宅区，包括国际会展中心、五星级酒店、国际新闻发布中心、豪华公寓及其他公共配套设施，取名为"温哥华城"。眼看投资巨大，淮北市又决定辟出4150亩建设用地，将其列为"重中之重"项目，希望3年内初步建成，2001年10月之前，先建一个别墅群。

淮北有的是煤矿塌陷地，但许多已复垦，种上了庄稼，要实施这两大工程，许多已经复垦的土地贡献了出来。"温哥华城"的建设需要郊区余庄、梁庄、暗楼村的部分土地，当地居民给予全面配合。任圩镇的农民眼看着100多亩齐膝高的芝麻、豆子被推土机铲去。去年8月11日，"温哥华城"一期工程——别墅苑举行了奠基仪式。然而到10月，这个工程挖下4个大坑之后，就动不起来了。记者日前在工地上看到，4个大坑在太阳下暴晒，其中一个占地近20亩的大坑，灌满了水，周围杂草丛生。钢筋水泥基础已打了一半，一些裸露在外的钢筋，锈迹斑斑。

命运坎坷的招商项目

淮北是个有190多万人口的地级市，城镇居民人均可支配收入5000多元，农民人均纯收入2200多元，该地区知名度较高的旅游景点不多。

在这里建亚洲最大的高尔夫球场可行性何在？多少人会来此玩高尔夫？在一次新闻发布会上，有记者提出这个问题。答复是：可以建飞机场，请东南亚的大财团老板开着私家飞机来淮北打球。此语一出，引来哄堂大笑。

同样，建设高档的"温哥华城"，在淮北有多大的销售市场？

不切实际的项目，从一开始就埋下了坎坷的伏笔，这样的结果，做可行性研究报告的时候都分析到了吗？其实，这些工程开工后，外商并没有再投入多少资金，而是用这些土地进行"再招商"。前不久，记者遇到"温哥华城"工地上的一个留守人员，他说，这工程去年10月就停工了，挖坑的钱还是市里拿的呢。

不该付出的"学费"

暗楼村有几个自然村所在地被确定为塌陷地，决定搬迁至现"温哥华城"工地处。但"温哥华城"的建设占用了这些农民的宅基地，面临房屋倒塌危险的农民还没有找到新的安身之处。

这些项目还没有上马前，淮北的宣传广告早已铺天盖地。一年内，淮北举行了3次规模较大的活动，做广告，请明星，开新闻发布会，花费谁也说不清。有知情者说，仅几个新闻发布会和奠基仪式，就花费超过200万元。当地一些干部的说法是："外商出面，淮北拿钱，捞个虚名。"

在淮北采访时，许多人对我们说，搞经济工作，难免会有失误，我们也允许决策者付一些学费。但如果是为了追求影响和"政绩"，人民是不愿意承担这笔学费的。淮北的市民告诉我们，群众心里自有衡量干部政绩的一杆秤。去年淮北市人大常委会对副市长进行述职评议，有32名人大常委出席会议，负责这些引资项目的副市长不称职票达到16张。

　　几个招商项目的流产和搁浅，如今已引起淮北市委、市政府的高度重视，他们痛定思痛，认真总结经验教训，开始走一条务实的招商引资之路。最近一段时间，淮北开展了热烈的解放思想大讨论，市里领导提出，在加大招商引资力度的同时，要对每一个项目进行充分论证和调研。据悉，市里正在启动南洋工业园，将有制衣、新型建材、机械制造、电子等行业的50家外商投资企业进驻淮北。

　　人们期待淮北转型成功。

（原载《人民日报》2002年5月29日，获2002年中国新闻奖）

泪飞最是感人处

戴 鹏

《百姓心中的丰碑——追记公安局长的楷模任长霞》刊发后引起极大反响。胡锦涛、温家宝、李长春、罗干和刘云山等领导同志先后批示和讲话，号召向任长霞同志学习。

靠真情打动读者

任长霞追悼会之后第二天，4月18日，《人民日报》一版头条就发了通讯《人民的好卫士任长霞》。上次我们的报道，把"该写"的主要内容基本都点到了，怎么跳出前文的"圈儿"，另辟蹊径呢？

我一直有这样一个印象：在新闻实践中，不动真情，难以写出不朽的人物；没有激情，绝难写出具有生命力的佳作。《县委书记的榜样——焦裕禄》发表30多年，激励了一代又一代党员干部。今天看来，无论从文章的字里行间，还是从穆青老前辈自己的回忆片段，都明白地印证了一点：没有当年采写时的真情涌动，激情磅礴，就没有通讯的感人至深、催人泪下。

采写《百姓心中的丰碑》，创新的着力点就放在这里，靠真情打动读者。

任长霞热情对工作，真情对群众，破积案、打团伙、救人质、抚孤儿、解危难，替百姓撑腰，为弱者申冤，把无数好事善举办到了群众的心上。而群众对她则是更为纯真的感情回报，"把泪洒给她，把心掏给她，用口为她铸碑"。可以说，每一个受访者都是流着泪向我们讲述长霞的故事，我们也都是流着泪听他们讲述。于是，热情激发真情，真情点燃激情，眼前很快凸显出一根沉甸甸、泪闪闪的感情线：长霞真情对群众—群众真情对长霞—记者真情对长霞、对读者；也显现出一个清晰的"互动"格局：长霞感动群众—群众感动记者—记者感动读者。

写作的关键是怎样感动读者。我深深地体会到，要把记者的激情传导给读者，进而感动读者，至少有以下几条必须做好。

讲究结构和叙述的技巧

不讲技巧的作品难有读者，更难成为佳作。在谋篇结构上，我们力求通过"三泪成珠，一线相串"的构思，巧妙地搭建起一个便于叙事抒情的结构平台：我们把最有助于塑造人物形象、最易于撞击读者心灵的"百姓泪""英雄泪""亲友泪"分成三个"板块"，形成看似独立却又互相关联的三个小标题，然后用群众对长霞的"真情实感"这根"感情线"进行串联"组装"。形成这个平台，挥洒由己，收放自如，所有搭载的素材"存放"合理，"发射"有序，把读者引入一个完整的、真实的、特定的情感世界，用一个接一个感人的事实撼动读者的心灵，以取得最佳的效果。

运用电影的镜头语言和叙述手段铺排，要紧之处反复强调，突出效果。由于我们是在雨、泪交织的氛围中采访，在泪、雨融汇的情势下写稿，写的又是催人泪下的故事，为了让读者与我们产生共同感受，特意提炼出既有画面又有诗意的句子在每一小段的开头和文章结尾时重复使用：

> 嵩岳无言，颍水低回。雨像泪一样飘洒，泪如雨一般倾诉。
> 面对每一位受访者的泪眼，记者视线模糊，无法拍照，无法笔记。

这样写，意在通过重复强化，收到由记者的"视线模糊"引发和催化读者"视线模糊"的效果，使人读着回肠荡气，形成持续、递进的感情冲击力。同时，淡出淡入、时空切换、远景近景、特写旁白等一系列电影艺术表现手法的运用，使读者很容易随着我们的笔触一步步走进任长霞崇高的内心世界。

讲究组织高潮的技巧

有时候，恰到好处的"台前独白"，会收到推动情感高潮的强烈效果。所以，记者该站出来说话时一定要站出来说，直抒胸臆，决不避讳！因为记者对素材、对事情的了解和理解毕竟要比读者多，要比读者深，感受到的也要比写出来的多和深。

比如，写到英雄也流泪时，记者在重要的小标题位置直接点题："她的泪流淌着女人的天性，天性的慈悲，慈悲的纯真，闪耀着彩霞般的丽晖，映照出一位公安局长执法为民、关爱百姓的深切情怀。"

比如，为了承转有力和强化长霞这个人物的另一面，写到犯罪嫌疑人为感念长霞的人道关怀而流泪时，记者直抒胸臆："女性的慈悲是博大的。因为博大才显得伟大。"接着叙述长霞收养弱小孤儿小春雨的段落，烘托出长霞慈悲、博大、伟大的人格境界，使其具有更大的震撼力。

再比如，在写英雄的"欠缺"时，借着长霞儿子卯卯给妈妈用百分比打分的"势"，记者走到前台："又一个80分！面对同样的问题，长霞的丈夫给了她同样的分数！记者的泪水夺眶而出……是的，只有完美的神，没有完美的人！作为一个普通的人，一个普通的女人，如果说任长霞也有她的不足和缺陷，那无疑是一种英雄的残缺，残缺的美丽，崇高的敬意！"意在冲决读者泪水的堤坝，在泪水中升华英雄的精神，用泪水荡涤读者的灵魂。

用细节再现典型

震撼人心、能够流传的作品必须借助于真实的细节。因为细节决定成败，细节决定深度、高度。细节是描绘人物、事件和环境的最小组成单位，如同血肉的细胞。没有真实、典型的细节描写，就没有优秀、经典的文学艺术作品。

具体在《百姓心中的丰碑》里，细节可以是一个自然而然的动作。任长霞在农村上访妇女头上那深情"一摸"的细节可谓非常难得。

"她看了材料后，轻轻地摸了一遍我头上那块去掉颅骨仅剩头皮包着的软坑，她惊讶地说了声'咦！咋打成这样！'她的泪水一下流了下来。"

"她也不嫌弃俺农村妇女蓬头垢面身上脏，在我头上摸了一遍又一遍。你知道，就这一摸，把俺的心都摸暖啦！"

在这里，任长霞"摸暖"的何止是陈秀英一个人的心？她"摸暖"的是党和群众的血肉联系，是百姓对政府的依恋情结，是我们正在努力找回、极力维护的那种朴实无华、弥足珍贵的干群关系！

细节可以是一个物件。与上述例子相比，"一包药"的细节具有同样效果，只是着力点不同。

在回放4月17日任长霞葬礼的录像资料中，一幅写有"痛悼

221

亲人任长霞"，落款为"上访老户"的巨幅挽幛格外引人注意，一头挂着的那包药来回晃动，尤为显眼。"来路短，去路长啊！长霞闺女为我们落下了一身毛病，带上点儿药也好御个风寒，免灾祛病。"老上访户张生林老汉未语泪流，泣不成声。

其实，"这包药"是任长霞得知张生林连小病都没钱看时，自己给老汉拿的常用药。结果张老汉药没吃完，任长霞已经牺牲，他反过来为她"送药"，为她送行。"一包药"的作用岂在"送人""医人"？

细节可以是一段小的情节。当犯罪嫌疑人王小伟3岁的儿子哭喊着"爸爸"追赶囚车时，任长霞命令停车，打开手铐，让他们父子再见上一面。犯罪嫌疑人看到还不懂事的儿子时，露出了人性的一面，抱着儿子号啕大哭。这时，任长霞蹲了下来，用双手轻抚着孩子的脸，从衣兜里摸出100元钱，递给一位邻居说："给孩子买点吃的，以后孩子有啥困难就去公安局找我，我叫任长霞。"说完扭头就走了。当一位记者"过一会儿再见到任局长时，发现她在悄悄抹泪。'任姐，你哭了？'她对我说：'唉，孩子真可怜！女人泪窝浅啊！'"一句"女人泪窝浅！"揭示出了任长霞天性中母爱的慈悲善良和一位公安局长的人道主义境界，令人肃然起敬。

细节可以是一幅画面、一个小的场景。小春雨的父母相继去世后，幼小的她成了孤儿，是忙得连自己的儿子都无法照料的任长霞收养了她，给了她精神的支撑和生活的保障。当记者一提及"任长霞"三个字，"刘春雨还没开口就失声痛哭，泪滴像断了线的珠子洒落在她手中的作文簿上——《我心中一盏不灭的灯》。窗外，风摇月季，雨打花蕾"。我们通过这些小细节带出了让小春雨难忘、叫读者唏嘘的"穿袜子"的细节。2002年她生日那天，"任妈妈到我家来看我，给我带来一双运动鞋和一件粉红色棉袄。她蹲在地上给我穿鞋，见到我的袜子破了一个窟窿，就说，'这咋穿哪，给你点儿钱去买双新的'。我的眼泪唰一下掉了下来，要不是当时旁边站着别人，我真想搂住她亲她一口，叫一声'妈妈'。"

细节还可以是一颗小小的泪珠，一个细微的眼神。"老上访户张生林老汉未语泪流，泣不成声""陈秀英将任长霞的遗像双手捧在怀里，泪流满面""第一次听到任局长遇难的消息，王小伟抱头痛哭""任长霞的妹妹任丽娟翻看着姐姐的照片，眼里闪着酸楚的泪光""任丽娟镜片里的两窝泪水在盈盈晃动""政委刘丛德把头埋进双手，声音哽咽""满头白发的韩素珍说起任局长老泪纵横"、杨玉章"这位剽悍的铁血汉子硬是半分钟没说话，生生把将要流出的泪水憋了回去"……这些"百姓的眼泪"，其实都"很珍贵，也很慷慨"，然而，它们只为长霞而流。

我们深入挖掘出的这些细节，为文章增色不少，为重现任长霞这个典型形象起到了以一当十的作用。

（作者系人民日报社河南分社原副社长）

附：

一位到任仅3年的公安局长，因公殉职后，14万群众自发为她送行

百姓心中的丰碑

——追记公安局长的楷模任长霞

戴　鹏　徐运平

细雨绵绵，如泣如诉，灵堂已撤，诗墙依旧。

尽管当初万人恸哭、挽幛如云的场景已经隐去，宽敞的嵩岳大街、少林大道恢复了往日的平静，可隐约中，那悲痛凝重的氛围依然笼罩着这座著名的山城。

5月22日，在登封市公安局长任长霞不幸因公殉职一个多月后，我们来到登封追寻英雄的足迹，听百姓们含泪讲述长霞的故事，真情似颍水清澈，朴实如嵩岳无华，像追忆逝去的亲人。从那悲痛凝重的氛围里，我们真切地感悟到，一个人们心目中的"好官""好公安局长"与百姓的血肉联系，感悟到"天地之间有杆秤，秤砣就是老百姓"的朴素哲理。

1

其实，百姓的眼泪很金贵，也很慷慨，就看是对谁。她抹亮了嵩岳一片蓝天，还给了登封一方平安，百姓就把泪洒给她，把心掏给她，用口为她铸碑

嵩岳无言，颍水低回。雨像泪一样飘洒，泪如雨一般倾诉。

面对每一位受访者的泪眼，记者视线模糊，无法拍照，无法笔记。

4月14日20时40分，当任长霞为侦破"1·30"案件从郑州返回

登封途中突遇车祸因公殉职后，登封"黑幛白花漫嵩山"，"城巷尽闻号啕声"，仿佛一夜之间出了无数诗人，使整个山城涌动着诗的潮水，哀的旋律。4月17日，14万群众自发为她送行，其哀其痛，其悲其壮，撼天动地，千年历史的古城登封前所未有。

一个眉清目秀的柔弱女子，一个到任仅3年的公安局长，何以能在这么短时间内赢得60多万百姓的如此爱戴、如此尊崇？！

"她才40岁，叫这么好的人走恁早，苍天它真的没长眼哪！"发出这声哀怨的是当地"王松涉黑团伙"的受害者、告成镇农民冯长庚。伴着窗外的细雨，他含泪向记者讲述任长霞如何除掉这个社会毒瘤，为民伸张正义的故事。

登封位于郑州、洛阳、平顶山的接合部，多年来，治安形势严峻，大案积案较多，群众对公安工作意见很大。以登封避暑山庄老板王松为首的涉黑团伙，就是一个没人敢碰的毒瘤恶疮。他纠集家族成员、两劳释放人员组成黑恶势力团伙，私买枪械，私设刑堂，在白沙湖一带为非作歹，伤人过百，命案累累。冯长庚就因为在水库边洗脚，被王松手下诬为偷鱼而被刺一刀、打断5根肋骨。

在一个局长接待日里，冯长庚试探着向任长霞诉说了自己的冤情，倾吐了不敢明告状，却又不甘心的苦衷，引起了任长霞的高度重视。在派人密访暗查掌握基本案情后，任长霞决心打掉这个背景复杂、组织严密、危害极大的犯罪团伙。经过专案组几个月的艰苦侦查，"王松涉黑团伙"所有成员全部被捉拿归案。作为全国十大打黑案件之一的典型案例，登封市公安局受到了有关部门的表彰。消息传开，老百姓奔走相告，称颂任长霞敢于打黑碰硬，为民除害。

"像这样棘手的案件，她可以找一千个借口搪塞，找一万个理由推托，可她没有，她情愿为咱百姓当靠山！"冯长庚的话也说出了君召乡海渚村村民陈振章的心声。2002年4月16日，陈振章被涉黑团伙"砍刀帮"的成员砍了两刀，一直上访告状，是任长霞组织干警，端掉了这个以李新建为首的犯罪团伙，为百姓除了害，也为他讨回了公道。

"任局长是真心为咱百姓办事的官儿。老天爷啊，咋不让我这个老婆子替她去死哩？"满头白发的韩素珍说起任局长老泪纵横。

1990年9月8日晚，君召乡韩素珍的女儿和另一名女孩儿被犯罪分子强奸杀害，由于种种原因，案件长期未破。2001年5月，任长霞在"局长接待日"上了解这一情况后，决心拿下这一陈年积案。2002年8月26日，犯罪嫌疑人赵占义被抓获归案，11年的悬案有了结果。

"要是嵩山搬得动，我就用它为任局长立碑！"韩素珍为表达对任长霞这位"女神警"的崇敬之情，筹措1000元钱，为她铭刻了一块正面镌刻着"有为而威邪恶畏，为民得民万民颂"14个大字的"功德碑"。2003年4月10日，她带领君召乡郭岭村的村民们敲锣打鼓，来公安局给任长霞立碑。任长霞坚辞不让，村民们非立不可。任长霞最终没有拗过，同意让大家把碑立在公安局后院一个不显眼的地方。等乡亲们离去后，任长霞立即让民警把碑拆了。村民们事后感叹："任局长能拆掉石碑，可她拆不掉俺老百姓的心碑！"

在回放4月17日任长霞葬礼的录像资料中，一幅写有"痛悼亲人任长霞"，落款为"上访老户"的巨幅挽幛格外引人注意，一头挂着的那包药来回晃动，尤为显眼。"来路短，去路长啊！长霞闺女为我们落下了一身毛病，带上点儿药也好御个风寒，免灾祛病。"老上访户张生林老汉未语泪流，泣不成声。

作为村民代表，张生林向上级反映村里财务混乱问题，受到报复，被打成重伤，颅骨至今塌陷。由于案子长期得不到公正处理，无奈之下，他常年上访，历尽艰辛。对他的申诉，任长霞极为重视，很快使案情获得重大突破。每次见他，总是问寒问暖，逢年过节，多有体恤。就在任局长牺牲前的4月12日晚，他应约来到任长霞的办公室，向她

226

汇报一名打人凶手潜逃回村的重要线索。当任长霞得知张生林连小病都没钱看时，抓起电话就向市民政局长"说情"求援，为他申请救济。接着，她又把自己的常用药给张生林老汉挑了一大包，并约定15日她从郑州开会回来再说案情，弄准了立即抓人。

"可在4月14日她就走了，走时啥也没带……"送行那天，张生林约了另外6位"上访老户"凑钱为任长霞做了挽幛，早早来到了她的灵前。

登封街头卖冰糕的老汉王青山，与长霞非亲非故，素昧平生。每逢星期六控申接待日，总能见到任局长耐心接待上访群众，倾听他们陈情，为他们主持公道。"有一次碰面，她主动与我拉家常，问我生意咋样，收入够不够生活用，叫人心里热乎乎的。"为了给任长霞送行，王青山老汉主动去帮助搭了3天灵棚。"就是沾亲带故，白发人送黑发人，也没有叩首跪拜行大礼的，可我是身不由己，腿不由心哪！"

<h2 style="text-align:center">2</h2>

莫道尽铁血，英雄也流泪。她的泪流淌着女人的天性，天性的慈悲，慈悲的纯真，闪耀着彩霞般的丽晖，映照出一位公安局长执法为民、关爱百姓的深切情怀

嵩岳无言，颍水低回。雨像泪一样飘洒，泪如雨一般倾诉。

面对每一位受访者的泪眼，记者视线模糊，无法拍照，无法笔记。

"我娘死我都没有这么伤心，没磕这么多头，没跪这么久。"5月24日上午，在陈秀英家的堂屋门前，陈秀英将任长霞的遗像双手捧在怀里，泪流满面："我每天都要看看任局长，咋也看不够啊。在灵堂送行那天，我排了两次队，转了两圈，只为多看任局长一眼。"

2000年9月16日，中岳区任村村民陈秀英在一起纠纷中被打成重伤，事发后犯罪嫌疑人潜逃外地。陈秀英在医院做了两次手术，头上留下小碗口大的塌陷伤痕。由于案件迟迟未破，陈秀英踏上了上访告状之路。

"2001年5月的一个局长接待日，我到市公安局去申诉。那天的情景我到死都忘不了。任局长拉着我的手，问我啥事儿，我把告状材料递给她，她看了材料后，轻轻地摸了一遍我头上那块去掉颅骨仅剩头皮包着的软坑，她惊讶地说了声'咦！咋打成这样！'她的泪水一下流了下来，双手扶住我的肩问：'人呢？'我说'跑了'。任局长说：'你放心，跑到天涯海角我们也要把他抓回来！'当时在场的100多个告状乡亲中许多人都哭出了声。""任局长的心咋与咱老百姓的心贴得这么近，对咱这么亲！她也不嫌弃俺农村妇女蓬头垢面身上脏，在我头上摸了一遍又一遍。你知道，就这一摸，把俺的心都摸暖啦！"从公安局出来，陈秀英抑制不住情绪失声痛哭。经过两年多的艰苦侦查，今年2月，任长霞指挥民警终于将犯罪嫌疑人抓获归案。从那以后，陈秀英每次进城看病买药办事情，都要到公安局门口转转，总想看看任局长。

"任姐走了这么多天，这个画面还老是在我眼前晃动。"登封市电视台记者任俊杰眼含泪水，为我们讲述了又一段任长霞流泪的感人故事。

2003年12月18日，是一起重大案件告破的日子。在石坡爻村召开的公捕大会现场，囚车缓缓开动。一个小姑娘抱着一个小孩死命地追赶着囚车。小孩一声声哭喊着"爸爸""爸爸"！撕人心肺。小姑娘是犯罪嫌疑人王小伟的侄女，孩子就是他刚满3岁的儿子。因为家里穷，前两年他老婆跟他离婚了，家里还有一个年近古稀的老母亲。听到孩子的叫声，犯罪嫌疑人眼睛紧闭，牙关紧咬，痛苦地将头埋在怀里。见到这个情景，任长霞走过去让民警把犯罪嫌疑人从囚车上押下来，说："打开手铐，让他们父子再见上一面。"犯罪嫌疑人看到还不懂事的儿子时，露出了人性的一面，抱着儿子号啕大哭。这时，任长霞蹲了下来，用双手轻抚着孩子的脸，从衣兜里摸出100元钱，递给一位邻居说："给孩子买点吃的，以后孩子有啥困难就去公安局找我，我叫任长霞。"说完扭头就走了。

当时在现场采访的任俊杰回忆说："当我过一会儿再见到任局长时，发现她在悄悄抹泪。""任姐，你哭了？"她对我说："唉，孩子真可怜！女人泪窝浅啊！"

高墙电网，厚门铁窗。5月25日下午，记者在登封市看守所见到了犯罪嫌疑人王小伟。第一次听到任局长遇难的消息，王小伟抱头痛哭："她可是个好人啊，不该走这么早！"好大一会儿，他抬起头来说："我对不起母亲，对不起孩子。如果有机会出去，我第一件事就是去坟上看看任局长，给她烧香磕头。"临了，王小伟哽咽着小声问记者："任局长埋到哪儿啦？"

女性的慈悲是博大的。因为博大才显得伟大。

"任妈妈这一走，我又成了没妈的孩子！"登封市直二中初一女生刘春雨还没开口就失声痛哭，泪滴像断了线的珠子洒落在她手中的作文簿上——《我心中一盏不灭的灯》。窗外，风摇月季，雨打花蕾。小春雨断断续续讲述着她被"任妈妈"收养的一段情缘。

2001年5月，大冶镇西施村煤矿发生瓦斯爆炸事故，刘春雨的父亲不幸遇难。两年前失去母亲的刘春雨成了一名孤儿。任长霞在处理这起事故中得知这一情况后，眼含热泪拉过小春雨的手："孩子，从今往后你就是我的亲闺女！"自此，任长霞独自承担了小春雨生活和学习的全部费用。

"任妈妈要是活着，她一定会给我送来生日礼物！"5月24日，记者采访小春雨时，这天正巧是她14岁的生日。她说，前年她过生日，任妈妈给她穿鞋的那一幕总是出现在眼前。

"2002年深秋的一天，任妈妈到我家来看我，给我带来一双运动鞋和一件粉红色棉袄。她蹲在地上给我穿鞋，见到我的袜子破了一个窟窿，就说，'这咋穿哪，给你点儿钱去买双新的'。我的眼泪唰一下掉了下来，要不是当时旁边站着别人，我真想搂住她亲她一口，叫一声'妈妈'。"

按当地习俗，披麻戴孝摔老盆，是亲生长子为父母送葬时才能行的最重的大孝礼仪，可在5月17日送别任妈妈那天，小春雨披麻戴孝，在任长霞的遗体旁久跪不起，哭成泪人。她告诉记者："当时我真想把躺在那里的任妈妈拉出来。要不，她就会被灵车拉走，再也见不到了。""以前任妈妈工作忙得总顾不上回家，我宁愿她的骨灰放回家中，好让她再享受多一点家的温馨。要是放在陵园里，她太孤独了，连个说话的伴儿都没有……"

怀有这种感情的又何止一个小春雨？ 2002年1月，任长霞为了使更多的孩子得到救助，向民警发出倡议，在全局开展了"百名民警救助百名贫困学生"的活动。全市有126名贫困学生得到了干警们的救助，重返校园。在为任长霞送行的那天，孩子们哪一个不是手扶灵柩，声声哭喊着他们敬爱的任妈妈！

3

她是个优秀的公安局长，却不是一个优秀的女儿、妻子和母亲。她把有限的生命时光几乎全都用到了事业上，留给家人亲友的唯有痛惜的泪水

嵩岳无言，颍水低回。雨像泪一样飘洒，泪如雨一般倾诉。

面对每一位受访者的泪眼，记者视线模糊，无法拍照，无法笔记。

"说不生她的气是假的！几个月见不了她一面，好不容易回来一次，几句话，一顿饭就走了。我就是再想她，也不敢给患有脑出血的老伴说，只有独自落泪，一哭半夜。我给邻居说，我算是给公安局生了个闺女。说实话，她心里很少有家的概念、父母的位置。"任长霞的母亲抹了一把泪："再想，她也对，家人再亲就这几口儿，那登封可有60多万人哪，不这样真的不中啊！"

"她的时间就像桶里的豆子，抓给事业上的多了，剩给家人的就少了。在这方面她固执得很，必须按她的原则办。说白了，工作上的事，群众的事不能挤，唯一能挤的就是给家人的时间。"任长霞的丈夫卫春晓律师说。"当初，我下班早了，给她倒杯水；她下班早了，给我倒杯水。多少回，她小鸟依人般偎在我怀里。随着她肩上的担子逐步加重，这些慢慢都没有了。她偶尔回家一次，也是不停地打电话说工作，或者倒头就睡，叫都叫不醒。'春晓，咱老夫老妻了，我真的太累，顾不了家，你多担待点儿。'"看似刚烈的卫春晓泪花闪闪……

"其实，妈妈很爱我，就是因为她太忙，很少有时间回家陪我。今年3月16日，我患病在医院动手术，痛得全身流汗，特别想妈妈，忍不住就给她拨通了电话。妈妈说，工作忙完了就来陪我。我听到妈妈在电话那头哭：'卯卯，好孩子，妈妈腾开手，一定去看你，一定！'为了让妈妈到医院来看我，也好让她借机休息一下，我故意在医院里多待了几天，可直到我出院，妈妈也没顾上来看我一回。妈妈从来说话算数，可这次却永远地失信了……"任长霞的儿子卫辰尧一边讲述一边痛哭。

"要用百分比打分，你给妈妈多少分？"卯卯沉思了片刻："顶多80分，因为她陪我的时间太少了！"

又一个80分！面对同样的问题，长霞的丈夫给了她同样的分数！

记者的泪水夺眶而出……是的，只有完美的神，没有完美的人！

作为一个普通的人，一个普通的女人，如果说任长霞也有她的不足和缺陷，那无疑是一种英雄的残缺，残缺的美丽，美丽的崇高！

"说实话，姐姐人长得很美，也很爱美。除了警服，还特别喜爱红衣服——红夹克、红毛衣、红衬衫、红围巾。她自己就说，'爱红装又爱武装'。说真的，不管啥衣服，姐姐咋穿都好看。"任长霞的妹妹任丽娟翻看着姐姐的照片，眼里闪着酸楚的泪光。

她的话印证了长霞的美与爱美。记者在任长霞局长办公室的洗面台上发现，她的玉照下也有不少女人化妆用的必需品，一瓶忘记拧盖的化妆品仍散发着淡淡的芳香。

"这是唯一的一张全家福。"任长霞穿着红色的夹克衫格外醒目，格外妩媚。丽娟说，2002年春节，妈妈提议让姐姐回来，团圆一次，顺便照张全家福。可她说要值班，没空。我们全家就不期而至，"突袭"登封，硬是"逮"住她照了这张相。"她终究还是走了，撇下我们大家，留下一个残缺的家！"任丽娟镜片里的两窝泪水在盈盈晃动。

还有一张长霞身着警服，手持手机正在通话的照片。她一脸坚毅，显得特别飒爽。"其实，全家都习惯了，都理解她，支持她，包括至今仍被蒙在鼓里的瘫痪的父亲，从来都不给姐姐添麻烦。"

指着这张照片，丽娟说："去殡仪馆为姐姐送行那天，妈妈把我拉到一边，让我给姐姐'捎'去个手机，说我姐离不开手机，为那工作上的事，一天到晚不停地打电话，不能临走连个手机都没有！"

"姐姐，带好你的手机，可别丢了！"

说到舍小家为大家的任长霞，她曾经的搭档、郑州市公安局副局长、全国优秀刑警队长杨玉章说："干公安局长这一角儿，别说是女同志，就是大老爷们儿也得咬牙硬挺，恨不得一天当作两天过，一个身子分成仁。长霞就是再优秀，登封治安状况那么复杂，她既要破案、扫黑、带队伍，还要接访、调研、顾群众，她能有多少时间来顾及家人？！"这位剽悍的铁血汉子硬是半分钟没说话，生生把将要流出的泪水憋了回去。

"闻讣沈阳已吞声，泪水随机过百城。此后无计可问谁，九躬难尽战友情。"闻知噩耗时，任长霞的战友、登封市公安局政委刘丛德正在沈阳出差，在火速赶往登封的途中挥泪写下了这首小诗。

3年来的并肩战斗，他们结下了深厚的战友情谊。"长霞逢事总是想别人的多，想自己的少。她到登封后的3个春节，都因为事情多，是在局里过的。2004年大年三十，长霞又坚持让我回家过年，她值班。我知道，她爹因脑出血半瘫痪，娘的身体也不好。让我回家，老婆孩子围着，我怎么安心吃得下饺子？那天晚上，我带着爱人一起去看望了她的父母。"

刘丛德把头埋入双手，声音哽咽："今年的春节她真的回不去了！长霞，你是顾不上了，就让我们替你尽孝吧，你放心走好！"

嵩岳无言，颍水低回。雨像泪一样飘洒，泪如雨一般倾诉。

面对每一位受访者的泪眼，面对照片上英雄的微笑，记者视线模糊。

大德无碑，大道无形。谁心里装着百姓，百姓就把你刻上心碑！历史就是这么公道！

（原载《人民日报》2004年6月3日，获2004年中国新闻奖）

（徐运平曾任人民日报社河北分社社长，时任人民日报社政治文化部民主与法制版主编）

让典型人物更"有意思"

徐元锋

典型人物是驻地记者在工作中经常遇到的题材，长期以来，这类报道积累了许多经验、共识，也留下许多"套路"。有人觉得，典型人物"写不好不好意思，写好了也就那样，没多大意思"。"没意思"多是因为"有套路"。处理好"有意义"与"有意思"的关系，就能多些耳目一新的感觉，是报道创新的难点，也是突破口。

"有意思"比"有意义"迫切

典型人物"有意义"和"有意思"是辩证关系，"意义"是价值内核，"意思"是叙事呈现；"意义"是预设目标，"意思"是接受过程；"意思"是灵魂和骨架，"意思"是血肉和皮毛。一般对"人物如何立得住"，领悟、追寻人物的时代性和价值意义，是党报记者的优长所在。写好人物，"有意思"反而是当前更为紧迫的任务，这是因为——

从记者写稿和读者的接受习惯看，这两个过程往往相反。写稿是发掘人物的价值特质—情感酝酿、不吐不快—谋篇布局下笔行文的过程，而读者的接受往往是被记者的文字吸引—被人物的事迹感动—若有所思、受到精神洗礼的过程。所以从受众接受习惯出发，让人物"有意思"是稿子被认同、传播好的前提。

从记者采写实践看，有时候想破脑袋让人物"立得住"，反而越想越糊涂、越想越迷失。此时放一放、静一静，回到"原点"、初心和第一印象，会对典型人物认识更清楚，把握更准确。

试问：稿子发了一段时间回头看，我们记住了典型人物什么呢？具体事迹或已淡化，但人物形象甚至他说的几句话还栩栩如生。所以经过时间洗礼，典型人物逐渐从"典型"回到"人物"，从"有意义"回到"有意思"。

恩格斯在《致敏娜·考茨基》中说过："每个人都是典型，同时又是一定的单个人。"不同的典型有不同的个性，能够凸显其个性色彩、最走心的其实是言行的细节。

人物的思想行为要解释得通

典型人物报道，笔墨多侧重于展现人物的事迹和功劳，但对典型为什么会这样的解读，或失之于粗疏，或避而不谈，或概念化解读，常常不能令人信服。典型人物和读者之间，至少隔着"三重差异"：时代差异、环境差异和个性差异。你不能硬塞一个典型让读者信服。

比如，"讲政治"放在别的人物身上，或许会让读者感觉隔。但独龙族是直接从原始社会末期过渡到社会主义的，老县长高德荣的"讲政治"就好理解，非常有个性。受党教育多年，他知道从政治的角度认识思考问题，对自己的话语分量和独龙族的发展，是很有帮助的。

所以，写人物须注重他所处的人文、地理环境尤其是成长背景，许多事放在那个环境里，放在特定的人身上，就说得通了。

不求完人

某兄弟报内部业务研讨做出"人物报道的十四点提示"，前三点分别是：写人物就是写个性，而不是写理念；写人物要突出某个侧面，不要面面俱到；切忌从小时候写起，弄成"人物小传"。归根结底，就是不必"高大全"。

譬如写典型人物一般都会写他们的家庭生活。实事求是地说，有些典型人物的家庭生活比不上一般人幸福，但还是会去写，一方面是情感共振的需要，另一方面有利于丰富人物形象。但有些有违常情，成了"比苦"，好像把牺牲家庭作为其典型"论据"，就值得商榷。

"高大全"的另一个原因是，报道典型人物时常把自己摆在"仰视"的角度，不自觉形成错觉，好像典型人物的"缺陷"也变得可以理解，从而朝全盘接受的方向前进。这"十四点提示"里还专门列了两点提示：用"平视"的角度去看待采访对象，不要"见官大半级"；不做采访对象的传声筒，典型人物说啥原文照登。这个独立的人物观察视角，值得借鉴。

人物因为真实而可敬，有时不完美反而更真实，这符合常理，也符合读者的认知逻辑。有时，我们会在报道中加入人物"反常"的言行，增加他的个性。如高老县长说：经济上不去，典型多有什么用？这既是大实话，也颇耐人寻味。

新闻报道多运用心理学、社会学，典型人物就多了"共通性"。

情须充沛　辞宜简约

"感人心者，莫先乎情"，写典型人物"用情"的重要性毋庸赘言。情从哪里来？充沛不充沛？还是那句老话："脚下有多少泥土，心里就有多少芳香。"越是历尽艰辛采写，越是感情充沛不可遏制。有时候觉得云南的路难走、穷地方多，当记者反而更有感觉有劲头。

鲁甸地震"头七"的时候，要写一篇抗震救灾的综述。刚写初稿时特别痛苦，"心里那股气不够用"，只能蒸一锅夹生馒头。有天吃过晚饭我散步到镇子边，正赶上纸钱遍地冷风阵阵大地将沉，一个年轻妈妈给"在那边"的儿子烧纸，她一直念叨："家里人都好啦，你自己照顾好自己。"

我一下子就被震住了，坐了一小时舍不得动。后来文章题目是《乌蒙磅礴写大爱》，至少把自己感动了。

不过，情感要注意把握度，不能跑到读者前面去了，高水平的表达是"寓雄奇于淡远"，含不尽之意于言外。举新华社记者张延平写王顺友的一个例子，文字张力十足，让人过目不忘。

> 傍晚，就地宿营，在原始森林的一面山坡上，大家燃起篝火，扯成圈儿跳起舞。他有些羞涩地被拉进了跳舞人群，一曲未了，竟如醉如痴。"我太高兴了！我太高兴了！"他嘴里不停说着。"今晚真像做梦，20年里，我在这条路上从没有见过这么多的人！如果天天有这么多人，我愿走到老死，我愿……"忽然，他用手捂住脸，哭了，泪水从黝黑的手指间淌落下来……

写典型，归根到底是用细节和故事来刻画人物，简约背后见功力。虽然表达创新技巧很多，但文字"守正"很重要。这个"正"除了价值观正，至少还有两层意思：一是新闻不是文学，细节真实是前提；二是练好文字的基本功是正道。

（作者系人民日报社宁夏分社社长，时任人民日报社云南分社采编中心主任）

附：

老县长素描

徐元锋

采访高德荣，未见其人，先闻其事。从昆明到独龙江，从省里到乡里，开了四场座谈会。每个人谈起高德荣，由衷的敬佩之情溢于言表；多年不见他的人，讲起他的事来历历如昨。

他就像一块磁铁，把人都"吸"了过去；他就像一架火塘，温暖照亮着身边的人。

几天"贴身追踪"，外围采访几十人，几百页的文字素材，记者由此走近了高德荣，用几个"关键词"给他画画像。

讲政治

车进独龙江，一幅鲜红的标语映入眼帘："独龙江人民永远跟党走"。当地司机周师傅说：老县长"讲政治"。

世上没有无缘无故的爱，不进独龙江，你就体会不到这"讲政治"背后的热烈和真挚。

用高德荣的话说，独龙族人民经历了"三次跨越"。第一次是1949年贡山和平解放，独龙族由原始社会末期直接进入社会主义。之后在周总理的关心下，又有了自己响亮的族名——以前他们被称作"俅子""俅帕"。第二次是在1999年独龙江简易公路修通后，虽然每年半年大雪封山，独龙族终于还是和外面的世界连起来了。第三次要从2010年算起，云南省启动"独龙江乡整乡扶贫、独龙族整族帮扶"，乡里人均投入25万元，"五年跨千年"。

一个以前还有人住在树上，5年前到处"人畜混居"，生孩子都不敢在封山期的民族，如今户均一栋新房，开通了4G网络，山上的"绿色银行"效益显现。沧桑巨变，靠的是谁？

高德荣在一首歌里写道：丁香花儿开，满山牛羊壮，独龙腊卡的日子，比蜜甜来比花香；高黎贡山高，独龙江水长，共产党的恩情，比山高来比水长。

独龙江乡经济地位弱，政治意义大：和缅甸接壤，国境线上有7个界碑；独龙族虽小，也是56个民族之一。

高德荣的"讲政治"，还体现在强烈的国家意识上。他对解放军情有独钟，军歌都会唱，每年都会杀年猪慰问官兵："你们是来守护我家乡的。"派出所指导员张维感叹："他是我们半个老兵！"

高德荣听不得别人说独龙族落后，他说我们民族没干啥，就是守住了1900多平方公里的国土；他不能接受独龙族整体扶贫搬迁，认为国土上没人怎么行！

他还说，"要像爱护鸡蛋一样，爱护民族团结"。他当县长时从来不以民族"划线"，领导班子成员分属几个民族，团结得像一家人，工作调动的都是哭着走。

工作狂

采访高德荣得"掐着点"进行——戴了27年的"双狮"手表，才是他的"直接领导"。跟他开了十几年车的肖建生说：老县长是个"工作狂"，从来不知道享受，工作就是享受吧。

"不睡觉""爱学习"和"勤汇报"，是身边人对高德荣的印象。

在贡山县挂过职的云南艺术学院研究生部主任孟文感叹，老县长凌晨两三点谈工作是常事，第二天天不亮就喊我们起床，一次我听见他在睡梦里喊："草果不是长在树上的！"

"他不是缺少'睡觉基因'，"和他搭过班子的省卫计委副主任李善荣说，"县长当一届，他知道时间宝贵！"

12月6日，记者去老县长家堵他的早上，他家的电视开着新闻频道，一份省委书记李纪恒讲话稿的背后刚写上：宏观政策要稳，微观政策要活，社会政策要托底，坚持稳中求进。烤着火塘，有人介绍毗邻的西藏察隅县人口两万五千多，老县长插话：应该是两万六千多人。

老县长善于学习是出了名的。1979年到1990年，他在独龙江工作用坏了28台收音机。独龙江乡大雪封山时，他带着干部们学习，结果乡干部在县里公认"会考试"。

个别人对老县长"勤汇报"不理解。怒江州委宣传部常务副部长稳宜金曾和高德荣长期共事，听老县长说过：我们条件差、底子薄，不去汇报争取，人家怎么了解支持你？

2003年，时任全国人大代表的他借机向温家宝同志"伸手"："总理，我来自独龙江，请您给我们修两条路，请来独龙寨做客。"

"老县长从不为自己张口伸手，"怒江州委书记童志云评价，"他是为了群众。"

个性强

高德荣唯一一次为自己的事向组织"提要求"，是辞去州人大常委会副主任的职务。

2006年，高德荣当选怒江州人大常委会副主任，荣升厅级领导。他选举前就放言：别选我，不然就辞职。当选第二天，他果然给省委组织部写信要求辞职，还当面向省委主要领导辞官。理由也很简洁：职务太高，办公室离群众太远。

女儿不敢劝他，就让母亲做工作。高德荣对老伴说："趁我现在还有力气带着他们干，我不回谁回？"

他认准的理从不会改，就像他穿的"高德荣装"，风格几十年都没换过。

记者问高德荣："这么多人来采访，你怎么看？"

"不高兴，"老县长提高嗓门说，"典型再多，经济发展上不去也不行！"

跟高德荣共事过的人，很少有没挨过他骂的：工作不尽心被骂，甚至犯小错也会挨骂，但没有一个记恨他。"他'刀子嘴、豆腐心'，不会当面认错，"跟他掀过桌子的肖建生观察，"但他也会'艺术'地表达歉意，比如第二天喊你吃早点。"

有"磁场"

老县长真诚。群众敬他酒，他从来不拒。有人亲见，他被热情的村民拉着，连喝20多杯酒。

老县长热情。一次，州、县、乡三级人大代表到独龙江视察，晚饭后被高德荣邀请到家里做客。他准备了一大锅"吓啦"（一种用鸡肉、酥油和酒拌在一起烹制成的饮食）说："酒是自己熬的、鸡是自家养的，大家喝。"他把卷筒纸当"哈达"，空酒瓶当"话筒"，柴火棍当"枪"使，闹得大家很开心。结束时他说："独龙江现在还很穷，也只能这样款待你们，谢谢理解！"

和高德荣相识40年的贡山县政协原主席赵学煌评价：高德荣不是"和群众打成一片"，他是"长在群众里的"。

乡里1000多户人家，高德荣大多能叫出户主或者长辈的名字。他是困难户嘴里的"甘秋"（傈僳语，意为老朋友），年轻人心里的"阿摆"（独龙语，意为父亲），群众眼里的"大爹"。

去年1月，怒江报记者王靖生跟老县长去迪政当村走访。已经过午了，老县长拿着自己买的腊肉和大米送到困难户迪白家，还嘱咐说

"这些东西是上级让我送来的"。迪白给每人倒满一碗水酒，老县长一饮而尽。

王靖生问："为啥不说没吃午饭，喝不了酒？"老县长答："他要是知道我们没吃午饭，家里就算有一只鸡，也会煮给我们吃。"

（原载《人民日报》2014年12月23日）

多写新鲜生动的"亲身经历"

朱　磊

今年的新春走基层，有点小波折。

开栏前，地方部让各分社报选题，我报了一个"扶贫干部进村来"的题，说的是固原市某村在第一书记带领下，开发出旅游和产业结合的扶贫模式，在宁夏备受推崇。不过，当部里编辑把汇总后的所有选题在工作群里发出来时，我发现类似选题在其他地方也不少，而且料更多，新闻点更足，心里不免犯嘀咕，便跟编辑商量，编辑也觉着选题可以再斟酌，不妨先到"西海固"，边看边想，不怕找不到好题目。

到固原后，跟组织部、宣传部门的人商量，他们推荐了王元明，他所在的姚磨村，曾是习近平总书记去过的村子，"不过，他现在不在姚磨村了"。

"去哪里了？"听到这话，我有点泄气，随口一问。

"去了西吉的一个落后村，是镇上点名要的。"

我眼前一亮：虽然错过了习近平总书记视察的村这个新闻点，可从一个先进村被要到后进村，又要从头开始，王元明心里怎么想，能不能接受，工作怎么开展，这些不都是很好的故事吗？

和王元明见面后，整整一天，我随着他走村入户，中午就在他办公室的暖炉上烤几个土豆。看到村子从一个后进村慢慢有了底气，有了发展的劲头，我更坚定了采写他的决心。

经过认真思考和写稿，成稿2200多字，三个小标题，仍觉意犹未尽，碍于篇幅，咬咬牙缩写成了1800多字，信心满满地发回了部里。

谁知道这个自己还颇为满意的产品，第一道关都没过。编辑告诉我，事迹很感人，故事也不错，但是"走"的味道太淡——现场感差。

仔细琢磨，也对，写稿子的时候，我脑子里尽想着王元明了，他的身边人、村里的村民虽然都采到，但是着墨不多，缺少记者走基层的现场感。

于是将文章架构先打散，将一路所见所闻，将一个村子和村民的精气神变化作为主体，突出王元明和村干部在这个变化中起到的关键作用。这时候，一些有意思的细节派上了用场，比如贫困户袁荣虎拦车，从他个人的思想转变映射出全村人的观念转变；比如采访时正是大冷天，山上的雪都没化，但是村部篮球场上，年轻人却穿着薄衣在打篮球，映射出村子从没有生气到生机勃勃；再比如，因为后进村的缘故，老支书过去在镇领导那里说话不硬气，头抬不起来，现在为了争项目敢跑到镇领导那里拍胸脯……

将这些新鲜生动的"亲身经历"搬上来后，我发现王元明的形象不仅没有弱化，反而还强化了，一个点子多、作风硬的第一书记跃然纸上；文章不但突出了王元明，还将村干部作风转变、村民观念转变等细节也凸显了，将一个后进村努力脱贫摘帽的群像表现了出来。

这篇稿子虽然波折，于我却很有裨益。算一算，从2012年参加新春走基层报道开始，我已是一名"走龄"6年的老兵，写稿时难免有一些程式化的想法、模式化的套路。但是"水无常形，文无定法"，不妨抱着重新出发的心态，多观察一些细节，多思考一些问题，尝试让文章多一点变化，这样，也才能时常保持职业的新鲜感。

当然，遗憾也还有。王元明是个很有故事的人，新庄村是个很有意思的村子，过去老百姓受制于文化水平显得蒙昧落后，并不代表未来他们仍甘于贫穷。很多有着强烈冲突和对比的小故事，没能通过这次报道全部呈现出来，心中有些不舍。

好在和王元明已经成为无话不谈的朋友，新庄村我也不会只去一次，留在电脑里的采访内容，未来肯定还能派上用场。新庄村今年就要摘帽，我跟王元明约定，今年还要再去拜访，到时候再把这些遗憾统通补上。

（作者系人民日报社江西分社采编中心主任，时任宁夏分社采编中心主任）

附：

"穷中穷"的村子人均收入一年涨了两千

这个第一书记，用了啥法子？

朱 磊

眼瞅着挂职期满，去年，一纸调令，王元明又从宁夏原州区姚磨村调到了西吉县的新庄村，还任第一书记。

"西吉是西海固苦中苦，新庄是西吉县穷中穷！"知情人对着老王直摇头。的确，全村816户人，30岁以上的人近半文盲。

出人意料，短短一年，新庄村人均可支配收入就比2016年增长了近2000元，更关键的是，人们精气神起来了。

王元明用了啥法子？

去新庄的车子颠簸不已。贫困户袁荣虎远远看见车子，伸手拦住，拉起王元明的手走进院子。牛棚里，几头膘肥体壮的大黄牛正在惬意地大嚼饲料。拍拍牛，袁荣虎开门见山："书记，给咱建个青储池吧！"

"当真呀？不是上门给你推荐都不要吗?！"王元明一句玩笑，让袁荣虎很不好意思。当时王元明上门，他窝在炕上懒得下来，催人快走。不仅袁荣虎，过去村里没有一户把牛养壮实的，"牛毛往天上炸。几十亩地什么都种，样样捞不着！"王元明说。

必须改变种养结构！村里开村民大会，连开三次，才来十几号人。王元明灵机一动，找来村里在外做生意的几户人，给他们算账："养一头牛，至少能挣两千，国家还给补贴，你再把地包下来种牧草，一斤能卖一块二……"

见大家心动，王元明又说："青储池子我帮你们建，没钱，我帮你们贷。"

王元明找县农牧局要来项目，找县邮储银行办了放贷。全村建起30多个青储池，肉牛养殖增加到2855头，贫困户养牛数翻一倍。

"我今年收入肯定过2万。"袁荣虎兴奋不已，"现在全村的心气都起来啦，前两天市农广校来讲养殖，呼啦啦来了160多号人，我去晚了，只能扒着窗户听。"

年前一场大雪，山峦如封，格外清冷。村部广场上，一帮年轻人却在满头大汗进行篮球赛，笑声、喝彩声满场飞。村主任袁青玉发出一声感叹："多少年，咱村没这个气象了！"

（原载《人民日报》2018年2月12日）

写出大时代的亲情与悲情

连锦添

　　1949年，国民党兵败如山倒，溃退台湾，数以百万计的大陆籍军政人员离开大陆。他们统称为"去台人员"，都是地地道道的中国人，因时代剧变才从神州各地到了台岛，尝遍了骨肉分离之苦，演绎了多少离散故事，怀乡思亲之情自然与日俱增。"孤苦无依汉，夜夜梦神州"，很多人想家想得快疯了，但长期处于"戒严时期"的军事管制之下，30多年里几乎无人实现探亲梦。蒋介石死后，人心开始动摇，有人穿着"想家"字样的上衣沿街诉说，有人甘冒坐牢、革职之险，辗转从美国、日本等地回大陆探亲。

　　这是一个大时代的悲剧。直到1987年11月7日，晚年蒋经国主导下的台湾当局顺应潮流，打破实施38年的禁令，开放探亲。这是当年中国十大新闻之一。

　　在台湾海峡军事对峙的敌对状态下，香港是他们回故乡的必经之地。

　　我当时正好驻香港。凭着职业敏感，我意识到这是一件大事，肯定有同行大书特书，而我近水楼台，在香港最有利于获得第一手素材。作为从事港台报道4年多的年轻记者，我曾采写过不少绕道回乡探亲的台胞，对他们的不幸经历和情感不陌生；我在厦门大学读了4年书，也了解与台湾相同的闽南风土人情。当时的人民日报香港办事处主任黄际昌同志，是一位擅长写报告文学的老记者，他给我出主意，希望我除了写动态报道外，采写一篇无愧于这一重大新闻事件的深度报道。

我很兴奋，一头扎了进去。先去九龙的启德机场，等候台湾来的航班，但收获不大。采访对象人在旅途，通常无心与陌生人深谈，一般说上几句就拜拜了。我又与新华社记者一起去香港中旅社采访，了解面上的情况，还坐火车去深圳罗湖口岸，与北京南下采访此事的本报摄影记者会合，采写了动态消息和特写，反映第一批获准探亲的台胞踏上大陆土地那一刻兴奋、激动而又忐忑不安的心情。发回这些报道，也算完成任务了，但要写深度报道，我心里还是觉得空，以至夜不能寐。

感人的通讯缺不了打动人心的细节与情景，这些只能到生活中去寻找。经香港中旅社负责人协调，我每天从港岛跑马地过海到九龙，到尖沙咀中旅社台胞服务部"蹲点"。这里是离启德机场最近的一个授权办理台胞回大陆入境证件的服务机构，前来办证的台胞络绎不绝。我以工作人员的身份上前帮忙，见带着大包小包的，就帮着搬运，或者递上茶水；许多人慌乱中不知如何填表，我帮他们填写，还提供大陆交通行程咨询等。当时台胞回乡，海关可免税验放紧俏电器一大件一小件，香港买单，内地提货，我帮他们挑选大陆制式的电视机。一边张罗，一边不忘自己是记者，一名中央党报的记者。当发现可以倾谈的对象，我就拉他们坐在椅子上交谈。服务拉近了我们的距离，加上用心引导，多位台胞打开了话匣，讲出与家乡、与亲人之间珍贵的心路历程。如果一开始就亮出自己是北京派驻香港的记者，他们十有八九不会跟我详谈自己与故乡亲人的情感经历。他们去台38年，长期浸淫在反共宣传的环境中，普遍对大陆存有戒惧心理，误解很多。所以，我不录音，不记录，而用心去记。空闲时才往角落里一坐，在本子上记录一些原汁原味的话。

原稿中写了一个"近乡情更怯"的情景，见报时删了，很可惜。内容是一位江苏籍退役老兵，办手续时神情惶然。原来他早年到县城买东西时被土匪抓走，后来去台，家乡人一直认为他当了不光彩的土匪。交谈中，他一再说自己没干过坏事，希望家乡不要找他算账。我向他介绍了大陆的对台政策，去台人员只要维护祖国统一，大陆政府可不计前嫌。他用狐疑的眼光看着我，还问：东北现在还是9个省吗？过长江乌篷船好不好搭？我告诉他长江上早已建起多座大桥，他家乡仪征县建设了全国最大的化纤厂，高速公路可直通南京。他瞪大眼睛，边听边摇头表示不相信，末了还冒出一句："那你是共产党吗？"

原稿还记述了一段两岸婚姻的悲情故事，见报时可能限于篇幅，删了。刘先生去台后，因回乡无望，娶了台湾太太，当他得知老家的原配妻子一直没有改嫁时，心中激起了巨大波澜。他说的一番话，显露了心中的矛盾、悲哀和无奈：无论如何，我要回去见她一面，我让她空等38年，亏欠她太多太多，我一辈子也还不了这人情债啊！但回去又能怎样？只能看一看而已，我还要回台湾的，我究竟带给她的是希望还是失望？对台湾太太也不公平。"作孽啊，一边高兴的重逢，又是另一边的生离死别！"他哭出了声。

在中旅社的两天"打工"没有白干，执笔时，丰富的素材一齐涌向脑际，供我选用。我来自福建侨乡，对离情别绪有所体悟。离人多情，采访中我见到一位归乡客的证件中夹带着相思树叶，激发了我写作的灵感。我倾注感情，精选事例与典型话语入文。相思树的学名就叫台湾相思，我很喜欢这种树，可能因为南方多雨，它的叶子总是干干净净的。文章结构上，我三次用相思树开出小黄花的具体情景构成叙事主线。结尾一段感慨之言写得很顺畅，也是对前面所有铺垫的提炼与升华。如"地球上的植物当初繁衍生长时，本无名字，人类把自己悲欢离合的故事赋予它，才使草木有情"。这些语丝，写作时自然流淌出来。

当今新闻界，记者分兵把口，分工越来越细，港台报道在新闻的门类中属于小部门，但我们不要妄自菲薄。静若处子，动若脱兔，一旦自己从事的报道领域发生重大新闻时，机遇就来了，调动长期的积累，像小鸡啄米，精耕细作，就有可能写出力作。

《相思》记述的历史片段，今天看来仍然动人，因为那是上百万中国人骨肉分离、泪血交织的悲情故事。今日海峡两岸，因政治风云造成的离散聚合仍在上演着。人非草木，岂能无情？草木有情，人更有情有义。政治人物施政要着眼人性，当年蒋经国开放探亲赢得了口碑，但这么多年过去了，两岸关系仍然停滞不前，甚至岛内分离势力还有所发展。人为藩篱，造成咫尺天涯。这是中华民族的一大悲哀。人的一生，青春几何？谁能耗得起？

（作者曾任人民日报社福建分社高级记者，时任人民日报社驻香港办事处记者。本文刊登于《中国记者》2019年第10期。）

附：

相思正是吐黄时

连锦添

到过闽粤沿海的人，一定迷恋那里的绿。多年前我在厦门大学读书，常常越过山坡到海里逐浪。对面朦朦胧胧的小岛是大担。海面像个硕大音箱，风顺时，对面国民党的广播麻麻地传过来。路边有一丛丛青翠的树，树叶实如鸭舌，光洁如洗，烈日里常在它的疏影下纳凉，或采几簇顶在头上，却一直没留意它的芳名。年前回母校，才听朋友见告：那是台湾相思。

我在香港也见到过很多这样的树。它靠海生长，嫩黄的叶子高高地翘起，在山坡上临风袅娜。西北风吹到南国的时候，才见它吐出一串串的小黄花。一位台籍青年朋友告诉我，它原是台湾之特有。多少年前，东风为媒，把台湾相思树种吹越海峡到了闽南沿海，从此落地生根，随风繁殖。闽台民间在战火离乱的年月，常常托物寄情，互相寄送，誓言相思，生死不忘。

当北国瑞雪初降的时候，香港秋风秋雨。从台湾海峡彼岸传来讯号：台湾开放民众赴大陆探亲，将有成群结队的去台人员，经香港走上回故乡之路。

为了采访，整整两天我坐在尖沙咀中旅社的台胞接待室，认识了一副副陌生而又似曾相识的面孔，希望从这些风雨兼程的归乡客身上发现点什么。

38×365＝?

那天夜幕初落，我遇见一位匆匆从启德机场赶来的老人。透过陌生生的眼神，我发现他的瞳孔仍像燃烧着一堆火。当他颤颤巍巍的手取出证件时，我的眼睛一亮：那因多少次折叠而磨损的信纸里，竟然夹着一束相思树叶！

暌别40年的思亲泪，也曾滴落在这枯黄的树叶上么？

没有人统计过台湾有多少原籍大陆的退伍军人。手头有个资料说：33年来台湾当局已发出75万张"授田证"给退伍的"荣民"。这数十万人中，部分因老病死，健在的仍占多数。这几年，好些人冒着坐牢的危险，辗转千里万里回故乡探亲。在岛内，有人穿上写着"想家"大字的衬衣沿街诉说，有人银幕目游大陆河山泪雨涟涟，有人在难以排解的思乡思亲中自尽。

38年的风雨沧桑，天若有情天亦老！往昔少艾，如今垂垂老矣！在香港中旅社这间小小的屋子里，我遇见的乡亲是回乡心情最迫切的一群。

他，张先生，这个湘西吊脚楼出来的人，长得壮壮实实。18岁被抓兵时，母亲正在病中。他一去台湾38载，从军中汰退，缺少谋生技能，在小厂里打杂工，在高雄街头为人擦皮鞋，能赚几个台币？至今仍是响当当的光棍汉。想成家吗？他说年轻的时候没钱，年老了，哪个女子会把终身托给这样的老兵？

张先生对我说："就算我自己被嫁到台湾去，一嫁就是38年，这次是回娘家。"我赶紧对他说："你就要回妈妈的家了！"

或许久居高雄孤冷的逆旅楼台，独对残灯太久太久，他的眼神闪过一丛暖意，一句问候引来他声泪俱下的叙述。

小时候家里很穷。他命里不好。在家乡的农舍里，母亲紧抱着眼眶溃烂的儿子，整夜啼哭令她不安。看不起医生，邻人告诉她用盐水或许能治好。母亲不忍心用家里仅有的粗布去擦拭孩子嫩弱的皮肤，就用舌尖一分分舔治孩儿的眼眶。后来孩子终于睁开了明亮的双眼，母亲张着久被浓血腐蚀而溃疡的口腔，咿呀着一个个向邻居倾吐着自己的喜悦！这情景，也就成了漂泊游子永久的记忆。

泪水从他苍老的眼眶里渗出来。我不忍心再问。中国的母亲，伟大的母性！母子分离，可知你们各自怎样度过这么多年这么多月？38个中秋夜，张先生都在自己简陋的居所备上小菜独酌，桌面上为母亲留下一双空碗和筷子，对皎皎空中孤月轮，一寸相思一寸灰！

他自言文化不高，从衣袋里摸出一支笔，伸开粗糙的左手歪歪斜斜写出个式子让我看：

38×365=？

朋友，你可知道这个式子的含义？在张先生的内心深处，家，从来就是渺不可及的幻想，如今，一下子变得近在咫尺了。

两位出家人

前来旅行社办手续的台湾同胞，表情各异，各想各的心事。有的早已跟亲人商量好重逢的日子，有的要回去看望正在做手术的儿子，但彼此牵动的是同一根情弦：赶快回家！

没想到在这里遇见一位身披袈裟的僧人。他50多岁的年纪，一口粗重的东北口音，穿一双布鞋，在这衣香鬓影的人群中很引人注目。

他不苟言笑。一番对答，我始知他法号慧真，是台湾一家寺庙的和尚。他也曾是阿兵哥，后来遁入空门，一心念经，不问世事。台湾要开放赴大陆探亲了，寺里住持决定派人协助，慧真主动要求到香港来，协助那些平时极少出寺门的"难兄难弟"，为他们带带路，跑跑腿。他熟门熟路，已是这里的常客了。

不久又进来一位年轻僧人，风尘仆仆。一开口，才知是个尼姑。她帮助一位老人办手续，一僧一尼两个出家人随便交谈起来，彼此询问是台湾哪个庙的。原来他们互不相识，为了"普度众生"，竟在香港不期而遇。

尼姑的健谈出乎我意料。一问，知她是台湾大学的毕业生。出家十几年了。她所在的庙在台湾是个大庙，有1000多出家人，在海外好几个地方有分庙，平常联络早已用上了电传机。

我正想问她台湾为什么出家人这么多，却听她侃侃说道："我们出家人也不愿当井底蛙啦。大陆寺庙和佛学院的情况我们知道很多，师兄弟有去过峨眉山和厦门南普陀的。大陆那么多名山大川、天下名刹叫我们好羡慕。记得我们中学第一节地理课，老师就叫我们填大陆地图，可是大陆是什么样子呢？至今不清楚。"

何不去亲眼看看？她说等帮助完99个人归乡，一定去。

看来，出家人也并非不食人间烟火。也许，他们每人都有人生的重大变故和伤心旧事，但并非万念俱灰。两岸亲人隔绝几十年，这亘古未遇的尘世悲剧，感动得连庙里和尚尼姑都下山来！

梦中大陆

50多岁的方先生带着他的年轻妻子一进门槛，我首先留意到他那头白白的头发。他，山西人，妻子是台湾出生。从装束看，颇有点像"夫妻双双把家还"。

"但我现在还无亲可探，我来，只是想打听一下，能不能找到失散40年的叔叔。"

他是个商人，这几年生意虽好，却有一桩未了的心愿：找叔叔，这是他在大陆唯一的亲人。当周围人一个个为找到失散亲人雀跃时，方先生心里益发焦虑。

"请问没有找到叔叔前，你会到大陆观光吗？"

"我完全有条件去，但是在找到亲人前我不会去。光到故乡旅游有什么意思？我要探亲！"

他的妻子每回都跟着他。她，喝台湾的泉水长大，从来不知道遥远的大陆是什么样子。当她决定嫁给一个举目无亲的外省人时，父母曾经反对。她祖上是从漳州去台的，但夫家的源头在哪里？那一脉相承的归宗观念已是根深蒂固。随着儿女的出生，她担心下一代要断了根脉，台湾人看重的族谱，不知要如何书写。

他父母早逝。唯一的资料是老家在山西临汾城外东门，叔叔曾任国民党军医，1949年南京一别，各奔东西。

我建议他给当地政府写信询问，并答应为他在内地报刊登一个启事。他欣慰了。

两岸都是家

九龙启德机场的候机室里，天天挤满匆匆赶路的人。有的飞内地，有的回台湾，38年物事变化，感受因人而异。

王先生的一段心路历程：

"像我这样年龄的人，还能看到白发皤然的老母亲是幸运，今生今世不能够留下来奉养她，又不能接走她，流一场眼泪再回台湾也心甘！"

"回到家乡，每天都有很多人来问候，30多年不见，大家好像是一下子老了几十岁。临走时那个难忘的夜晚，兄弟们聊天到三点。躺在床上怎么也睡不着。约莫过了一个钟头，起床上洗手间，经过厨房时听到里头有动静，一靠近声音就没有了。再回睡房似乎又听到了响声。迷迷糊糊睡着了，早上起来才发现，桌上有一盘热腾腾的饺子。原来我妹妹和弟媳们为了让我吃得饱饱的上路，好不容易等我们弟兄们睡觉后，才偷偷到厨房里剁馅、包饺子，一直忙到天亮。一边儿赶着弄，一边担心吵醒我，怕我知道了会阻止她们。近40年的乡愁换回这些细心的动作，已经够了。"

于微深处发现的真情，真是千金难买！在张先生的心中，则产生一种超越一切的力量：

"在这有生之年，只要我的腿还跑得动，我要不停地来去，因为海峡两岸都是我的家，假如跑断了腿是我这一生的命运，我也认了，那也总比做一辈子的孤魂野鬼好些！"

当我随几位归乡客过罗湖到深圳去时，列车奔驰在风景如画的九龙半岛上，我又看见了那一丛丛临风婀娜的相思树。台湾相思，多美的名字！一张张新认识的面孔和熟悉的相思树，在我脑中交相叠印。地球上的植物当初衍生繁殖时，本无名字，人类把自己悲欢离合的故事赋予它，才使草木有情。斜风细雨打在它的树干枝叶上，我想起了一个古老而又年轻的字眼——亲情。亲情是什么呢？当你们在一起的时候，它是欢乐；当你们分离的时候，它是辗转，是梦，是泪，是杜鹃啼血般的呼唤！它是"多么熟悉的声音"，它"从来不需要想起"，但"永远也不会忘记！"

远方的亲人，你听到了么？

（原载《人民日报海外版》1987年11月12日，获第九届全国好新闻奖，入选多所大学新闻采写教材，入选人教版全国高中必修《语文读本》第二册等多种教材。）

"原来新闻还可以这么写"

姜　峰

陕西的"性格"是复杂的。

"三秦"是它的别称，指的是陕北、关中、陕南这三个地理气候、风土人情迥然相异的地区，可谓"一省跨南北、三秦各有别"。

然而长期以来的"刻板印象"，让陕北"黄土漫天打腰鼓"和关中"粗犷糙砺吼秦腔"的文化符号成为陕西"独一无二"的生硬"面孔"，不少人并不熟悉，占到全省三分之一面积，包括汉中、安康、商洛三市的陕南——那里山川秀美，是长江最大支流汉江的发源地，南水北调中线工程70%的调水量来源于此。

为了保住水源涵养地不受污染的"红线"，陕西"牺牲"不小：2012年，陕南三市地方财政收入相加还不及陕北"煤都"神木一县多，但仍然要关停大量工业企业，把未来定位在"绿色循环发展"的轨道上。

"一江清水送京津"，原来喝的是陕西水。这是陕西分社记者希冀通过报道能给读者留下点印记的小"私心"。

带着这样的希冀，在南水北调中线工程通水在即，陕西分社记者与人民网陕西频道记者在陕西省水土保持局等部门陪同下，走访了陕南三市的部分区县，深入了解当地服务此项国家战略的具体做法。

采访耗时甚长，素材积累甚多，然而成稿却篇幅不长。《一滴"南水"出安康》一文，总计不过千字，10月22日发出，26日即在头版见报，刊发过程颇为顺利，反响也不错，究其原因仍然是"短实新"三字，特别是"新"。作为分社策划的重点报道，不是"大块头"，记者在千字篇幅内"闪转腾挪"、施展巧劲儿"四两拨千斤"，在报道手法上有所创新。

怎么创新？因为"短"，有限的篇幅内让重点稿宏大叙事的传统报道模式难以展开，而采用"走基层"式写法，可能能将一个点、一个故事说好，但广度、深度无法兼顾。

给污水"洗个干净澡"，采访中安康市石泉县生态清洁水保区工作人员的一句话启发了王乐文的灵感：何不换个视角，以报道对象——水为"主人公"，采用拟人化手法，用一滴水的经历反映陕南地区解决生活、工业污水造成的面源污染、保障一水清明的具体做法。

水珠"滴滴""从山间探出头"，被污染后经过清洁水保区"重拾一身清爽"，在污水处理厂出口"和欢快嬉戏的鱼儿打个招呼"……"滴滴"一路上的所见所闻，都对应着南水北调中线工程水源地的新闻背景，记者走访中看到的石泉县开展水污染防治、建设人工湿地、建设污水处理厂，安康市实施"河长制"治水、关闭水污染企业、提高森林覆盖率保护水土等做法，每一处拟人化的写作都与这些采访素材有机结合起来，让报道主题得到了体现。

同时，类似于"学生作文"式的清新明快的写法，使"主人公"更显童趣，这让"小视角、大视野"成了可能，弥补了有限篇幅内报道在广度、深度上的不足，读者也可以"原谅"水珠"滴滴"对南水北调中线工程建设所见所闻的"片面肤浅"，而这是全知全能视角下的大部头文章很难达到的。

由于紧扣新闻热点，同时体量短小精悍，这篇"小品"文章得到了报社领导和编辑们的认可，在最短的时间内得到突出处理，同时在陕西省内外引起了不错的反响，陕西省委常委、宣传部长景俊海说："原来新闻还可以这么写。人民日报的创新值得陕西新闻界学习。"

（作者系人民日报社重庆分社采编中心主任，时任陕西分社记者）

附：

一滴"南水"出安康

王乐文　姜　峰

清晨的朝雾里，孕育自秦岭南麓的水珠"滴滴"，从山间探出头，晶莹闪亮。

她的籍贯上写着陕西省安康市石泉县。这里是南水北调中线水源地。"滴滴"将和伙伴们先到湖北，再经丹江口北上，流向千里之外的祖国北部。

可今早不巧，杨柳社区上坝村涌出一股生活污水，染黑了"滴滴"远行前的青衣。

洗个干净澡。石泉县水土保持中心主任刘强站在人工湿地旁充满自信。"滴滴"很幸运，2010年以来，杨柳社区在12.2平方公里水保生态清洁区内，建成了20座人工湿地，给污水"洗澡"，令其达到二类地表水标准。

重拾一身清爽，"滴滴"惜别故乡，汇入汉江在石泉境内最大的支流饶峰河。顺流而下，两岸高层住宅遥遥在望，县城5万多居民每天可要产生50多吨生活垃圾、6000多吨生活污水呀，"滴滴"有些紧张起来。

"滴滴"不知道，为保证水清依旧，山区小县石泉费了大劲。"建了两座垃圾污水处理厂，对流域内垃圾集中收集，生活污水集中排放，"石泉县污水处理厂副厂长朱代红说，"瞧，经过多层净化处理，都可以养金鱼了！"

"滴滴"和欢快嬉戏的鱼儿打个招呼，一铆劲儿，穿过县城，从饶峰河口跳进水清浪快的滔滔汉江。天色逐渐暗下，"滴滴"没睡，汉江流经处一路上的"河长"们也没休息，他们用关切的目光细细打量着"滴滴"的举动。

"'河长'由河流所在地的乡镇社区、区县等主要领导担任，对本辖区河段内环境情况日夜监测。如果水质出问题，即责令限期整改，整改未达标将被问责。"安康市环保局汉江水质监管科科长李纪平为"滴滴"和她的伙伴们没少操心，这些年安康市环保部门已累计关闭沿线水污染企业200多家。

"河长"们现在压力小多了，"2007年以来，安康已治理210条流域，治理水土流失面积4280平方公里，全市林草覆盖率由66.2%提高到85.5%，年增加蓄水能力1.1亿立方米，减少土壤侵蚀1734万吨。"安康市水保站副站长吴昌军说。

在安康境内340公里的汉江里，"滴滴"可以放心畅游。

无数"滴滴"不断汇聚，浩浩北上，让一江清水润泽京津。

（原载《人民日报》2014年10月26日）

（王乐文系人民日报社河南分社社长，时任陕西分社社长）

一篇"10万+"的"冰花"男孩是怎么刷屏的

杨文明

客户端一小时点击量超过50万次，微信瞬间"10万+"，2018年1月9日，我和人民网云南频道编辑徐前合写的《云南昭通"冰花"男孩冒冰霜上学　网友鼓励：努力读书改变命运》成了刷屏之作。

截至1月11日11时，稿件在人民日报客户端点击量高达868.5万次，人民日报法人微博阅读量达到近5000万次；新华社、央视、中新社等中央主流媒体转载或者跟进报道，为孩子的乐观坚强点赞；腾讯网、网易网等商业网站客户端也在头条做了推送。

网友点赞、社会捐赠、当地政府召开会议专题研究，与以往刷屏稿件往往是负面舆情不同，"冰花"男孩这篇小稿在报道传播过程中始终以正能量为主。昭通市长更是专门致电分社，对传播暖新闻、传递正能量表示感谢。从传播效果和社会效果来说，小稿"不小"，值得探讨。

刷屏之作，是"抢"出来的

抢的是线索。最初发现"冰花"男孩，是在云南分社记者的微信朋友圈。分社采编人员每到一地，都会主动和当地干部交换微信，各州市、主要行业部门的微信群，大家更是长期"潜伏"。正是因为长期的积累，让这条线索没有逃出分社视线。

抢的是事实。拿到线索后，分社记者同时做了三件事：联系昭通宣传部核实，和人民日报新媒体中心沟通报题，致电人民网云南频道值班编辑徐前参与对接采访、将这个选题作为当天最优先工作。我当时正在候机，徐前的加入无疑让人民日报抢新闻多了一重保障。当时多家媒体关注此事，昭通市委宣传部门专门建了微信群，别家媒体只有一人，人民日报却是双保险。当地宣传部门在群内刚公布学校校长电话，徐前就第一时间打了过去，其他媒体致电校长时无奈全部占线，人民日报在核实新闻事实的过程中占得先机。

抢的是发布。在采写对接过程中，云南分社社长张帆始终关注稿件进展，拿到初稿后第一时间修改稿件，稿件同步推送到网、端、微后瞬间刷屏。不仅是"冰花"男孩，此前只要是在场媒体同步拿到突发事件通稿，人民日报客户端从未让首发权旁落。

刷屏之作，是"导"出来的

新媒体时效以秒计算，但不管是写作还是传播都不能不考虑时、度、效。从报题到发稿，都要确保事实准确、全面，提前研判舆论导向。

抢新闻更要注意新闻事实。熟悉昭通的人都知道，这里舆情复杂常有反转。因此，在采访中我们除了核实基本新闻事实，更特别写到"冰花"的形成是由于上学路上气温骤降，而非孩子调皮玩闹。稿件发出后也有网友质疑冰霜的真实性，而记者前不久在昭通乌蒙山区采访时见识过当地风霜，心中有底。后来《科技日报》专门采访气象专家介绍成因，才算真的放心。

写稿子也要考虑社会效果。稿件中特别交代了图片中不太容易展现的孩子做鬼脸、有营养餐等细节，更引用网友正能量评论，看似无意，却是有心。做鬼脸是为展现孩子苦中作乐，营养餐为避免让人觉得政府不作为，正能量评论则为避免被"带节奏"。从后期网友评论及踊跃捐赠的情况来看，舆情基本按照预判发展，传播效果和社会效果实现有机统一。

刷屏之作，更是"融"出来的

稿件刷屏，依靠的是人民日报这个优质平台。随便打开人民日报任何一个新媒体平台，"10万＋"如今已是常态，人民日报媒体融合机制长期运行积累的海量用户，为稿件刷屏创造了有利条件。"冰花"男孩，是报社融合报道机制在地方分社的一次生动实践。

建立机制，全员融入。除了抓好大报稿件写作，云南分社对融合报道更是用力颇多：每年至少策划两次较大规模的融合报道，每周业务研讨都专门讨论融合报道选题；通过一次次直播、视频制作、突发事件报道，分社任何一位记者和人民网云南频道任何一位采编人员一个电话就能无缝对接建立临时团队。事实上，由于发稿后记者就开始了在德宏州的采访，徐前的提前介入为后期直接采访孩子本人、捐赠等信息创造了条件，整个事件报道的全过程分社始终没有缺席。

据不完全统计，2017年，云南分社在客户端首页首发稿件30余篇，这其中固然和云南突发事件较多有关，也跟分社要求主动融入、积极为两微两端供稿直接相关。

在融合报道实践中，越来越感觉到：判断一篇新闻报道是否适合新媒体，受众用户关注不关注、社会传播效果如何是一个重要标准。在报送"冰花"男孩选题线索之初，分社就判断此事会大热，原因在于选题特别符合用户意识：二三十岁的新媒体用户当年上学路上也很辛苦，关注"冰花"男孩的现在，实际上也会让用户联想起自己的当年，容易转化成阅读；虽辛苦但不屈服，照片背后的精神品质让城市父母有强烈的代入感，容易提高转发量。

（作者系人民日报社云南分社采编中心主任）

附：

网友鼓励：努力读书改变命运

云南昭通"冰花"男孩冒冰霜上学

徐 前

人民网昭通（2018年）1月9日电（杨文明、徐前）1月9日，云南昭通一名头顶风霜上学的孩子照片在网上引起广泛关注，照片中的孩子站在教室中，头发和眉毛已经被风霜沾成雪白，脸蛋通红，穿着并不厚实的衣服，身后的同学看着他的"冰花"造型大笑。经过记者核实，"冰花"男孩系鲁甸县新街镇转山包小学三年级的学生，因当天气温较低，家离学校太远，走路来上学沾染冰霜导致。

据了解，照片中的小孩是鲁甸县新街镇转山包小学三年级的学生，照片是班级老师在1月8日8:50左右拍的，拍完发给校长付恒流传到了网上，引起了众多网友的关注。付校长表示，出于保护孩子的考虑不透露孩子姓名，照片中孩子的家离学校4.5公里，平时都是走路一个多小时来上学。

"当天早上的气温是零下九度，也是期末考试的第一天。气温是在半个小时内降下来的，他家离学校较远因此到教室后头发都沾满了冰霜。小孩子比较可爱，到班级后做了个怪怪的鬼脸，引起了班级同学的大笑。"付校长说。

据了解，照片男孩所在班级有17个人，当天上午期末考试考的是语文，照片男孩的语文成绩一般，数学比较好，在班级成绩是中等水平。付校长告诉记者，学校曾经走访过照片男孩的家庭，父母都在外地务工，家里有兄弟姐妹几人，都是留守儿童。"学生一般不在家吃早餐，学校会给孩子提供早餐，一般是一个面包或者饼干。中午学校会有专门的营养午餐提供。"

目前，鲁甸县新街镇转山包小学班级教室内尚无取暖设备，付校长告诉记者，学校一直在争取。网友纷纷留言鼓励这位"冰花"男孩，@Hedgehog-茜说："孩子，你吃的苦将会照亮你未来的路。"@qwedfgvbn123098表示，努力读书改变命运。

（作者系人民网云南频道记者）

"冰花"男孩，这个冬天不太冷

杨文明　徐　前

当冰花渐渐爬上松枝，云南省鲁甸县又到了冬季。

去年年初，因为一张上学路上"冰花男孩"的照片，鲁甸县新街镇转山包小学的小满走红网络，迎来了不少人生第一次：坐飞机、去北京、进大学、上电视……回到转山包小学，小满时不时和同学分享自己的北京之行，他的理想依然没变：长大了当警察、抓坏人。

淳朴的小满并没有被命运中突如其来的变化影响太多，成绩仍然名列前茅，担任班里的劳动委员，和同学们的关系也很好。"谢谢好心人帮助我们，我会好好学习，靠自己走出去，才能报答他们。"说这话时，小满脸上很认真。

"担心小满见过外面世界和山里形成巨大的反差，回来后老师对他引导特别多。"转山包小学副校长付恒说，社会的关心让学生们感受到世界的美好，精神面貌改变很大，走出大山成了不少孩子明确的目标。"种下了梦想的种子，未来可期！"

去年小满所在的转山包小学教室都装上了大功率的供暖设备，一部分是社会捐赠，一部分是政府采购。过去一年，公益机构向学校捐助了很多物资，加上政府采购，学校有了自己的实验室、美术室和计算机室，课堂也用上了电子教材。

从前土墙、泥巴路，去年6月，小满一家搬了新房，门口就是水泥路，从家到学校步行只要10分钟，可他依然选择了住校。"学生宿舍被子都是加厚的，全部由学校提供，宿舍还专门准备了防冻疮的药品。"转山包是昭通的深度贫困地区，学校的住宿条件比很多学生家里的条件好很多，一度有家长询问学校，能否让孩子周末也住校。

一放寒假，小满就规划好了假期的日常。上午和妹妹一起写作业，下午帮妈妈和奶奶干活喂猪，空闲时和小伙伴打篮球。

年节将至，小满的父亲王刚奎从中建三局的工地上回到老家置办年货。在工地上，王刚奎电焊、砌砖，有活时每天收入两百，一个月下来三四千。

搬新家、通水泥路、教育条件改善……这些改变还发生在更大的空间里。2018年以来，鲁甸县15个贫困村出列，4559户17857人脱贫，贫困发生率比2017年年底下降4.91个百分点。

新街镇镇长唐亚东感叹，近两年脱贫攻坚的总投入已远超建镇以来此前的总投入。"走好路，上好学，'冰花男孩'们未来的生活会越来越好的！争取2019年脱贫出列。"

太阳越爬越高，阳光洒在小满和伙伴们脸上。

（原载《人民日报》2019年1月7日）

让出版的风摧动新闻之帆

——"人民日报记者说"系列丛书暨费伟伟新闻业务研究图书研讨会实录

2024年5月29日,"人民日报记者说"系列丛书暨费伟伟新闻业务研究图书研讨会在人民日报社召开。中国记协书记处发来贺词。来自人民日报社相关部门、中国新闻出版研究院、中国经济传媒协会及传媒茶话会、《新闻战线》杂志社、《人民周刊》杂志社,以及复旦大学、清华大学、南京大学、中央民族大学等新闻业界和学界的专家学者参与研讨。

米博华(人民日报社原副总编辑、复旦大学新闻学院原院长):非常荣幸出席今天的研讨会。首先对伟伟同志出版的这套丛书获得成功表示祝贺。伟伟同志在短短几年时间里,连续出版这套具有工程意味的丛书难能可贵。在这套丛书中,我们可以看到一个老新闻工作者所具有的崇高的新闻理想和对新闻专业的热爱。他的纯粹、执着、认真是我们学习的榜样,值得大家尊敬。

还应该感谢出版社的同事慧眼识珠。人民日报出版社在业界资深且权威,出版了大量在业界和学界有广泛影响的专业图书。尤其在媒体格局发生变化的情势下,出版社有指数级快速增长,实在难得。希望出版社的同志继续传承人民日报光荣传统，为促进新闻事业转型发展做出新的贡献。

在这里，我还将荣幸聆听高校新闻专业教授们的精彩发言。新闻理论和新闻实践的结合是新闻教育的永恒课题。我深切体会到，新闻人才培养一刻也离不开新闻采编评的基础训练，离不开基础理论研究。希望这套丛书能够为新闻教学提供丰富营养。

媒体变革要求新闻出版业以新质生产力的战略高度，构建新的发展路径和平台，包括理念创新、工作方法的创新等。殷切期望出版社站在时代潮头，在出版业全面变革时代率先打出一片新天地。

殷陆君（中国记协党组成员、书记处书记）①：欣闻贵社举办"'人民日报记者说'系列丛书暨费伟伟新闻业务研究图书座谈会"，谨以我个人名义表示热烈祝贺！

贵社热心新闻事业，着力新闻出版，推出一批新闻研究精品图书，为传播新闻学术作出重要贡献，祝愿贵社坚持正确政治方向和精品出版方针，为繁荣中国特色社会主义新闻出版事业作出更大贡献！

人民日报是党中央机关报，人民日报记者是全国新闻战线的排头兵。费伟伟老师潜心新闻作品研究，刻苦钻研新闻报道艺术，推动人民日报记者研究优秀作品成功之术，出版系列丛书，广受读者欢迎，充分证明生产新闻有术、创制精品有道、记者成才有路的真谛。同时也启示我们，只要扎根基层、心系人民，就能捕捉时代瞬间、擦亮精神火花；只要专注业务、胸怀理想，就能写出锦绣华章、唱响时代凯歌。时间会记录这些可贵探索：费伟伟老师和他的同事们的努力，一定会提升人民日报新闻业务研究的整体水平，也一定会为提振新闻界的士气、提高全国新闻工作者的采访写作和新闻舆论传播能力起到重

---

① 因故未能到场，由人民日报出版社总编辑丁丁代读书面发言。

要作用。

我相信，随着人们对信息需求的扩大、对优质新闻的追求，新闻工作会迎来新的机遇。长期躬耕新闻业务，立志写出有思想、有温度、有品质的新闻精品的人民日报记者明天一定会更加天宽地阔！

刘华新（人民日报出版社社长）：在座的各位嘉宾既有学界的知名专家学者，又有业界的资深编辑记者，费伟伟和他的新闻业务研究图书，是把大家联系起来的纽带，我也对我们的金牌图书作者费伟伟表示衷心感谢。

费伟伟的新闻业务研究图书主要是两个系列。第一个系列是"人民日报记者说"系列丛书。近十年来共出版5个分册，分别是《典型人物采访与写作》《好稿是怎样"修炼"成的》《好稿怎样开头结尾》《好稿怎样讲故事》《好稿怎样写到位》，总印量达25万册。第二个系列是"人民日报写作课"系列丛书，不到两年销量近10万册。这两个系列长期占据同类书排行榜，这在新闻专业图书领域甚至在大众图书领域都是名副其实的畅销书。特别是，"人民日报记者说"系列丛书中的《好稿是怎样"修炼"成的》在豆瓣上的评分一度达9.5分，最终稳定在8.8分。豆瓣评分在很大程度上反映的是青年人的意见和态度，青年人也是我们非常重视的读者群。

我们有理由认为，费伟伟的新闻业务研究图书是新闻传播专业图书出版史上的一个标志性存在，为新闻业界和学界提供了一种中国式审美。我们为参与并见证这一历史感到荣幸。我们将秉持"做最好的传媒书"这一初心，继续为中国新闻学自主知识体系的构建提供理论与实践的智慧。

李泓冰（人民日报社上海分社原副社长、复旦大学特聘教授）：我习惯称呼费伟伟同志为"费老"，他是我的领导，他当地方部副主任的时候，我们很多稿子都经过他的手。摆在面前的这本书里有个案例，是我们分社写邹碧华的。我在邹碧华去世前不到一个星期还跟他见过面，他突然走了我非常震惊。我找管政法报道的记者商量，计划写一篇报道。当时杨振武社长正好在上海调研，我向他汇报了。他说没问题，这个人物站得住。后来就商讨写什么，最终决定写邹碧华生命最后的三天，这样比较集中，我还配了个评论。当时是卢新宁副总编辑在管评论，我和她商讨，是不是要用"邹碧华精神"，因为提精神是很少的，后来那个短评的标题用的就是"邹碧华精神"。我们的很多案例，现在变成了费老一个个庖丁解牛的"牛"了。

我们正在经历信息传播重大转折的时代，我现在在复旦大学当老师，有一次上课带了些《人民日报》给学生看。有学生说，20年没见过报纸了。那我们现在所做的到底还有没有意义呢？前几天，网上有一篇文章叫作《中文互联网正在崩塌》，里面说的事情我也经历过，就是早期互联网时代的很多信息，现在都找不到了。我曾两次走黄河，第一次是1999年，当时人民网专门做了一个专题。第二次是2019年，我就想找一找第一次时做的专题报道，按照第一次走的路线重走一遍。但在百度上已找不到。人民网想尽种种办法，把当时报道的文字打包发给了我，但图片已全部没有了。非常非常可惜，他们说是因为服务器换了，原来的东西就丢失了。所以，我想说文字是有价值的，因为我当年在《人民日报》上发表的行走黄河日记还在。我们现在考古要看青铜器，要看铭文，有铭文特别重要，这就是文字的力量。

所以说费老所从事的事业是非常有价值的。《人民日报》向来拥有一批为业界称道的老编辑，一群目光炯炯的庖丁，他们的政治智慧、责任担当和过人才情，让报纸的版面和报道熠熠生辉，费老就是其中独特的一位。他有时候像个教父一样，记者写稿往往只关注最后这个稿件发在什么位置，所谓"写谁谁看，谁写谁看"，而费老是拿到这篇稿子后，改了又改，改到最后上版，一直在看。记者的名字署在报纸上，编辑永远在幕后，但费老把编辑的价值凸显了。他甚至有点婆婆嘴，絮絮叨叨的，让一篇稿子呱呱坠地的过程纤毫毕现。但这种絮絮叨叨，正是党报人一种教科书式的典范。初入行的记者读了或许就能理解党报记者写稿的意味，什么才叫大格局？宏大命题、宏大叙事怎么通过具体事例娓娓道来，并且说得晓畅透彻。而且，我觉得费老在编辑中体现出的问题意识和过程意识，和我们中央对改革的认知高度也是重合的。改革是十分艰难的过程，要经过非常剧烈的阵痛才会分娩出一个让人感到有希望的婴儿。但我们很多成就性报道经常忽略这个过程，费老在"解牛"时强调，这个过程的真实性，正是新闻的生命。

费老的书我写过读后感，我对他的深情厚谊和敬仰都在里面了。这篇文章《新闻战线》发过，我给大家择要快速读一下。①

还有一句话要转达一下。于绍良总编辑是上海的老领导，我去拜访他时提到，今天是来参加出版社给费伟伟开的一个作品研讨会。他高度评价了费伟伟，说这位同志虽然在他来人民日报不久就退休了，但是费伟伟代表了人民日报的一个优良传统，就是高度重视采编业务，高度重视业务能力。于总认为费老师是一个非常有代表性的人物，让我转达一下他的意思。

刘灿国（中国经济传媒协会副会长、传媒茶话会创始人）： 我想向费老师表达我作为一名忠实的读者对这一系列高质量著作的喜爱。这套丛书不仅展现了人民日报记者们的专业素养和深厚功底，而且为大家提供了宝贵的理论支持和实践指导，是我们媒体从业者学习和进步的良师益友。

"人民日报记者说"系列丛书以其深入浅出的内容、丰富的实践案例和独特的编写方式，为我们提供了一份详尽的新闻业务指导手册。

---

① 全文见附录2。

传媒茶话会作为传媒研究类的新媒体平台，立足服务媒体发展宗旨，常会分享优质的采编内容，此前就有在微信公众号上发布《人民日报地方部副主任费伟伟：好稿怎么讲故事？》等多篇文章，将费伟伟老师多年来的采编经验分享给媒体人。不少媒体人在评论区留言表示："偶然的机会读了《好稿是怎样"修炼"成的》，深深地被费伟伟老师的书所打动，每一本书都是精品。"

"文章合为时而著，歌诗合为事而作。""人民日报记者说"系列丛书不是纸上谈兵，而是实打实的一篇篇与新闻传播业务相关的干货文章，是为媒体而作、为媒体人而著。它结合具体案例，总结其中采写、编辑等经验，对于初涉媒体的新人具有较强的指导性和实操性。

以我个人为例，日常我也常常要求传媒茶话会编辑部的同事们，多学习这套丛书里提到的一些方法和技巧，把它们当作不离手的工具书。

刘琼（人民日报社文艺部副主任）：接到研讨会邀请后，我回想起曾经很有幸得到费老的信任，在《新闻战线》上发表的一篇文章。①

费老师几十年如一日的坚持和努力，让人难忘。他又将这些经验凝聚成出版物，让更多的人受益。我特别要祝贺他取得的成绩，也要感谢出版社的眼光、魄力和匠心。

我谈一下对费老师的看法，他为什么能创作出这样一套书？我认为首先是他有信徒般的精神和狂热，对写作有一种痴迷。他始终如一地坚持自己的信仰和理想，这就是他的动力。他能够把所有的文字拆解开，一点一点分析。他心中有信仰，这个信仰就是他相信新闻的力量，相信笔的力量。他坚持用手中的笔和文字来干预时代和现实生活。

第二个是他的工匠精神。他对新闻写作的追求达到了常人难以想

① 全文见附录3。

象的境界。他有本书的名字就叫《魔鬼在细节》，他确实有点这样，对细节极端重视和追求。

他还有一本书叫《写出高级感》。写作这个东西看似普通，但要写出好东西，就要有高级感。新闻写作一定是可以训练的，但训练一定要有像费老师这样的人做指导，传授经验。因此，这套书也可以做工具书、做教材。

赵丽芳（中央民族大学研究生院院长、新闻与传播学院原院长）：好裁缝是一件衣服、一件衣服量体裁衣炼成的，好记者好编辑也是一篇报道、一篇报道炼成的。费老师的好稿之路既有他本人对新闻品质和新闻审美的孜孜以求，也得益于艾丰、范敬宜等前辈的悉心点拨与指导。在媒体行业，师傅带徒弟，老编辑、老记者作为新闻引路人的言传身教，是最宝贵的财富，是"匠心"传承，是新闻理想的传递和对新闻专业性的坚守。

中央民族大学新闻与传播学院从2022年底邀请费老师做特聘教授和新闻业务项目首席专家。费老师已连续3个学期为本科生和研究生讲授新闻采写课程，并在考试中采用新闻发布会的方式把现场搬进课堂，推动新闻业务课程改革。费伟伟老师做记者、做编辑用佳作记录时代，如今用系列教材和讲学传授经验与智慧，更大地影响社会、成风化人。民大学生是受益者，更多的媒体新人和有新闻记者情结的读者是受益者。

高校新闻传播类专业一直存在理论与实践脱节的问题，当下，高校的新闻采写师资队伍建设和教材建设遇到了一些困难。人民日报出版社出版的费老师系列新闻采写书就是一套特别及时、特别解渴、特别有价值的"金教材"。

为什么说"人民日报记者说"系列丛书是"金教材"？

一是这套丛书具有极强的实践性和指导性，是案例教学的典范。

系列丛书是一套鲜活的教科书，来自鲜活的工作实践，材料极其丰富，兼具专业性、理论性、实用性与可读性。费伟伟老师将新闻采写技巧与知识融注到一个个鲜活的故事中，还原好稿的淬炼过程，讲述赋予好稿意义的过程，从而启迪思维，真正有利于学习者的学习能力、实践能力、创新能力和批判性思维的养成。案例教学的特点就是举一反三，授人以渔。学习者能够通过一个个案例，沉浸式感受在现场、写现场、写透现场；能够寻找不同的切口讲好时代的故事；反复体悟如何带着意义去现场，才能通过小切口反映大主题，通过微故事透视大格局。

这套教材是独特的，只能出自业界，出自有自觉思考，来自实践又高于实践、善于理论总结的学者型业界专家。费伟伟老师就是这样具有代表性、标识性的报人和学人。

二是这套丛书体现了中国立场和中国方法。这本教材很"中国"，充满了中国智慧，字里行间满是一位报人的家国情怀和对新闻事业的挚爱。费老师说鲜活故事要有鲜明主题，俯下身才能心贴心，有"问题意识"也要有"过程意识"，细节要契合民族心态等。这些观点鲜明的论述，就是以中国为观照、以时代为观照，体现的正是记录中国式现代化的历史文本的观点、思路与方法，体现的是中国自主的新闻采写知识体系与实践方法的自主建构，生动阐释了"人民日报社的记者，既要站在天安门上看问题，又要在田间地头找感觉"的政治智慧、责任担当和专业水平。

这套教材是独到的，不同于西方教材，"入乎其内，故有生气，出乎其外，故有高致"，它扎根的是中国大地，摆明的是中国事实，讲透的是中国道理，呈现的是解决中国问题的中国方案，汇集的是中国式现代化进程中的鲜活案例。

董建勤（《新闻战线》杂志社副总编辑）：我与费老师的缘分很深，我们曾在一个办公室工作了7年。和费老师在经济部共事的7年，以及我在总编室上夜班的21年里，他既是我的老师，也是我的朋友，是我身边的榜样和学习的楷模。他一直给予我真诚的关心和严厉的鞭策。在每一个重要的人生节点，我都能感受到他的真诚，给我很多感动。我一直在收集他的书，并认真阅读，受他书籍的影响颇深。

我转到要闻版工作后开设了一个栏目叫《一辈子一件事》。这个栏目已经发了100多篇文章。2023年习近平总书记在视察江苏时提到，年轻人要以"十年磨一剑"的精神，一辈子办好一件事。费老师就是这样一以贯之的人。费老师秉承对业务的热爱和信徒般的精神，几十年执着于采编业务这一件事，这是值得我们学习的。

我分享一个能体现费老师匠心精神的侧面。在经济部工作时，费老师是工业组的，但在经济部的例会上，他常常不分组别，直言不讳、非常严厉地对一些年轻记者、编辑指正批评，虽然让我们觉得无地自容，但我们知道他是真诚的，他是在帮助我们。

刘建华（中国新闻出版研究院传媒研究所执行所长）：费伟伟先生能从幕后走向前台，在编辑行业是很少见的。费伟伟先生在书中提到要有一种"抵制碎片化的自觉"。正是因为有了这种自觉，他能够在编辑各种稿件的同时，用他的认真、真诚、思想和学识，写出许多不同角度、不同价值的业务研讨文章，形成了自己的风格。

费伟伟先生的成功告诉我们，无论从事哪个职业，都需要有自觉抵制碎片化的能力，用认真和真诚的态度去工作，才能创作出有价值的作品。

费先生的书还让我感受到了书名的重要性。一个好的书名能够吸引读者，像"讲故事""写到位"这样的标题，简单明了，易于理解，能够激发读者的兴趣。费先生在书中说了很多讲故事的方法，比如强调陌生化效应，即通过创新的手法让读者对熟悉的事物产生新鲜感。这种写作技巧非常有效，能够引起读者的注意。

费先生的书不仅仅是讲述故事，更是在传达深层次的理论和思想。他虽然谦虚地认为自己的理论素养不足，但实际上他的书中融合了丰富的理论知识和实践技巧，是"点与面""术与道"的统一。他的书不仅是在传授报道的技巧，更是在传达一种生活哲学和价值观。阅读他的书，我们可以学习到如何将个人的经历和思考融入写作中，以及如何通过写作来探索和表达更广阔的世界。

王君超（清华大学新闻与传播学院教授）： 费伟伟既是党报名记者，也是中央民族大学的特聘教授，他六获中国新闻奖和范敬宜新闻教育奖，是横跨业界和学界的"专家型记者"。人民日报的老一辈名记者艾丰提倡"学者型记者""专家型记者"，我觉得费伟伟不虚此名。

"人民日报记者说"和"人民日报写作课"系列，深挖报社名记者的宝贵资源，从新闻教育的角度来说，拓展了党报新闻的覆盖面，推动《人民日报》的新闻走进课堂，为新闻院系提供鲜活、生动的教学案例。

记得上个世纪90年代初我刚进人民日报时，曾经如饥似渴地读范荣康、艾丰、范敬宜、邵华泽、李德民、于宁、梁衡等报社名家的书（阅读先后为序），领略融厚重的中国优秀文化和党报思想为一体的大手笔、大写意。现在我每年来为报社新同事做培训，推荐阅读的范围则远远超越了这些老一代的名记者，因为人民日报出版社推出一批又一批的新人、新作，将大气、厚重的"人民体"推向了时代的新视野。

费伟伟教授撰写出版的作品包括《编采逸兴》《新闻采编评析》《新闻采写评》《好稿怎样讲故事》《好稿是怎样"修炼"成的》《好稿怎样开头结尾》《典型人物采访与写作》《好稿怎样写到位》，可以说是"高产记者"了。

这些书的内容超越了记者写书的"个人经验"模式，也摆脱了"从理论到理论"的框框，而是将案例分析与理论归纳相结合，综合运用传统文化与新闻理论的思维，对自己和同事的作品进行专业评析。我们平时所说的媒介批评中的批评，既包括"求疵的批评"，也包括"寻美的批评"。这些书中鉴赏、"寻美"居多，但批评也并未缺席。这不仅包括他对自己作品的反思批评，如《好稿怎样讲故事》一书中所述，他的一篇"得意之作"在部门挨批后，引发了他对作品意义的反思和领悟。该书系还收录了他对经手处理的一些同事稿件的点评，如《好稿是怎样"修炼"成的》《好稿怎样写到位》等书，通过稿件的修改、见报过程，批评了新闻写作中的消极现实主义和缺少大局意识的现象，提出新闻写作"要自然，不要自然主义""学会'站在天安门上看问题'""故事的背后是观念""不能有'鸭掌'没'手掌'""真实比诗意更重要"等论断。他的这些反省与分析，让读者感到"文以载道""作品要有社会意义"等论断不再虚空，而是与他的思想升华产生共鸣："一个成熟的记者，要与时代同步，就意味着面对变化了的世情、国情，要敏锐地去发现、捕捉那些变化了的、不同的声音，并根据时代的特征和要求，利用所掌握的话语优势，站在时代的前列参与思考。"

张垒（中央民族大学新闻与传播学院副院长）：我先说几个跟费老师交往的细节。费老师是2022年底被聘到中央民族大学的。2023年春季学期，费老师给大家上了第一门课——面向专业硕士的"深度报道专题"。第一讲是《采写新闻，就是采写故事》、第二讲是《意义是故事的本质》，仅仅这两讲的内容，就有满满25页的PPT，其中绝大多数都是讲义和文字。到了当年7月课程结束时，班上39位同学提交了课程作业，费老师给每一位同学的作业都写了详细的评语，在Word里面用五号字整整写了10页。作为老师，我们也被费老师对待学生、对待教育的态度所打动，也因此深受教育。

到了2023年秋季学期，费老师给本科生上《新闻采访与写作》这门课，我们发现费老师为了准备这门课，课堂讲义就写了266页，完全是一本新书的体量！

回到费老师所写的这套丛书，我想用四个字来总结，就是："真""实""透""明"。

"真"，就是真情，真心诚意。他用百分之百的真诚来对待每一件事情，对待每一位学生及每一位读者。我认为这是费老师最打动人的闪光点，也是费老师最重要的底色。

"实"，就是实用。一切从文字和业务出发，不务虚言，探求方法、指出路径。不是为了批评而批评，而是反复掂量，以求得最佳之路径、最善之方法。

"透"，就是透彻。无论写书还是教学，费老师所涉及的领域包括了新闻采写的方方面面、各个环节：开头、结尾、主题提炼、文风表达等，而无论哪个领域、哪个部分，费老师都会翻来覆去、掰开揉碎，力求把原理讲明白、把道理说清楚，让人真正明晰其中的道理和逻辑。

"明"，就是光明。在费老师所著的书里，始终希望能够帮助读者树立一种大局观，体现对时代精神的追求、体现对中央政策的把握。正是有了这种对大局、对时代精神的"明"，才能真正做到、真正实现"真""实""透"。"明"既是目的，也是手段。

总之，从中国特色新闻学的实践角度看，费老师在这套丛书中所做的尝试，树立了实践标杆。

刘佳琪（中央民族大学新闻与传播学院学生）：费老师在新闻业务方面非常有经验，这学期为我们开设了深度报道工作坊的新闻实务课程，我想分享一下上课的感受。

课程最初，费老师询问我们有哪些新闻写作经验，了解到大家之前较少接触深度报道写作后，他为我们量身定制了适合初学者的课程内容，比如费老师会更多通过报道案例深入分析，为我们讲解好的新闻报道到底好在哪里，我们可以借鉴的是哪些。

上节课费老师为我们的风貌通讯作业——做了归纳和点评，指出同学们共同存在的问题，比如：风貌通讯不能写成游记；要跳出全知视角，用作者的有限视角去写作；开头就要"动"起来；内容要体现当下，也要体现"变"；文中要体现"我"和"我的思考"；等等。

费老师课上课下经常鼓励我们和他多交流、多提问。有同学在聊天时说，费老师虽然见了同学不能立马想起名字，但却能在听到名字时想到这位同学写的报道作业。我们都非常感动。我代表同学们对费老师的悉心教导表示感谢。

李凯（人民日报社研究部新闻报道业务研究室主任）：虽然我来报社工作已经20多年了，但是跟费老接触不是太多。主要是因为我不是在采编一线而是在研究部门，所以没有受到过费老的那种严厉的批评。

对这套书，我想谈三点感受。第一点，大家刚刚都讲过了，有实用性，对新闻实战有直接帮助，我觉得很多新闻工作者都需要把这套书摆在案头。第二点，我觉得做新闻业务像是一个接力棒。我们报社有很好的传统，很多老前辈既写稿又写论文，还写书，现在到费老这儿，他成了这一棒中最为突出的佼佼者。他在工作之余笔耕不辍，一直在写，一直在坚持，一直在积累，确实让人敬佩。说到这一点，我给出版社领导提一个小小的建议，我了解到地方分社的社长、主任，不少都在高校做兼职教授，可能也在探索业务的传播方式，那么有可能的话，也应该组织他们把接力棒一棒棒地传下去，把做得好的经验讲出来。《人民日报》应该不仅做得好，还要说得好，最后还要传得好。第三个是真榜样。费老在工作之余能挤出这么多时间来做这一件事，其实这个事儿做不做没有任何关系，它不是一种工作性要求。还有，他作为一个优质图书作者，出的书长销又畅销，后来写的书还是一直给报社出版社。我感受到他对我们报社的那种深挚感情。还有一点，从我个人的角度来讲，我们出外讲课的时候经常会讲一些《人民日报》的例子，我现在决定，以后至少要增加一页PPT，展现一下我们出版社这一系列新闻图书并声明，我讲的东西都可以从这些书中找到。

胡翼青（南京大学人文社会科学高级研究院副院长）[①]：一个偶然的机会获得了人民日报出版社"人民日报记者说"系列丛书的几本，拜读以后很感慨。高产作家费伟伟先生在他的字里行间，尽情地表述着他的新闻报道思想，展现着他"颇有见地"的元叙事，给我留下了深刻印象。

刚在南京大学新闻传播学院任教时，因为读书期间获得"韬奋新苗奖"和有丰富的业界实践经历的缘故，教过几年新闻采写。此后，随着对理论化的兴趣，我转向了媒介社会学、传播思想史和媒介技术哲学，但在心底里一直关心着传统新闻业及其引导力。今天，随着生成式人工智能的兴起，互联网在信息爆炸的同时，正在消灭人生产的内容，有人甚至预测我们将来看到的内容90%会由机器生成。而在这之前，用户生成的内容已经模糊了新闻与普通信息的边界，使新闻专业的管辖权受到严重冲击。如今，大模型无处不在，而且越来越聪明。机器生产的内容更优美、更复杂，而且会越来越优美、越来越复杂。

然而，机器生产的内容即便能够形成多轮对话，可以不断按指令修改和生成更完善的文本，但这样的内容仍然没有灵魂，所以这个时代注定将比任何时代都更缺乏有思想的文字。

新闻业面临着前所未有的挑战，要么进一步迷失在AIGC的大潮中，要么就培养一批像费伟伟这样有思想和见功力的优秀新闻记者。显然，让传统媒体记者也出于流量的考量对标新媒体的标题党，只会让新闻业进一步地迷失。想用传统媒体产能的小体量转动今天巨大的

---

① 因故未能到场，由人民日报出版社第二编辑中心编辑陈佳代读书面发言。

互联网舆论场，有且只有靠更有思想的记者和更有分量的报道。也因为如此，特向在印刷媒介中神交的费伟伟先生致敬。

王汉超（人民日报社江苏分社采编中心主任）：特别感谢今天能在这里参加研讨会，我现场突然感受到费老的这种热爱带来的动力，他带着这么多分散在各地的记者，把一个业务变成一个大学校，大家都被他带动了。

今天我在这里不仅是来学习的，同时我还是一个案例。我印象最深的就是我在宁夏分社时写了一篇稿子《"云"解塬上渴》，当时被费主任扭住不放改到第七稿，才最终成型。我在宁夏工作的时候，去西海固最缺水的地方采访，这里的农民能吃上自来水这件事非常生动，但主要写这个不行，为什么？因为这个事情最关键的不在于生动的细节，不在于前后的变化，而在于如何管好农村的水网。管水越要解决到位，管理的成本也就越大。而宁夏在人烟稀少的农村解决了这个问题，而且是用互联网思维解决了这个问题，这才是新闻最有价值处。费主任扭住不放，一定要我写那个最有价值的。我反复去补采，发现那个部分真不好写。因为工程结束了，人都走了，数据运算在后台，远在银川城里。在农村，他们也感受不到，能感受到的不过是在手机上点一下，但这个写出来不好看。我们过去总是找最好看的最鲜活的最有写头的东西，但是，在《人民日报》的好稿标准里，还有一个是强调最能代表时代、最能够给其他地方以经验和借鉴、思想性更强的部分，这更难也更有价值！

采写这样一个稿子，让我印象非常深刻。我对费老的这几本书感受最深的是他一直在用提问的方式：怎样？如何？为什么是这样？他一直在追问。这种追问中，能感觉费老在提出问题，也试图解决问题，同时把这些问题留给我们年轻的新闻从业者。

一个问题是传承。何以传承？大家今天也谈到了我们传承的是什么？我们的香火是什么？我们的基因是什么？一代一代新闻人传承的基因是什么？费老一直在试图把我们这个传家宝说得更清楚。还有就是人与人之间的传承，也就是说，对新闻的热爱已经出现了"人传人"的现象，就像一棵树摇动一棵树，一朵云推动一朵云，一个灵魂唤醒一个灵魂。

第二个大的问题，就是新闻的应变。他不是去适应那些网络上的新型的表达形式，而是去坚守、去钻研那些不变的东西，用这样一个核心精神以及真谛性的东西去应变，就是以不变应万变。当我们面对复杂的舆论环境，需要不断适应的时候，恰恰又回到了"标准"这个最简单的问题。我何以是我？这个问题反倒能够更清楚地去看到什么是《人民日报》该坚持的，什么是新闻该坚持的，什么是媒体该坚持的。有了这种坚持再去应对变化，就是一个很好的元逻辑。费老在这些书里提到了什么是好新闻，什么是人民日报的好新闻，就是这么一个简单的问题，其实就能够破解很复杂的局面。费老触碰的这几个问题，我感觉也给我们留下了继续探索的空间。

林薇（人民日报出版社第二编辑中心原主任）[①]：十年前初夏的一天，费伟伟带着部分书稿样章来到我办公室，说："地方部有一个传统，经常进行业务研讨，已经好多年了。我在翻阅这些文章时，感觉很多都写得不错，自己也很受益，不整理出来太可惜了。"于是，他以人物通讯采写为主题，对业务研讨稿件做了筛选，并一一进行编辑加工，分成几部分，汇编成册。书稿能否出版、如何出版，他想听听我的意见。

那时，编一套"人民日报记者说"系列丛书、擦亮"人民日报记者"品牌的想法已在我心里酝酿多时，正想找人约稿，他的到来正可

---

① 因故未能到场，由人民日报出版社第二编辑中心副主任梁雪云代读书面发言。

谓得来全不费功夫。我欣然接受了费伟伟的书稿，并很快商定了书稿的结构和体例。2015年春，"人民日报记者说"系列丛书的第一本《典型人物采访与写作》顺利出版，不过，无论作者还是责编，当时都无法预测这本书的命运。事实上，这本书也的确没有掀起大的波澜，不冷不热。难道这只是给新闻图书增添了一个新品种而已？

"开弓没有回头箭，正是中流击水时。""人民日报记者说"第一册的出版激发了费伟伟的创作热情。两年后，他带着第二本书稿再次来到我办公室，谦虚地说这次主要是他的改稿感想，对于年轻同行或许会有帮助。这部书稿着重于优秀文章的采、写、编，结合大量案例和自身经历，抽丝剥茧般地解析好文章是如何诞生的，对于初入新闻行业的新人具有很强的指导性和实操性。我们决定沿袭上一本书的体例和风格。《好稿是怎样"修炼"成的》一炮而红，迅速成为同类图书的佼佼者，豆瓣评分一度高达9.5分，现在稳定在8.8分线上。出版6年来，这本书已印20次，在畅销社科图书中始终榜上有名。费伟伟顺势而为，一发而不可收，接下来又有了《好稿怎样开头结尾》《好稿怎样讲故事》《好稿怎样写到位》，再以后，"人民日报写作课"系列后来居上，成为榜单上的新霸主。

在与费伟伟合作的过程中，给我印象最深的就是他的勤奋好学，真诚谦逊，不事张扬。得益于《人民日报》的平台，受教于德高望重的前辈大家，怀揣新闻理想，靠着勤奋努力，他成就了好记者的梦想。他笔耕不辍，常常是别人度假休息的时候，他在伏案疾书，一部又一部书稿就是利用业余时间编写成的。他敏于察，见于行，善于从平凡的事务中发现有价值的东西，并立即付诸行动。他满怀感恩之心，自觉担负起传帮带的责任，对于后学者毫不吝啬，倾囊相授，分享自己一路走来的点滴体会。

不过，好的初衷还要有好的方法，读者欢迎才是王道。费伟伟不为出书而写作，而是真正站在读者的角度，想读者之所想，用质朴而又细腻的叙述风格，拉近与读者的距离，也因此刻上了鲜明的"费氏印记"。

人常道"十年磨一剑，甘苦不寻常"。这十年里，费伟伟不仅在出版界延伸了自己的新闻理想，也启迪帮助了许多年轻人在这条路上勇毅前行，更创造了一种出版现象，让出版社积累了经验，看到了小众图书的春天，他有理由为自己骄傲！能够遇到这样的作者，是编辑之幸，是出版社之幸。在此，深深感谢费伟伟多年来的信任与不离不弃，期待以后更加多元的合作，也祝愿费伟伟有更多佳作问世！

费伟伟（人民日报社地方部原副主任，中央民族大学新闻与传播学院特聘教授）：首先感谢今天莅临研讨会的各位领导、各位嘉宾。

特别感谢米总的出席。我在人民日报工作39年，最后12年是在地方分社、地方部，米总是我的分管领导。我调到这个部门后出的第一本书《新闻采写评》，就是米总写的序。今天研讨的"人民日报记者说"系列中，《好稿怎样讲故事》也是米总给我写的序。感谢米总十多年如一日地对我关心呵护、关爱备至。

今天来参会的有好多报社老同事，特别感谢上海分社原副社长李泓冰。在座各位都看过我的书，知道我在编分社那些稿件时真的是不大通人情，有点冷血，也包括李社长所在的上海分社。泓冰社长在人民日报成名很早，我刚解决正高职称（正高四级）时，她已是报社屈指可数的正高二级，但对我的工作给予了最坚定的支持，我的业务研讨文章结集出版后，泓冰社长又在《新闻战线》杂志上亲撰长文给予鼓励。

文艺部刘琼副主任和我虽然没在一起共事，评论新闻业务按说也不在她的职务范围，但长期以来一直对我十分关注。在我的几本书出版后，她及时在《新闻战线》杂志上发表长文，从理论高度加以梳理、总结，指点迷津。2000年，我和刘琼主任曾同获过一个报社的荣誉：首届党报形象十佳记者（"人民日报新闻职业道德建设优秀记者"）。所谓"惺惺相惜"吧，这也正是我能在新闻业务研究领域坚持、坚守的动力之一。

今天参会的报社同事都是我的贵人。基本上这一系列的每本书出版后，《新闻战线》都会发表文章来介绍，相信建勤副总编辑以后会对我更关照。研究部新闻报道业务研究室李凯主任本身就是研究新闻业务的，我们两人虽然在公开的场合交流不多，但是私下里交流得非常多。他对我十分支持，有机会就帮我宣传。人民日报社江苏分社采编中心主任王汉超的好作品很多，所以在这个书系里曝光率也高，对我支持很大，专门撰写相关研讨文章，质量极高。

特别感谢今天出版社专门邀请到的业界嘉宾。眼下在业内影响很大的"传媒茶话会"，从开创伊始，刘灿国会长就对我的新闻业务研究给予重点关注，多次亲自策划选题邀请我参加茶话会的"茶叙"。

感谢参会的来自研究机构和院校的几位老师，我和中国新闻出版研究院传媒研究所刘建华所长素昧平生，但有神交，我也是您的《一本书学会写新闻》的读者之一。来自清华大学的王君超教授，是我们人民日报输送出去的青年才俊，君超很早就表扬我，只不过可能是曾在人民日报工作过这个身份吧，他来表扬一个人民日报的人或许不那么令人信服。

我退休后也多了一个来自院校的身份——中央民族大学新闻与传播学院特聘教授，正是由于赵丽芳院长和张垒副院长的积极争取。今天他们百忙中又特别赶来参会，尤其是赵院长现在已担任学校研究生院的院长。

要特别感谢今天研讨会的主办方人民日报出版社。我和人民日报出版社渊源很深，早在2005年，就出版了个人第一本，也是人民日报历史上第一本个人的新闻业务研讨文集《编采逸兴》。最近几年，刘华新社长和丁丁总编辑更是给予了大力支持与帮助，这次又特别策划了这样一个隆重、热烈的研讨活动。在此要特别感谢出版社"人民日报记者说""人民日报写作课"这两个系列丛书的两位责任编辑林薇和梁雪云，从书系到书名，从内容到形式到版式，从封面设计到标点符号，她们都倾注了极大的心血。林薇主任今天因故不能前来，还专门写来书面发言稿支持。这十年来，和两位责任编辑合作出版了十本书，非常愉快，成为我今生最美好的一段记忆。

最后，我要感谢人民日报社，这个令新闻人艳羡的好平台。是人民日报给了我最好的成长空间和舞台。我1983年大学毕业分到报社，2022年退休，39年中，我可能是整个报社编辑部里工作岗位变动最多的人。一开始在总编室一版上夜班；参加中央讲师团到地方支教一年；国内政治部借调近一年，参加少数民族地区纪行大型采访活动；在机动记者组工作近两年；1990年调到经济部，先后在工业组、经济周刊组、中国质量万里行杂志社三个不同的岗位上工作；进入新世纪后，先后在《市场报》《中国能源报》任副总编辑，在《市场报》期间还曾兼任下属的《江南时报》总编辑；后来到福建分社担任社长；最后一站任地方部副主任，给31个分社的重点稿把关。频繁的岗位调动，在当初更多的是抱怨和吐槽，如今回首再望，真的是满怀感激。刀在石上磨，人在事上练。这样曲折同时也堪称丰富的新闻从业经历，使我有机会获得更多优秀报人的指点提携、谆谆教诲。

我在《人民日报》头一回写稿，是给一版开设的小言论专栏"今日谈"写稿，副总编辑丁济沧亲自出题并指导修改。第二回还是写"今日谈"，总编室主任陆超琪改得更细，稿样像"天女散花"，一字一字数下来，我写的不过十几个字，哪还好意思署名？组长李济国笑着圆场：那就老陆、小费各取一字吧。刊出时署名：陆飞。头一次写通讯，就被总编室副主任吴元富"毙"了，在《好稿是怎样"修炼"成的》一书的《学会"站在天安门上看问题"》那篇文章中，我细说了此事原委。如果说一个人大局观的培养也有开始的话，当是起步于这次稿子的被毙。我借调国内政治部参加"少数民族地区纪行"采访，先后发表了19篇通讯，还发表了多篇散文、游记，而那时《人民日报》才8块版，这个成绩当时就算相当不错了，所以调到机动记者组后，向组长高新庆请战"独立写大稿"。老高却冷下脸说：你那些风貌通讯就是走马观花，浮光掠影，要学会调查研究，写深度报道。让我"跟班"到煤炭大港秦皇岛，调查当时十分猖獗的"煤倒"现象，写内参。

1990年，我调到经济部工业组，因为是外行，开始挺紧张，发了几篇稿就有点飘。副主任吴长生严肃指出，你的报道只见结果不见过程，没深度，不能给人启示。他亲自指导点拨，让我采访全国煤炭系统第一个放开煤价走向市场的徐州矿务局，发了近半个版。经济部主任艾丰的教诲更令我终生难忘，他批评我写的一篇头版头条是"把肉埋在了碗底"，还把这个改写案例收进他的《新闻写作方法论》中。老艾后来又带着我采访康佳集团，亲拟写作提纲，稿子出来又从头改到尾，叮嘱再三：要用观点统领材料，"拎起来"写！还有，跟着经济部夜班主编黄彩忠上夜班，学配短评，学做标题，三番五次受敲打：要刀刃上用钢，在要害处着笔，像一把匕首的刀尖；跟着经济部主任皮树义创办《经济周刊》，从选题策划到版式策划，从办报内容到办报格局，从做新闻要有意义到既要有意义又要有意思，还要有创新。《经济周刊》两度获中国新闻奖版面奖，填编辑名单时，皮树义却十分坚决地将自己的名字划掉了。

"千锤万凿出深山"，我是被很多优秀的新闻前辈千锤万凿而成才的。在人民日报这样宝贵的经历，让我对新闻多了一份感悟，也多了一份深沉的爱——不是有句老话么："棒头上出孝子。"我最终也多了一份沉甸甸的收获。我一直感激在怀。

退休后经常有人问我，还搞业务研究吗？出了这一系列书后经常有人问我，还会再写吗？也有人劝我，书出得也不算少了，身体也不算太好，可以歇歇了。体会过舞台上的高光时刻，与其勉强动笔，不如见好就收。似乎在理。

最近，中央民族大学舞蹈学院院长姜铁红穿着便服和学生们一起跳蒙古舞的视频在网上很火，不少观众说，这个长个大肚腩的大叔跳得最有味。也许是"中央民族大学"这几个字，我也注意到这个爆红视频。姜铁红说，现在肯定不如年轻时跳得好看，有力量。但跳舞最重要的是热爱，是喜欢带来的快乐，跳得有味道就好，要会欣赏自己。我很认可这位跳舞大叔的说法。虽然退休后原先那种业务研究的条件不再具备了，超越自己事实上也不再可能，但我仍要珍惜业务研究带给自己的快乐，学会欣赏自己。

刚才很多嘉宾在发言中对我也多有鼓励，因此，我对下一步的回答越来越肯定、越来越明确：我还会继续写，继续编，继续为新闻事业的繁荣作出自己一点点贡献！

（根据嘉宾发言整理）

慧眼和鹰眼：好稿背后的炯炯双眸

——读费伟伟《好稿是怎样"修炼"成的》

李泓冰

　　费伟伟，我的同事、芳邻和领导。因为冯小刚那部电影《手机》，张国立演的那个费墨火了，大家便也笑称他为"费老"。

　　其实费老是有赤子心的，瘦筋筋的他，似乎不大食人间烟火。白云苍狗，世事沧桑，他不太抬眼看窗外，总是俯就着一支秃笔、几页稿纸，盯个不休、想个没完、议个不停，偶一抬眼也是说稿子，不管不顾，好的坏的直抒胸臆，有时还不那么通人情世故。他在谈稿子的时候，并不在意你是谁，你的五官估计在近视的费老眼里，是全然模糊的，只有稿子栩栩如生，骨骼腠理看得一清二楚，被他用手术刀庖丁解牛一般切割，"以神遇而不以目视，官知止而神欲行"，试图去赘生肌，让手下的"牛"从疲疲沓沓变得虎虎生风，或从健硕走向更健康，他则满足地"提刀而立，为之四顾"。

　　很有点鲁迅所称"荷戟独彷徨"的味道吧。

　　虽然他做过若干年记者，但更多的精力是在编辑。从前，范总敬宜出过一本《总编辑手记》，也是苦口婆心兼苦心孤诣，从细部入手解说人民日报的办报之道。而手中费老这部《好稿是怎样"修炼"成的》，可以看成是一部"主编手记"。

我们正在经历信息传播的重大转折时代，编辑的角色正在不断被弱化。有网站提出一句广告语，"让人人都成为编辑"，最终其实就没有编辑。而今的一些门户网站，干脆就让机器当了编辑，诸如算法推荐之类。让机器计算热点，算计你的喜好，其结果是公众的大脑被算法推荐的各路无聊甚至低俗的信息"喂食"、操控并塑造，让"你"变得偏执甚至猥琐，你不再是"你"，而是消耗流量的终端而已。被算法选中的受众，人性弱点成了商家变现的利器，思想被随意揉捏。在这样的时代，优秀编辑的力量更加弥足珍贵。

人民日报向来拥有一批为业界称道的老编辑，一群目光炯炯的"庖丁"。他们的政治智慧、责任担当和过人才情，让报纸的版面和报道熠熠生辉。

费老，便是其中独特的一位。

编辑是指挥家，是策划师，手中有点石成金的魔杖。记者出了稿子，会眼巴巴地盯着最终的见报稿，有时往往"面目全非"，看着看着，记者心底有时佩服，有时汗颜，有时郁闷。一个优秀的编辑，不光能剪去枝枝蔓蔓，有时更是一篇好稿的"教父"，从出选题到修改、定稿，所花心血有时不比记者少。版面留下了记者大名，而编辑则满足地隐没于报道背后。时间长了，不光当事人，连历史都淡忘了编辑的贡献。

费老这部书的价值，就在于条分缕析了诸多见报稿件的"前世今生"，把一篇篇报道呱呱坠地的过程纤毫毕现，是有点"婆婆嘴"，不但凸显了编辑的匠心，更有那么一些党报记者从业教科书的味道。初入行的记者如果细细读了，或能初解党报记者写稿"三味"。

"双目"炯炯，荷戟彷徨，且看这位"庖丁"如何解牛

2018年的一个春日，读到费伟伟在本报地方部"业务研讨快讯"上刊发的一组文字："说说采编中的几个问题"，就很能说明他的特点。读后的感觉，就有他在文中所引清人施朴华的一句形容，"倒戟而入，笔势轩昂"——而且特别的是，他可以在我们时常忽略的不经意处，像"荷戟彷徨"的战士那样，用剑戟细细去挑出"轩昂"的笔势。

读后，笔者忍不住向同仁推送。满纸老编辑的苦口婆心，却颇具可操作性，对年轻记者简直就是手把手的现场教学：好稿是怎样开头的、人物如何说话才真实，如何才能写出精彩的人民日报稿件。

这位费老，读书多也就罢了，喜欢咬文嚼字也就罢了，竟然能在工作性颇强的新闻稿中爬罗剔抉、寻章摘句，更能高屋建瓴、指点江山，让一群文字排着队鲜灵灵、浩荡荡地从版面走下来，重新接受检验……这份用心、这份才情、这份责任意识、这份努力"站在天安门上想问题"的气度，让人佩服得很。对一个好编辑来说，你未必对他的每一笔处理都认同，但久而久之，佩服是水到渠成的。

眼下，不少记者对报纸的关切，往往是自己的稿子版面位置是否突出、标题是否醒目，至于字里行间，怕是连"写谁谁看，谁写谁看"的"惯例"都往往难以保证。然而，人民日报之所以能够成为舆论场的"压舱石""定盘星"，有站高望远、把舵定向的高层决策，有不辞艰辛、才华横溢的一线记者，也少不得要有如费老一般"慧眼"与"鹰眼"兼而有之的优秀编者。

人民日报向来有大家办报、大家评报的好传统，费伟伟此书，很多篇章是针对已见报的报道，他既张开"慧眼"选好稿、提优点，也凸起"鹰眼"挑毛病、说遗憾，还"揭秘"了不少稿件的"前半生"。因此，也不妨将之当成一个专业性极强的"评报"系列。

挑几个角度，窥其"双目炯炯"之所由来。

审时度势，怎样才算"站在天安门上看问题"的大格局

"人民日报要办好，必须要顶天，要立地，要让党放心，也要让人民满意。人民日报的记者要带着问题写报道，要有站在天安门上看问题的高度"，老社长杨振武的"顶天立地"，道出了人民日报编辑记者应有的大局观。

费伟伟对此颇费了不少笔墨，还拿自己做了正反两面的典型。

"反面"事例是，他在1985年扎实采写了齐鲁大地拥军热潮的长篇通讯，却被当时总编室的一位领导否了，认为稿子虽是真实的，但从全局看就不能这样报道。虽然中越边境战争还没结束，但我们的方针不是要继续打，和平发展、加快改革开放才是当时的中心工作。如果人民日报突然出现一篇拥军备战的稿件，会向外界传递什么信号？正面的则是，90年代他采访到中海油收购了印尼马六甲油田的部分权益，每年可从中获得约40万吨份额油。虽然对当时年产1.8亿吨原油的中国来说，只是九牛一毛。但他敏锐地感到，对贫油的中国来说，找到更多原油保障中国经济的引擎有充沛的动力，是个大问题。而党中央早就提出"两种资源，两个市场"的口号，鼓励中国企业到国外去获取宝贵资源。在这样的宏观背景下，首度从国外获取的原油尽管数量很小，但意义重大而深远。于是，一篇名为《中国的海外油田》的通讯发表，别具慧眼，唱响先声，引发业内强烈关注。

此外，费老还援引一些见报稿的疏失，比如在宣传某地加强党风廉政建设时，提及每月扣发党员干部的一小部分工资，完不成廉政指标就充为罚款，引来不少舆论批评。他指出，这样的报道，有违背劳动法之嫌，不符合程序正义；而为了资助一个四川贫困生按时到清华报到，有热心人赞助他飞来北京，他又指出，扶贫不能过奢，何况正当

社会上对助学基金被滥用已经非常敏感，报道失当就有可能火上浇油。

他的分析很中肯。在我国经济的转型期，经济成分多元，思想观念多元，社会复杂而充满矛盾。

"这是一个开放的时代，变革的时代，因此，我们的思维也要适应时代的特点，要有政治敏感，看问题时站得高一点，想得深一点。对有的新闻要学会放在宏观背景下进行全面审视，全面衡量，不能只顾一点不及其余。因而，具备宏观意识，是时代对新闻工作者提出的要求……只有具备宏观意识，才能避免微观真实，宏观失实。避免只见树木，不见森林。"

这堪堪点中了人民日报办报的肯綮，和老总编李庄的一篇小文章《快半拍　早一步》异曲同工。

有人问："新闻能否快半拍，早一步？"李庄认为不能简单回答，首先是要"摆正位置，审时度势"。"摆正位置，就是把新闻工作摆在适当的地方，党的新闻事业是党领导人民干革命、搞建设的武器。说什么或不说什么，早说或者晚说，出发点是党和人民的利益，归宿也是党和人民的利益。"位置摆正，快慢问题就好解决，才能坚持正确导向。而审时度势，就是综观全局，瞻前顾后。"目的是快些、早些，出手却常常慢些、稳些，经过深思熟虑，确有把握而后动，鲁莽、草率、急性病必然误事。"

新闻人都明白政治家办报的重要，也清楚办报必须拥有大格局。那么，怎样才算是有大格局？大格局要如何养成？类似这样的"宏大"命题，费老非常善于用讲故事和实例一步步推演、推进并最终完成"宏大叙事"。几个事例娓娓道来，往往就能说得晓畅透彻，读者也就豁然开朗。如同岑参的诗句，"长安何处在，只在马蹄下"，稳稳地就把读者一步一步送到了"长安"。

做到这一点并不容易。他腹中的采编典故积累极多，对老记者老编辑来说，这未必稀奇，但珍稀的是，他在采编的过程中，就在有意识地记录、保存这些"典故"，并及时进行归纳、分析；更珍稀的是，他自己也拥有这样的大格局，并娴熟应用于采编实践，特别是在编辑稿件时，时时让这双审时度势的"慧眼"发挥强大的效能。

如何体现新闻真实——从摒弃自然主义、主观主义，到问题意识与过程意识兼而有之

最近，有一篇人物报道，在民间舆论场引发轩然大波——《奥数天才坠落之后》，写当年的国际奥数比赛满分得主付云皓的坎坷经历，因为挂科，他只能从北大肄业，现在一所二本院校教书。这在作者眼里，远离学术的他，很不堪，很失败。结果被主人公付云皓发帖怒怼，《奥数天才坠落之后——在脚踏实地处》，"现在的我，正稳稳当当地一步一个脚印踩在基础教育的道路上……只想尽自己的力量，让初等教育越来越专业、越来越有水平"。结果，后文更受追捧，前文饱受攻击。一时间，新闻报道的专业程度广被质疑。

前文的作者是北大在读的大四学生、实习记者，一位曾经的高考状元，为了这篇报道，他也很下了一些功夫，连付云皓也不得不承认，"他很用功，值得表扬"。然而，由于立场预设为"天才坠落"，于是充满主观色彩的细节描写比比皆是。比如开头：

> 他一屁股坐在讲台前的椅子上，抚平呼吸、打开公文包、掏出讲义，像台机器似的熟练地往外蹦词儿，"上节课我们学习了圆幂的定义以及跟它相关的根轴和根心的概念……"

还有结尾付云皓正在谈未来对学术研究的追求：

手机在这时响了起来，妻子催促他"回去陪小朋友睡觉……"付云皓挠挠头，露出了一个抱歉的笑容。

这样的描写，赤裸裸地充斥着贬损和不屑。

这令人不由得想，倘若这报道落到费老手中，他一定不会让它轻易出笼。

且看费老书中对一些报道细节的评判。一篇《夜宿农家听民声》的报道结尾，原文是：

不知不觉夜深了，被子很薄，里面的棉花很硬，烧了茅草的炕并不太热，把被子裹紧了仍然觉得冷。听见外面呼啸的北风，潘至琴也翻来覆去没睡着，她一定在想着记者跟她说的，赶紧把判决书拿回来，不服可以上诉；还有去大队问清楚低保的条件……

费老认为，"她一定在想着记者跟她说的"，这显然是主观猜测，和新闻报道的基本要求相违背。而刻意挑出"被子很薄，里面的棉花很硬，烧了茅草的炕并不太热，把被子裹紧了仍然觉得冷"，也属于主观色彩强烈的悲情语言渲染。最终，总编室的撤稿理由是：大过年的，别整得"凄凄惨惨戚戚"。

这篇报道经修改后见报，费老仍意犹未尽，"鹰眼"又在挑刺了，报道新的结语是：

"孩子眼睛好了，日子也一天比一天更有盼头，咱老百姓哪能不舒心呢。"刘文伟笑呵呵地说。

费老认为，困难是客观存在，一个贫困家庭必然还有不少不舒心的地方，因此，"哪能不舒心"的说法就显得不真切、不自然。他查了一下第一稿，其中的表述要比现在这个自然："这个年一家人还是过得比以前舒心点儿了，因为女儿的眼睛有希望了。"

"比以前舒心"，准确。实事求是，也更感人。

他感叹，诸如"哪能不舒心"这类写得不自然也不真实的问题，在眼下的报道中比较突出。

就这篇稿件的出笔经过，费老这位"庖丁"的解剖远比我所摘引的详尽。峰回路转，解析出稿件的大局观、自然主义、真实性等多层奥义，读起来很是解渴。

他在见报稿中，挑到不少类似的问题：

> 薛海亮一拍大腿："太好了！他们来了，村民可以在窑洞家里搞农家乐，山后头空地不少，弄个停车场也没问题，这样整个村子都能盘活了！"室外严寒，大伙儿的创业热情却越来越高涨。

费老分析，结尾要结得有力，但这个有力不是用力喊口号，最忌无因而至，突如其来。"创业热情却越来越高涨"的说法便有点虚，显得不大自然。扣着上文，或可以这样改："大伙儿说起下一步创业的事兴致越来越高，似乎忘记了室外的严寒。"

又一篇，原稿的结尾是：

> 谈笑之中，不知不觉夜已深了。微弱的烛光在黑暗之中摇曳，照亮了李宜生满是皱纹的脸，也点亮了他对新生活的期盼。

费老琢磨，"点亮了他对新生活的期盼"，不是李宜生自己说出来的，而是记者的主观推断。有没有道理？有。但由记者道来却是犯忌，有损新闻真实性。编辑根据上下文，对字句稍作调整，这样结尾：

> 夜深了，烛光摇曳，李宜生和几位镇干部聊着今后的打算，满是皱纹的脸上眉头渐渐舒展。

变主观推断为场景的客观记录，"一切景语皆情语""点亮对新生活的期盼"之意也蕴含其中，却显得水到渠成，自然而然。

这样的"解牛"方式，构成了这本书的主干和精髓。值得推荐的是，费老并没有止步于细节的非主观性描述，他策马再奔，一步一步奔向那个事关真实性的更重要的"长安"——调查性报道的真实性如何体现：要有问题意识，也要有过程意识。

地方部这几年合力打造的记者调查栏目《人民眼》，获第27届中国新闻奖（2016）"新闻名专栏"。费老功不可没。

编委会对该专栏的要求，就是"迎着问题上"。费老有这样一段分析：经济增长速度换挡期、结构调整阵痛期、前期刺激政策消化期"三期叠加"，出路唯全面深化改革，而改革已进入深水区。迎着问题上，就要敢于迎着改革中出现的热点、难点、焦点问题发声，把事情讲清楚。

在"三期叠加"的当下，发现问题、提出问题是容易的，而要引导读者正确看待问题，则是艰难的。相对于报道的"问题视角"，记者自身并且引导读者对问题进行辩证思维，更为艰难。

他举了一个报道文本"跑偏"和"纠偏"的过程。"有上千年传统的戏曲艺术，在当代传承发展顺利不顺利是一回事，要不要传承发展是另一回事，怎么样传承发展又是一回事，这几个问题不能混淆，不能代替。这篇报道的主体部分，对老腔要不要传承发展是肯定的，但对怎么传承发展，提出了质疑。发出这样的质疑也是可以的，但不应该落在结尾。对于任何事物的创新，都应该看其主流，即使有的眼花缭乱一时难识本质，但也不能成为倒退的借口。所以，由此而论'剔除了智慧的内核，这样的传承能够走多远''现代元素在传统文化上的嫁接，是创新还是伤害'，一方面是混淆了不同问题的性质，另一方面有点像是泼脏水把婴儿也泼掉了。"

费老认为，报道原稿认识逻辑上的混乱，触及的不只是艺术发展史上的根本性问题、原则性问题，也涉及我们看待当下改革中出现的热点、难点、焦点问题的认识和方法。戏曲是个文化系统，其改革必然有个艰难的过程。转型时期的中国，很多事情都像戏曲改革这样，矛盾相互叠加，问题层出不穷，看上去简直一团乱麻，解决起来是会有一个艰难过程的，所以我们既要有问题视角，也要有宽广视野，还要在发现、提出问题后增强"过程意识"。多点"过程意识"，才更有利于看到主流、达成共识。多点"过程意识"，也才能让改革者有更多回旋余地，增强继续改革的信心。

其实，费老所认同的"问题意识"和"过程意识"相结合，才能还原一个改革阵痛中的真实中国。真实是新闻的生命，怎样才算呈现了"真实"，实在是一个争执了很久的宏大命题。看了费老的"解牛"，颇有所悟。

抛砖引玉。要想知道费老更周详的"解牛"手法，还是直接去读原著吧，相信悟性更高的读者，会很过瘾。

（原载《新闻战线》2018年第17期）

新闻写作的方法论和自觉探索

——读费伟伟"人民日报记者说"系列有感

刘　琼

　　面对浩瀚书海和有限时间，有选择地读书、读到真正的好书，能使人开阔视野、学到知识并获得迅速的进步。对于广大新闻从业者而言，由人民日报出版社策划出版，人民日报地方部副主任费伟伟或主编、或撰写的"人民日报记者说"系列丛书，无论从理论认知层面还是实践探研而言，都是一套值得花点时间认真研读的好书。

　　"人民日报记者说"系列目前已出版4本，即《典型人物采访与写作》《好稿是怎样"修炼"成的》《好稿怎样开头结尾》《好稿怎样讲故事》。如果再加上2019年出版的《增强"四力"专题解读》，共有5本，都由同一出版社出版、同出自费伟伟之手。因为出版时间相对集中、总体风格一致、体例和内在结构均出一辙，我把它们都归在丛书系列。与泛泛而谈的"方法论"不同，这套系列丛书主题鲜明、材料丰富，实践性和理论性兼备，角度新颖、逻辑清晰、切中肯綮、文风清新，具有极强的针对性和实操性。5本书形似神也似，都从"问题"出发，围绕"怎么写出精品好稿"这一核心问题，以当代当下人民日报驻地记者的采编实践为主要研究依据，精心甄选典型案例，条分缕析，从"典型人物如何采访与写作""好稿怎样开头结尾""好稿怎样讲故事""如何增强'四力'"4个方向，角度各有侧重，对新闻写作发动了一场"战略和战术总攻"。开卷有益，术也好，道也好，有真知灼见就是好书。在许多文章和著作尚停留在言不及义、言过其实层面的当下，这套丛书从4个方向也即4个问题入手，逐一解题，宛如庖丁解牛，官止神行、目无全牛、批郤导窾，且有踌躇满志、游刃有余之开阔，无论是清新、生动、剀切的文风，还是求真务实的洞见，都给阅读者留下深刻难忘的印象。

新闻写作的方法论和实践论——案例丰富，分析细致，道理讲得深入浅出、生动有力

笔力是需要长期训练的。新闻写作跟所有不加前置定语的写作一样，既有艺术，也是技术，追求权威性、独家性、时效性，同时要抵达人心、实现传播效果。这套系列丛书站在党中央机关报的角度，也即"站在天安门上看问题"，用讲故事的方式，从什么是好稿，到怎么写好稿，分解和分析新闻写作的"技术要领"，以案例丰富、分析细致、说理有依据见长。

在这5本书里，《好稿是怎样"修炼"成的》类似总纲，所有章节小标题加在一起共68个，几乎每一个都弹不虚发、击中要害。比如："要鲜活，更要鲜明""要自然，不要自然主义""有'问题意识'，也要有'过程意识'""问题要'尖'，切口应小""再短也要具体"，等等。

在《好稿怎样开头结尾》一书自序里，费伟伟把报道的开头比作文章的脸，"开头漂亮与否，直接决定读者对这篇报道读还是不读"，并举刊发在头版头条的一篇通讯为例，"电力部反馈，说主管水电的副部长汪恕诚不大满意……原来，汪副部长对稿子总体是满意的，不满意的是稿件开头，觉得气势不够……'好的开头也要像水电一样，水头大，势能大。'汪副部长微笑。"用汪副部长的"水头大"与"凡起

句当如爆竹，骤响易彻；结句当如撞钟，清音有余"的"爆竹"前后互证。这样的写法贯穿丛书。费伟伟目光四射、学养深厚，融会贯通理论和实践，在引经据典的同时，把大量丰富的案例掰开了、揉碎了，进行比较研究。稿件好在哪里，不好又在哪里，讲得明明白白、透透彻彻，让人心悦诚服，又受益良多。

在当前的国际国内环境下，新闻从业者怎么把中国故事讲得愈来愈精彩，让中国声音愈来愈洪亮，责任重大。《好稿怎样讲故事》深入浅出、举重若轻，把这个重要而艰深的课题讲出了新意。《好稿怎样讲故事》用古典文论的三个典型观点"文以载道""文贵有物""文须有序"作为二级标题，分成三大章。经典话题创造性地表达，是这本书的贡献。以第一章"文以载道"为例，下设6个小主题，"见识独到才会视角独特""回答当下社会的追问""咫尺应须论万里""抓住内核，才能凸显新闻的思想与价值""背景，给报道插上腾飞之翅""报道先进人物不要拔高"，每一个既紧扣故事讲述抓住要害正面迎战，又切口独异逆向思维高出一筹，最大的特点，是把抽象问题还原成具体贴切的方式方法。

在这本书的《导言·好故事首先要有意义》里，费伟伟结合个人经历，从工作后第一篇被毙稿、第一篇头版头条、第一篇成名稿的难忘体会出发，分析得失成因。他说："我由此明白了一个十分重要的道理：做报道首先要考虑的就是选题的意义。好故事都是有意义的，而最大的意义，就在于能够反映时代精神，能够和时代主旋律同频共振。所以古人特别强调：'文章合为时而著'。"报道选题与"文章合为时而著"这个宏大理论的关系，经此一说，顿令人有醍醐灌顶之感。"我努力像当年那些对我耳提面命的前辈那样，格外认真地阅读，并尊奉鲁迅先生'批评必须坏处说坏，好处说好，才于作者有益'的教导"，加之以真实经历和感受为证，字字有来历，事事有依据，不凭空说话，不漫无边际，几乎每本书、每个主题、每个章节、每句话，都至真至诚，凝结着长期而深邃的思考，道理讲得深入浅出、生动有力，读来亲切可信，如同与一位严格而热忱的师长在交流讨论。

脚力、眼力、脑力、笔力，是新闻写作不可分离的过程，样样到位，有精品追求，才有精品佳作的诞生。新闻实践中，许多好的题材和素材之所以最终没有实现最优化写作和最大化传播，与笔力不到有直接关系。费伟伟汇集新闻采写30多年的经验思考，依托深厚的文学理论背景，结合自己在不同时期策划选题、修改稿件的难忘案例——主要以担任地方部副主任时期为主，通过案例法、比较法、归纳法等，阐释、解析、还原好稿的写作过程，提出好稿标准和好稿写法。这种从鲜活实践中来，对新闻写作进行细心爬梳总结的研究，对于通常被视为易碎品的新闻报道和新闻从业者来说，是尤为难得的财富，为新闻写作树立了学习的标杆。

党报新闻事业承传有序——经验不断积累，理想追求和精益求精的精神代代传承

"人民日报记者说"系列丛书，是对党报新闻现场实践经验的自觉、主动和及时的总结，是具体可行的方法论，也是几代报人强烈的职业使命感的生动体现。使命感来自荣誉感。人民日报社，这个富有革命历史和光荣传统的大院，是培养党的优秀新闻工作者的大学校，一代代党报编辑记者的成长进步，都与这块丰沃的土壤紧密相关。在上下班的路上，在电梯里，在办公室和会议室里，总有熟悉亲切的面孔、谈笑风生的言论，总有令人感佩的声音、让人振奋的教诲，总有自觉的先行者和不懈的奋斗者。

正是在这种文化环境下，"人民日报记者说"这套系列丛书诞生了。富有激情和理想主义气质的报人精神代代承传，办报经验也在不断总结和书写。系列丛书取名"人民日报记者说"，表明它虽然富于个性色彩，同时也是对一个群体共同创造、几代人承传有序的职业财富的提炼和记

录。这个职业财富既包括技术财富，也包括精神财富。技术财富诚可贵，精神财富更动人、更持久。这套丛书里出现名字和没有出现名字的记者编辑，他们的信仰和精神，都在字里行间被记录了下来。

在媒体格局正在发生重大变化的移动互联网时代，以文字书写为研究对象，这套"人民日报记者说"系列丛书的意义究竟是什么？换句话说，从烽火狼烟到油墨纸张，再到今天的融媒传播时代，报纸如何做到"岿然屹立"？随着传播技术和传播模式发生深刻变化，同题竞争中，传统纸媒凭什么胜出？权威性、专业性、深刻性和耐读性，当为纸媒传播的比较优势。"报纸和新媒体不是取代关系，而是迭代关系；不是谁主谁次，而是此长彼长；不是谁强谁弱，而是优势互补。"在变革的关头，比较优势如何产生和保持？厚植情怀，自觉担当，精研新闻传播艺术，"人民日报记者说"系列丛书是对几代党报记者编辑新闻实践和经验的总结。

人是一切创造力的本源。"因为我深深懂得，报纸是一种精致阅读体验，守住这份精致，才能在新媒体时代岿然屹立，这需要一批人怀抱理想，坚持不懈，守正创新。而坚持、坚守，总是要有付出的。"这是费伟伟在《好稿怎样讲故事》一书"后记"里的感悟，这篇后记的题目叫《最好的感恩》。费伟伟的感受，代表了党报大院成长起来的编辑记者的普遍感受。编撰这套丛书，显然不是抱残守缺，而是提出了媒体的核心竞争力是新闻采编主体，也即记者编辑。无论媒介如何变化，决定最后能否"搏出位"的是人，是编辑记者的业务素养和理想坚守。

习近平总书记指出："人民日报是党中央的机关报。一张报纸，上连党心，下接民心。要把人民日报办得更好，扩大地域覆盖面、扩大人群覆盖面、扩大内容覆盖面，充分发挥在舆论上的导向作用、旗帜作用、引领作用。"

办好人民日报，人是第一生产力。驻地记者在人民日报编采队伍中是一个特殊群体，因为长期冲在新闻报道一线，与基层关系最密切，几乎全方位切入当下中国的政治、经济、文化、社会等层面，因此新闻嗅觉敏感，经验鲜活。费伟伟就是其中富有代表性的一员。正如曾经分管地方部工作的人民日报原副总编辑米博华在《好稿怎样讲故事》一书的序言中所写：伟伟在地方部有"费扒皮"之称，意味审稿、编稿极为严苛。凡是他经手的稿子，一定会一个字一个字看完，每个标点都毫不含糊。同时，看到同事写的好稿，他也会兴奋不已，鼎力推荐。伟伟同志是我所知的、极为少见的如此热爱新闻工作的同事。他在经济部办版，雅致而有创意；到地方部负责业务工作，投入而专精。他多次和我说："我就是喜欢写稿编稿，不觉其累，乐在其中。"所以，短短几年，他连续出版4本关于新闻采编方面的业务专著，我丝毫也不觉得意外。

德不孤，必有邻。直至今日，人民日报驻地记者一直保持着浓厚的业务研讨传统，秉笔直书、相互激发，最终形成了"人民日报记者说"这样富有价值的精神产品。

认真研读这套丛书的序言，从老社长杨振武的《改进文风、创新报道永远在路上》、原副总编米博华的《回望与感悟》、中国文联原副主席郭运德的《苦心孤诣觅文气》、原副总编辑卢新宁的《新闻的力量，在更远的前方》、王一彪副总编辑的《不断增强"四力"妙笔书写新时代》，到海外版原总编辑詹国枢的《先回答三个问题》，字里行间殷殷切切，寄寓深情厚谊和深远期望。"一代人是该有一代人担当的，而最好的感恩，莫过于使命承担！"《好稿怎样讲故事》结尾的这句话，我把它看作这套丛书的文眼，卒章显志。党报新闻事业的发展，正需要一代代记者编辑薪火相传、坚持不懈的努力。

"技可进乎道，艺可通乎神。"从春天开始读这套系列丛书，当时只有4本，一直读到第5本《好稿怎样讲故事》出版，丛书出齐了。费伟伟丰收的秋天来了。

（原载《新闻战线》2021年第17期）

后　记

听唱新翻杨柳枝

费伟伟

"书籍的生命是从第二次印刷开始的"，出版界流传这样一句话。本书的前世今生，或对这句话的诠释，会增加一点新的含义。

2018年8月召开的全国宣传思想工作会议提出："宣传思想干部要不断掌握新知识、熟悉新领域、开拓新视野，增强本领能力，加强调查研究，不断增强脚力、眼力、脑力、笔力，努力打造一支政治过硬、本领高强、求实创新、能打胜仗的宣传思想工作队伍。"中宣部随之部署开展增强脚力、眼力、脑力、笔力的"四力"教育实践工作。

此前，我编撰的《典型人物采访与写作》和《好稿是怎样"修炼"成的》，分别于2016年4月和2018年7月在人民日报出版社出版。出版社便和我商量，可否围绕增强"四力"这个主题，将人民日报驻地方记者在这方面的实践与思考编一本书，配合教育实践。

我欣然允诺，也感觉义不容辞，因为这时我到人民日报地方分社和地方部工作已8年。我是2010年底从人民日报旗下的《中国能源报》调人民日报社福建分社任社长的，2013年年中，又调回总社任地方部副主任。地方部是管理地方分社的，为尽早"入戏"，我阅览了大量相关文件材料，对这支队伍有了较为全面的了解。

人民日报纪念创办60周年时，记者部（地方部前身，2009年改名）出过一本《灿烂的星河——人民日报记者部新闻实践与思考》，时任中国记协主席、人民日报社原社长张研农在书的序言中说："人民日报驻地方记者是人民日报的'重要方面军'，是一支有战斗力的队伍，是一支对人民日报有饱满热情、对人民群众有深厚感情、对新闻事业有澎湃激情的队伍。一句话，是一支可敬可爱的队伍。"

历史是培育这种饱满热情、深厚感情、澎湃激情的源泉。

1949年6月15日，人民日报记者柏生跟随后来任人民日报总编辑的李庄采访新政治协商会议。见到毛泽东主席时，柏生介绍自己是人民日报记者。毛主席笑着点点头："哦，人民的记者。"

半个月后，7月4日，毛主席接见共青团中央团校毕业学员，人民日报记者金凤到会采访。团中央第一书记冯文彬带她见毛主席，"主席，她是人民日报记者。"毛主席微笑着握住金凤的手，"哦，人民日报记者，人民的记者。"

70多年过去，毛主席做一个"人民的记者"的教导，成为踏进人民日报大门的新闻人神圣的信仰，尤其是李庄、柏生、金凤所在的人民日报记者部（地方部），曾获"全国新闻工作先进集体"称号，先后走出多名全国党代会代表、全国人大代表和全国五一劳动奖章获得者，涌现出一大批获中国新闻奖（全国好新闻奖）的优秀记者、编辑。

人生代代无穷已，江月年年只相似。光阴荏苒，不变的是一代又一代年轻新闻工作者的忠诚。对人民日报的饱满热情没有变，对人民群众的深厚感情没有变，对新闻事业的澎湃激情没有变。有深厚感情，所以能写出一篇篇接地气、有灵气、鲜活生动的好稿子；有澎湃激情，所以在紧张采写工作之余，还写下了许多发人深省、启人思迪的新闻业务研讨文章。

接受出版社约稿是2019年春节前。春节期间，我对地方部（记者部）有档案保存的数十万字的业务研讨文章仔细通览，从"脚力、眼力、脑力、笔力"四个方面，遴选出一批结合报道谈心得、理论联系实际的优秀业务研讨文章，用"以文（业务研讨文章）带稿"——以对新闻采写业务的思考加上相关报道作品——这一形式，主编了《增强"四力"专题解读》一书，于2019年4月出版，5月份便第二次印刷。

2024年5月，在纪念人民日报创刊76周年前夕，人民日报出版社举办"'人民日报记者说'系列丛书暨费伟伟新闻业务研究图书研讨会"。有与会者指出，"人民日报记者说"系列丛书5种累计发行逾25万册，其中最多的一种印刷达20次。而《增强"四力"专题解读》一书，同样是"人民日报记者说"，形式相同，并且选编在先，所选作品也更佳，都是"以文带稿"，才印两次，殊为可惜。认为问题主要出在书名上，当时好像沾了一点时政话题的光，其实反倒容易被误解，建议改一下书名、充实些新内容重新出版。

研讨会举办之际，一篇题为《警惕！"新闻业务"呈严重退化趋势》的文章在媒体圈热传，网上当天发表的《依然并始终相信文字的力量》一文，引发众人共鸣。多位与会者在发言中强调，互联网时代仍要坚持文字的书写，用最朴实的力量抵达人心，因此，倡导、弘扬新闻业务研究之风尤为重要，也更为紧迫。人民日报社原副总编辑米博华发言时说，新闻业务是新闻从业者的基本功和看家本领，是媒体的"基本盘"。新闻人才的培训一刻也离不开新闻采编评的基础训练，"人民日报记者说"系列丛书采用业务研讨加作品的出版方式，非常有利于新闻人吸收优秀新闻作品丰富的营养。他也赞成对《增强"四力"专题解读》一书修订改版，并欣然同意作序。

此书初版距今已6年，这次再版，对部分内容作了微调，总体来说，稿件内容的时新性虽显不足，但新闻是一个有温度的工作，新鲜度是永远无法取代温度的。那份温度，就是有信仰、有追求的新闻人对于追求真实、追求真善美的原始初心。读一读本书辑录的优秀报道及那些探讨采写心路的文章，会让我们掩卷长思，重拾初心。

不可否认，新闻业务呈严重退化趋势已成当下现实，但新闻界也总有那么一股依然并始终相信文字力量的清流。

"沧浪之水清兮，可以濯我缨。"

此书重版后定将喜获新生，赢得新闻人和写作者的喜爱。

我坚信。